제 3 판

UG NX 12.0을 활용한

3D CAD 기초·응용

조 민 진 저

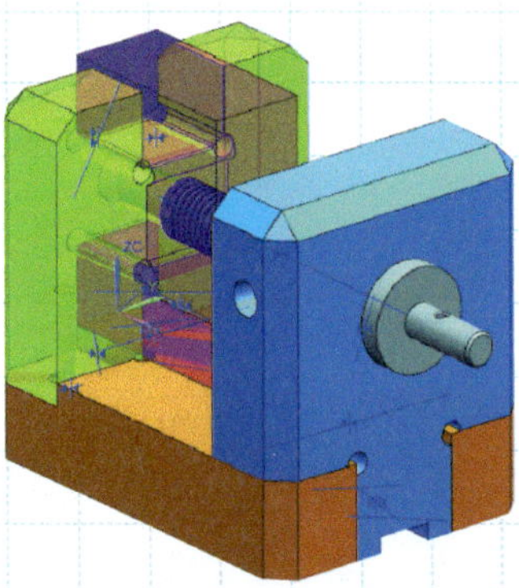

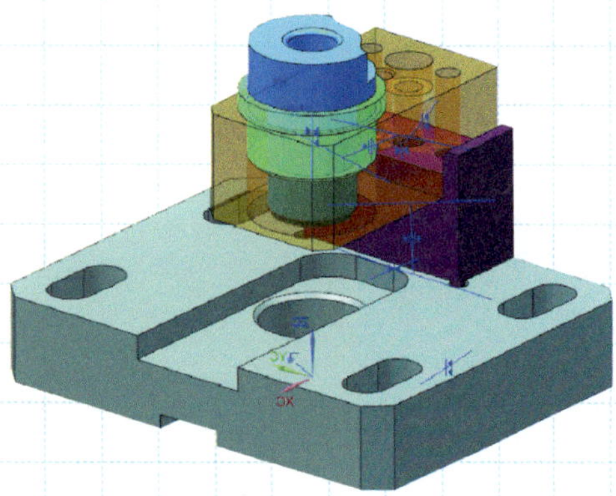

기계·사출·판금 부품

Full 3D 설계 따라하기

2D Drafting 따라하기

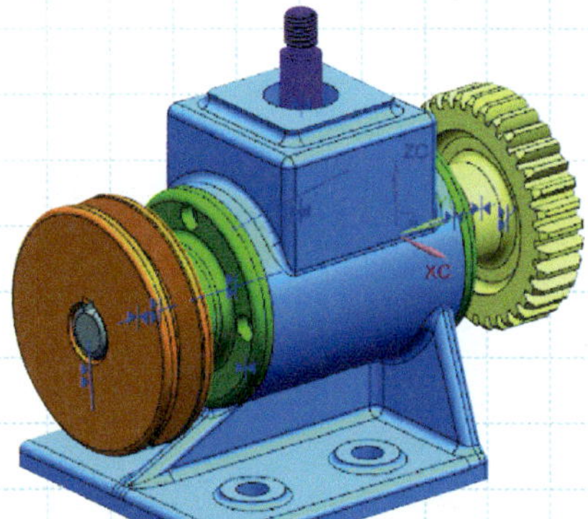

NCS 능력 단위 반영

3D 형상 모델링 작업

3D 형상 모델링 검토

B.C.Info

머리말

필자는 학생들로부터 현장에서 바로 적응할 수 있을 정도의 기초부터 응용까지 3D CAD 설계 능력 향상의 필요성에 대해 자주 듣고 있으며, 또한 현장에서 사용 중인 3D CAD 설계 프로그램 중에서 인지도와 활용성이 높은 UG NX를 이용한 기계 부품, 사출 부품, 판금 부품 설계 따라하기 참고 도서가 매우 부족하다는 말을 많이 들어왔다.

이에 따라 집필한 본 교재는 6대 뿌리산업 중 핵심분야인 기계 부품, 사출 부품, 판금 부품에 대한 설계방법을 UG NX 12.0 3D CAD을 활용하여 기초부터 응용까지 단계적 따라하기 방식으로 구성되었다.

기계 부품과 사출 부품 그리고 판금 부품은 설계방식과 순서가 서로 다르며, 사용하는 3D CAD 명령어 또한 차이가 있다. 그래서 본 교재에서는 각기 다른 부품에 대한 설계 시 형상 모델링 작성에 적합한 명령어를 사용하여 학습자가 설계방법을 서로 비교할 수 있게 하였으며, 고급 스킬보다는 기본적인 부분에 중점을 두면서 3D CAD를 활용한 설계방법을 자연스럽게 습득할 수 있도록 하였다. 또한 2D 도면화 작업을 위해 UG NX에서 드래프팅을 통해 정면도, 평면도, 우측면도, 등각도를 도면에 적절하게 배치하고, 윤곽선과 표제란을 작성한 다음 Auto CAD로 내보내기하는 과정과 Auto CAD에서 기본환경을 설정하는 과정을 그림을 추가하여 설명하였다.

본 교재의 주요 내용과 특징은 다음과 같다.

1장 작업 환경 설정
UG NX 12.0 3D CAD 프로그램을 활용하여 3D 형상 모델링 작업을 위한 몇 가지 주요 환경설정에 대해 정리하였으며, UG NX 12.0을 처음 접하는 초보자도 알기 쉽도록 설정 단계별로 그림을 추가하여 설명하였다.

2장 기계 부품 설계
UG NX 12.0 3D CAD 프로그램을 이용하여 기계 부품을 기초부터 응용까지 3가지 부품형상을 단계별로 따라하기 방식으로 설계방법을 익힐 수 있도록 구성하였으며, 추가로 연습도면을 통해 학습자 스스로 기계 부품에 대해 설계할 수 있도록 하였다.

3장 사출 부품 설계

UG NX 12.0 3D CAD 프로그램을 이용하여 살 두께가 균일한 사출(플라스틱) 부품을 기초부터 응용까지 3가지 부품형상을 단계별로 따라하기 방식으로 설계방법을 익힐 수 있도록 구성하였다. 추가로 연습도면을 통해 학습자 스스로 사출 부품에 대해 설계할 수 있도록 하였다.

4장 판금 부품 설계

UG NX 12.0 3D CAD 프로그램을 이용하여 두께가 균일한 철이나 비철 재료의 판재를 사용하는 판금(프레스) 부품을 기초부터 응용까지 3가지 부품형상을 단계별로 따라하기 방식으로 설계방법을 익힐 수 있도록 구성하였으며, 추가로 연습도면을 통해 학습자 스스로 판금 부품에 대해 설계할 수 있도록 하였다.

5장 부품 도면 작성

UG NX 12.0에서 3D 형상 모델링이 완료되면 2D 부품도면을 작성하기 위해 드래프팅으로 전환하여 정면도, 평면도, 우측면도, 등각도를 도면에 적절하게 배치하고, 필요에 따라 단면도를 추가로 배치하는 방법을 익힐 수 있도록 구성하였다. 추가로 치수, 공차, 주기 등을 효율적으로 작성하기 위해 Auto CAD로 내보내기하는 방법과 내보내기한 파일을 Open하여 문자스타일, 치수스타일, 레이어 등의 기본환경을 학습자 스스로 설정할 수 있도록 단계별로 그림을 추가하여 설명하였다.

끝으로 본 교재의 2판 출판을 위해 편집과 교정 작업에 노력해주신 복두출판사 대표님과 관계자 여러분께 깊은 감사를 드린다.

2021년 01월

저자 드림

목 차

Chapter 1
UG NX 12.0 3D CAD [작업 환경 설정]

Chapter 2
UG NX 12.0 3D CAD [기계 부품 설계]

Chapter 3
UG NX 12.0 3D CAD [사출 부품 설계]

Chapter 4
UG NX 12.0 3D CAD [판금 부품 설계]

Chapter 5
UG NX 12.0 3D CAD [부품 도면 작성]

CHAPTER

1

UG NX 12.0 3D CAD 작업 환경 설정

1.1 NX 12.0 시작하기

1) 바탕화면에 있는 NX 12.0 아이콘을 더블 클릭해서 실행시킨다.

※ 시작프로그램에서 NX 12.0을 실행할 수 있다.

2) NX 12.0이 실행된 모습

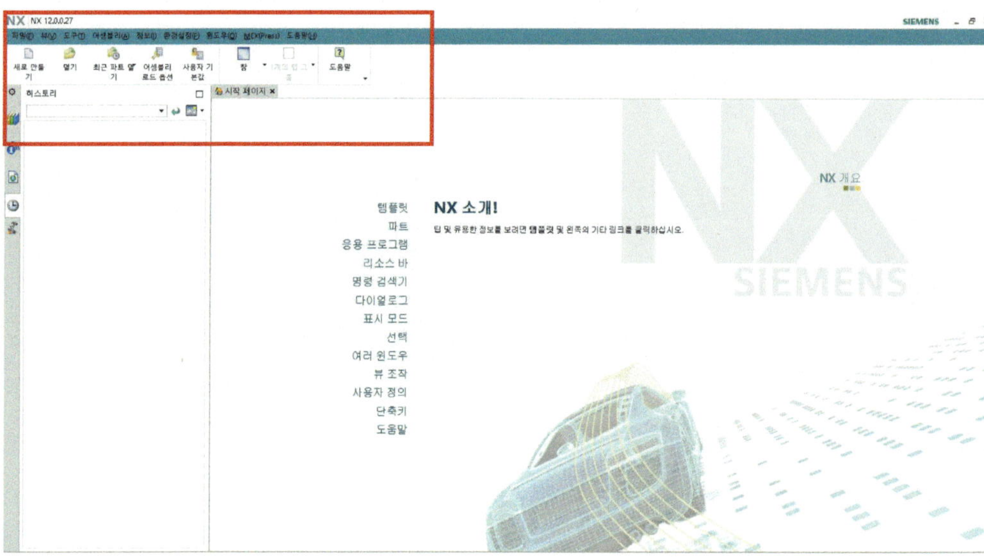

3) 새로운 파일을 생성하기 위해 '새로 만들기' 아이콘을 클릭한다.

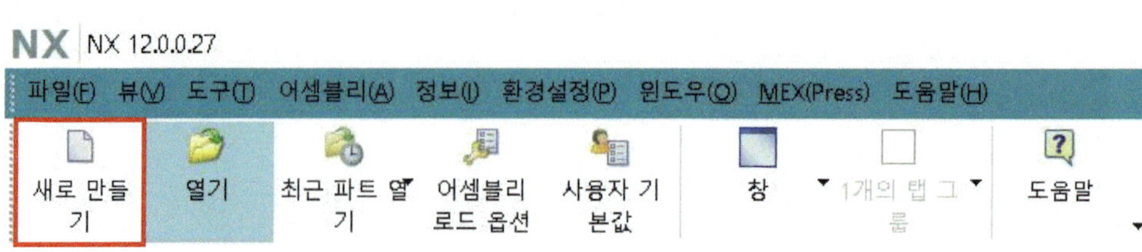

4) 아래 탭 중에서 '모델' 탭을 선택한 다음, 단위가 '밀리미터'로 되어있는지 확인한 후 새로 생성될 파일 이름과 저장될 경로를 선택하고 '확인' 클릭한다.

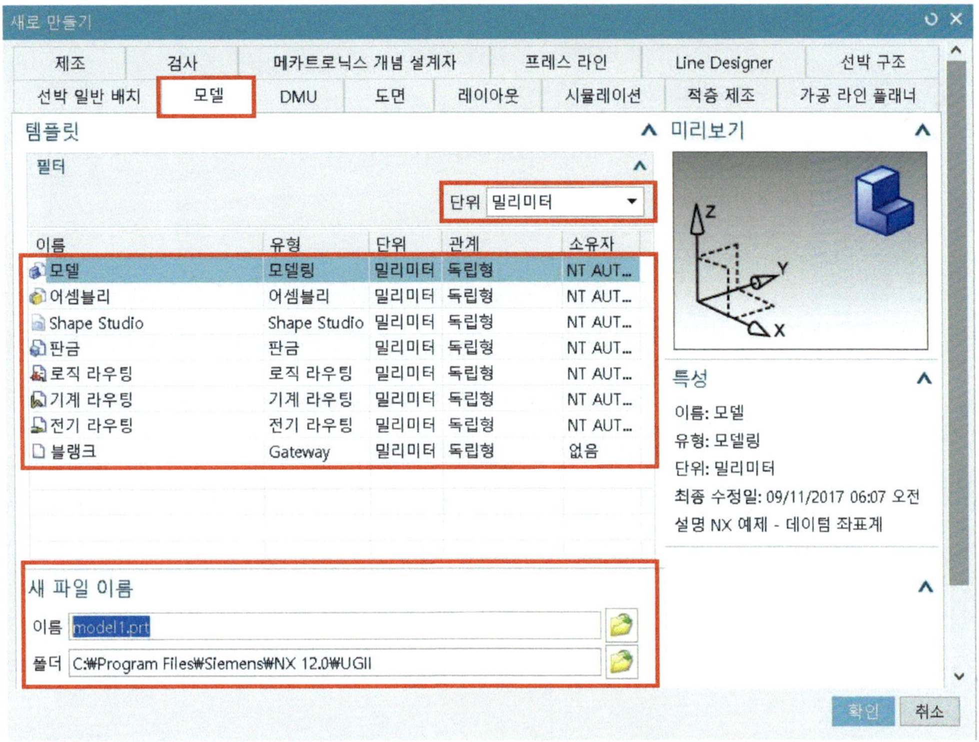

※ 템플릿에서 작업하고자 하는 모드를 선택한다.
(기본은 모델로 설정되어 있음)

※ 새 파일은 D 드라이브에 본인의 폴더를 새로 생성해서 사용하길 권장한다.

※ NX 10.0 이전 버전에서는 한글 및 특수문자를 인식하지 않아서 파일이 저장되는 폴더나 파일의 이름을 반드시 영문과 숫자로만 만들어야 되는 단점이 있었으나, NX 10.0 버전부터는 한글 및 특수문자를 인식하므로 파일이 저장되는 폴더나 파일 이름을 한글, 영문, 숫자, 특수문자 등을 포함해서 만들 수 있다.

5) 자주 사용하는 탭에 대해 간략히 설명한다.

① 모델 탭

3D Modeling File을 생성할 때 사용하며, 그림과 같이 Model, Assembly, Shape Studio, NX Sheet Metal 등의 작업을 할 수 있다.

② 도면 탭

사용자가 정의한 Templates를 사용하여 2D Drawing 작업을 할 때 사용된다.

③ 제조 탭

CNC밀링, CNC선반가공에 필요한 가공 툴패스를 생성하고 검증하기 위해 사용한다.

④ 검사 탭

실제 제품에 대한 모델링 파일을 기준으로 측정기를 이용하여 모델링한 데이터와 실제 제작된 제품을 측정기를 이용하여 측정 검사프로그램 데이터를 생성하기 위한 환경을 정의한다.

⑤ 시뮬레이션 탭

NX Nastran, MSC Nastran, LS-Dyna 등의 다양한 솔버를 이용한 해석이 가능하며, NX Nastran을 기본 솔버로 사용하고 있다.

⑥ 메카트로닉스 컨셉 디자이너 탭

기계 시스템의 복잡한 움직임을 구현하고 액츄에이터의 움직임에 대한 신호를 생성하는 데 사용하는 응용 프로그램이다.

⑦ 선박 일반 배치 탭

선박 설계를 위한 Application으로, 선박 설계의 서로 다른 단계를 각각 지원하는 3개의 Application으로 구성되어 있다.

⑧ 선 Designer 탭

제품 생산 라인의 도면을 설계하고 시각화하는 데 사용된다.

1.2 NX 12.0 화면 구성 및 주요 환경 설정

1) 주요 화면 구성에 대해 설명한다.

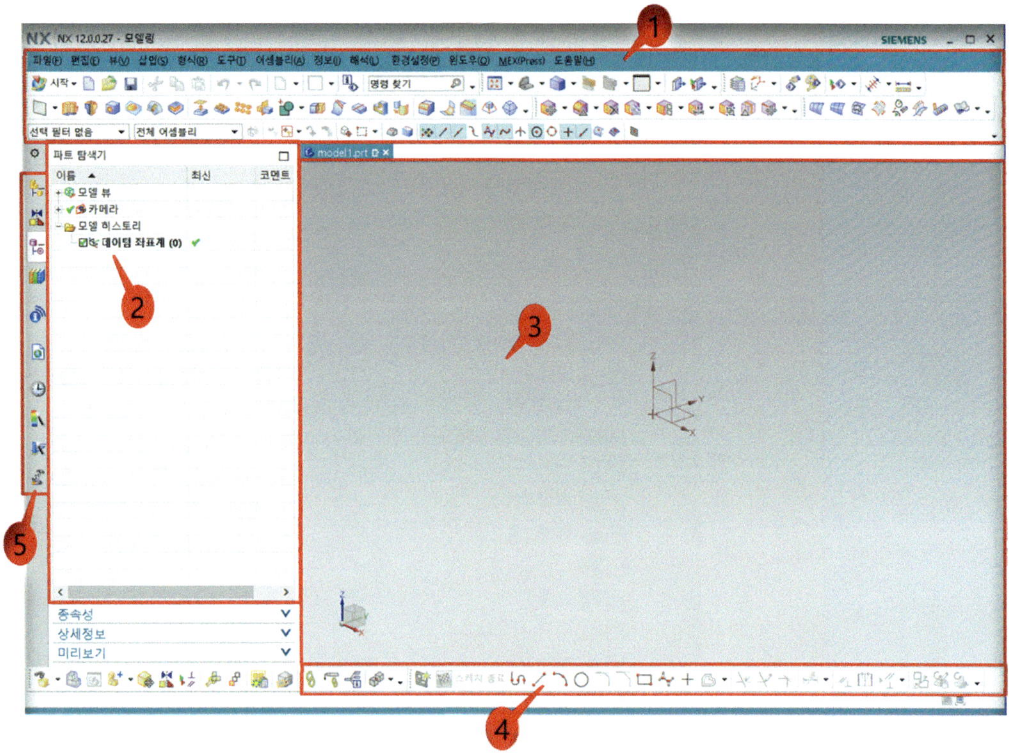

① 클래식 메뉴 : 자주 사용하는 명령어를 한 곳에 집결시켜 작업성과 편리성 증대

사용자 인터페이스 환경에서 클래식 메뉴를 선정하여 자주 사용하는 각종 응용 프로그램을 상단에 위치시켜 모델링 작업 시 작업성을 향상시킬 수 있다. (세부적인 사용방법은 따라하기 참조)

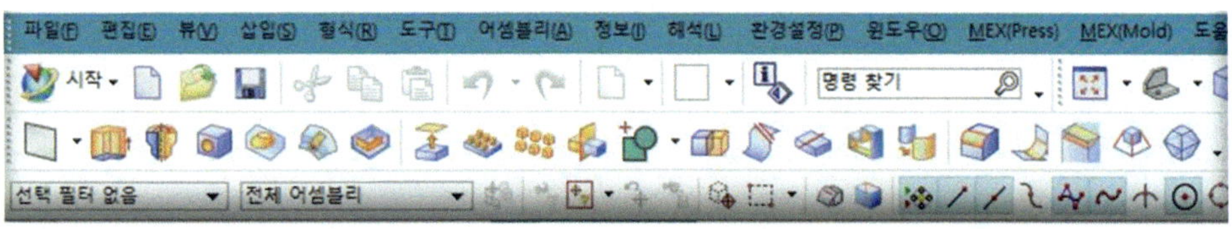

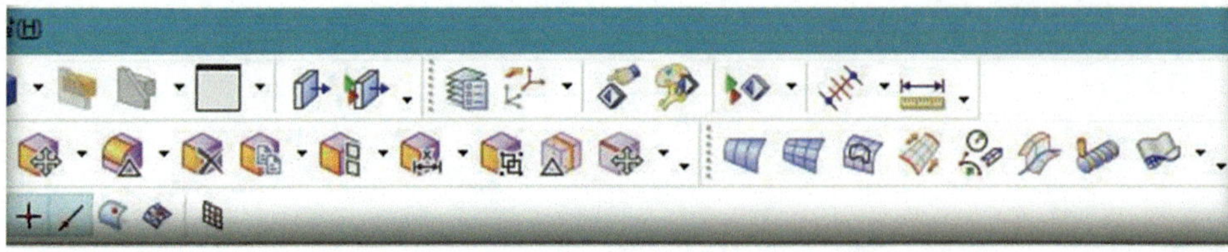

② 파트 탐색기 : 다중 선택 시 작업성과 편리성 증대

사용자가 작업한 파트 모델링, 어셈블리와 같은 정보를 순서대로 나열되어 있으며, 탐색기를 사용하여 데이터를 수정, 편집할 수 있다.

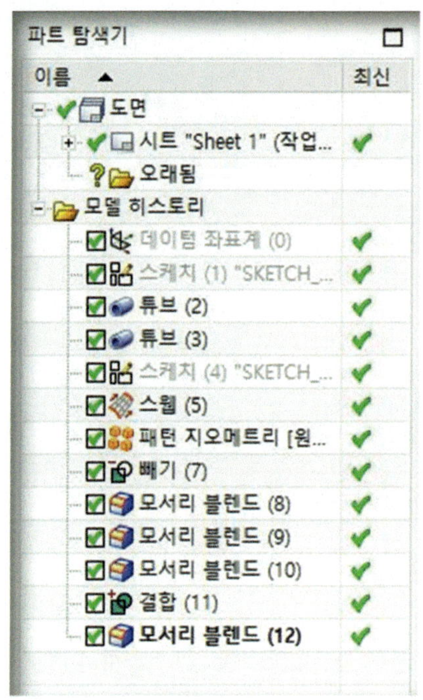

③ 작업 공간

사용자가 원하는 여러 가지 형상을 2D 스케치하고 3D 모델링하는 공간이다.

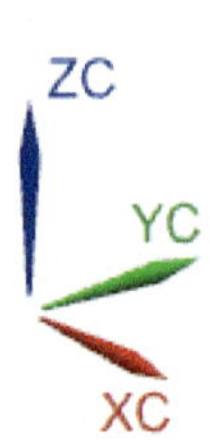

[작업 좌표계]

[Datum CSYS]

④ 직접 스케치(툴바)

스케치 작업을 위한 선, 원, 사각형 등의 명령어와 치수 및 형상구속을 위한 명령어 등으로 구성되어 있다. (세부적인 사용방법은 따라하기 참조)

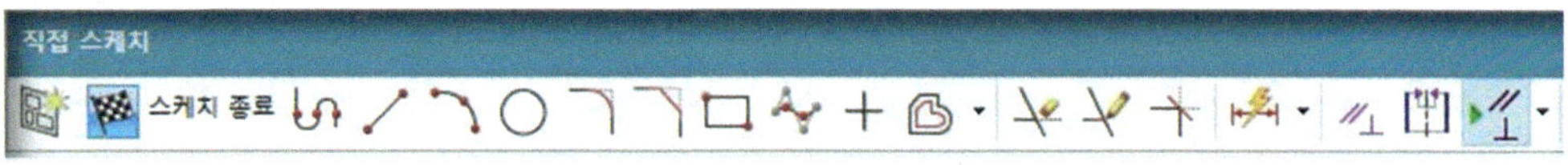

⑤ 리소스 바(Resource Bar)

	탐색기	어셈블리나 모델링에 대한 주요 정보를 표시하며, 탐색기를 이용하여 데이터의 편집, 보기, 순서 변경 등의 작업을 할 수 있다.
	HD3D 도구	HD3D 도구를 사용하여 정보를 직접 3D 모델에 대해 상호 작용한다.
	인터넷 브라우저	NX 실행 후 인터넷을 접속할 수 있다.
	팔레트	팔레트는 자주 사용하는 모델 데이터에 접근할 수 있는 방법을 제공하며, 팔레트를 이용하여 끌어다 놓거나 복사 및 붙여넣기 방법을 이용하여 팔레트와 세션 간의 오브젝트를 추가할 수 있다.

2) 마우스 사용법 익히기

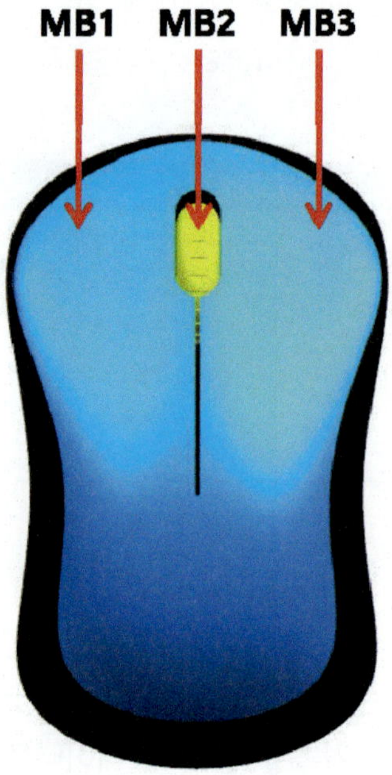

- MB1 : 객체를 선택할 때 사용한다.
- MB1 + Shift : 선택된 객체를 해제할 때 사용한다.
- MB2 : 클릭하면 OK 역할을 하며,

  길게 누른 상태에서 마우스를 움직이면 화면을 Rotate할 수 있다.
- MB2 : 휠 버튼을 앞으로 밀면 Zoom out(화면 확대) 기능을 한다.
- MB2 : 휠 버튼을 내 쪽으로 당기면 Zoom in(화면 축소) 기능을 한다.
- MB2 + MB3 : Pan 기능을 한다.
- Shift + MB2 : Pan 기능을 한다.
- MB3 : Pop up menu를 표시한다.
- MB3(길게 누를 때) : Pop up icon을 표시한다.

3) UG NX 12.0에서 클래식 메뉴 사용하기

NX 클래식 메뉴를 사용하기 위해서는 환경 변수를 추가해주어야 한다.

내 PC(마우스 오른쪽 속성 클릭) → 고급 시스템 설정 클릭 → 환경 변수(N) → 시스템 변수 새로 만들기(W) 클릭 → 변수 이름에 UGII_DISPLAY_DEBUG를 입력하고 변수 값에 1(숫자)을 입력한 후 '**확인**' 클릭한다.

※ 내 PC(마우스 오른쪽 속성 클릭)

※ 고급 시스템 속성 클릭

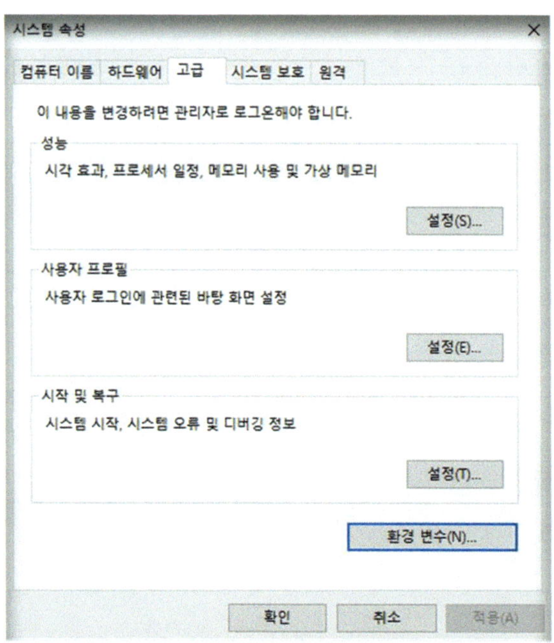

※ 환경 변수(N)

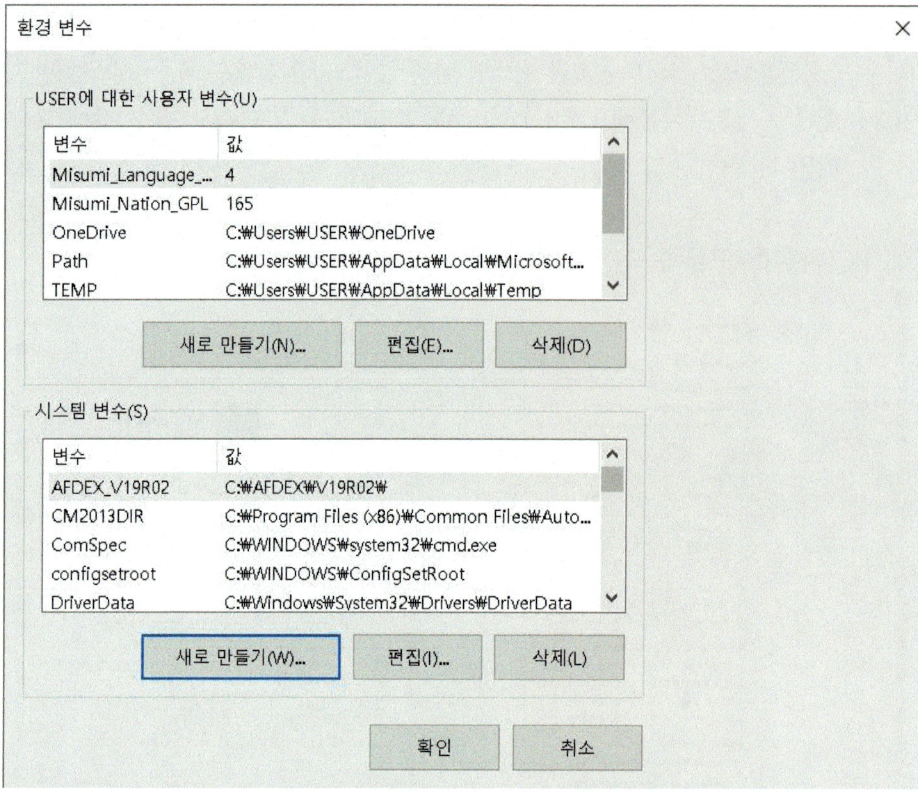

※ 시스템 변수 새로 만들기(W)

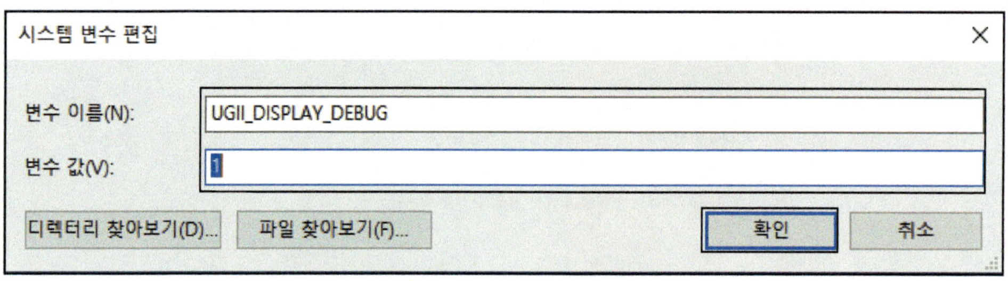

4) 스케치 환경 설정하기

스케치 작성 시 자동치수 해제, 치수 값 표시 등 몇 가지 주요 사항을 설정한다.

① 파일 → 유틸리티 → 사용자 변수 값 → 스케치 → 일반

※ 활성 스케치의 치수 레이블 두 가지를 모두 값으로 선택한다.

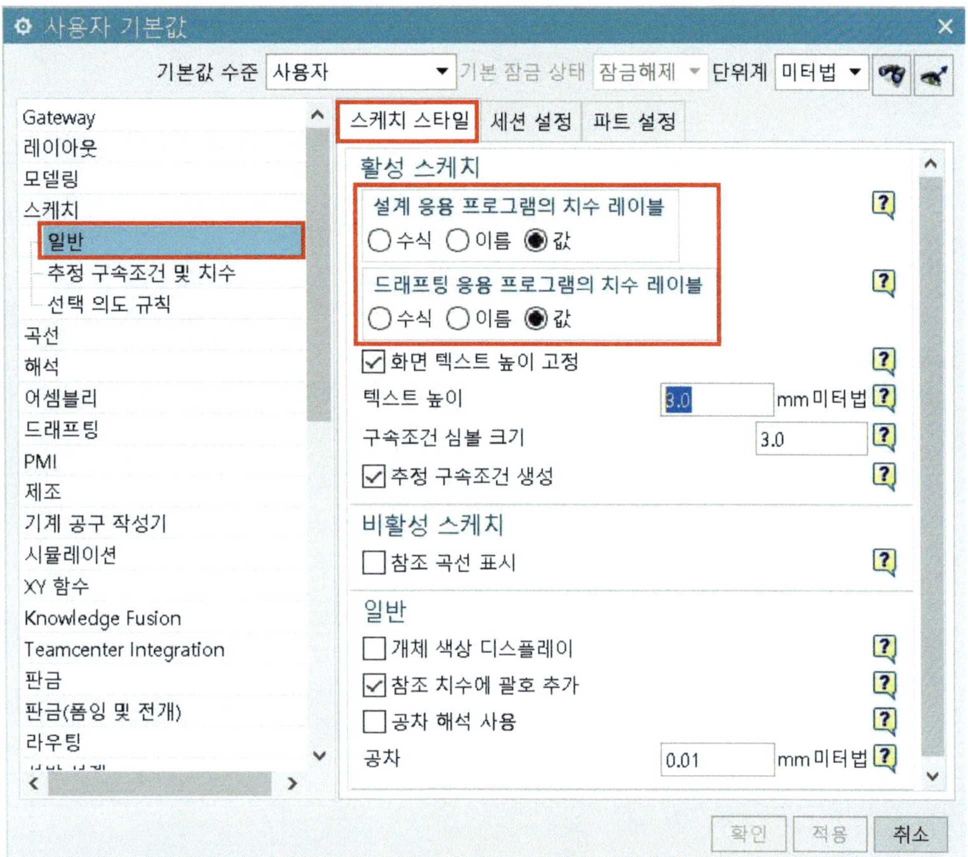

② **파일 → 유틸리티 → 사용자 변수 값 → 스케치 → 추정 구속조건 및 치수**

※ 추정 구속조건 및 치수에서 두 번째 치수를 선택한 다음, 설계 응용 프로그램에서 연속 자동 치수 지정을 '**해제**'한다.

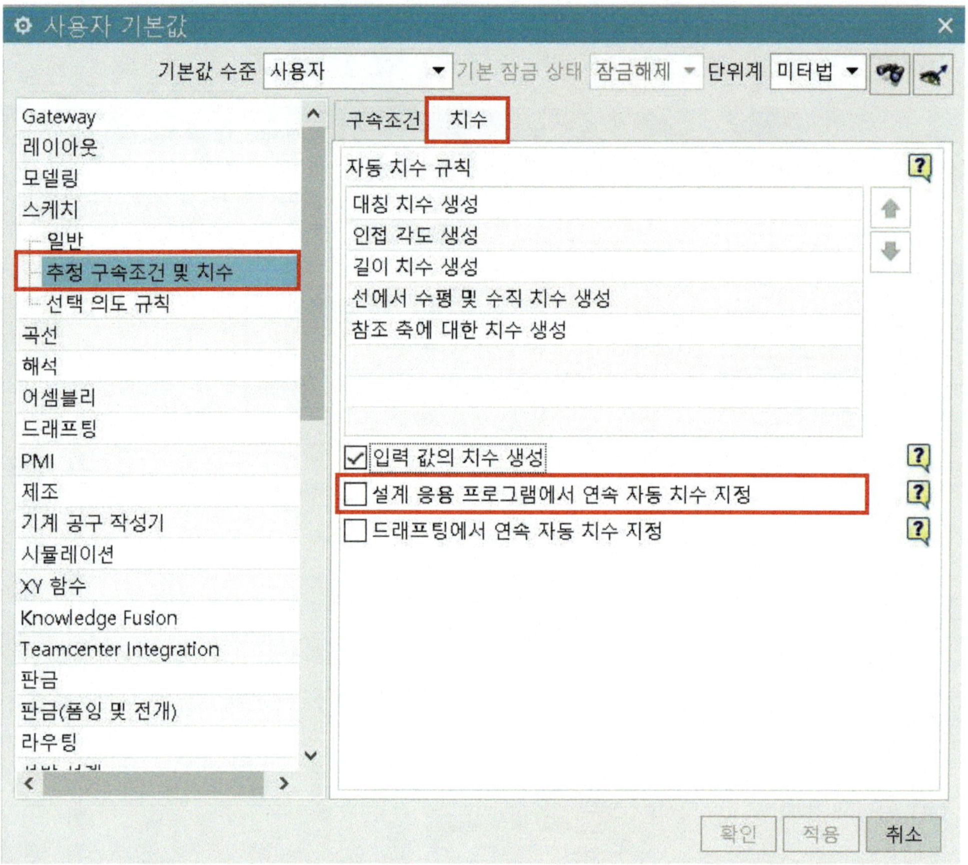

5) 사용 언어 한글로 변경하기

UG NX의 사용 언어를 영어에서 한글로 변경하기 위해서 환경 변수를 변경한다. 내 PC(마우스 오른쪽 속성 클릭) → 고급 시스템 설정 클릭 → 환경 변수(N) → 시스템 변수에서 변수 이름 UGII_LANG의 변수 값을 english에서 korean으로 변경 입력한 후 '**확인**' 클릭한다.

※ 내 PC(마우스 오른쪽 속성 클릭)

※ 고급 시스템 속성 클릭

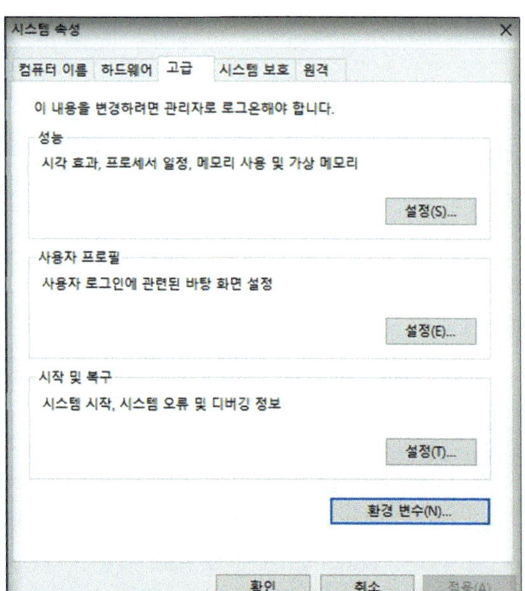

※ 환경 변수(N)

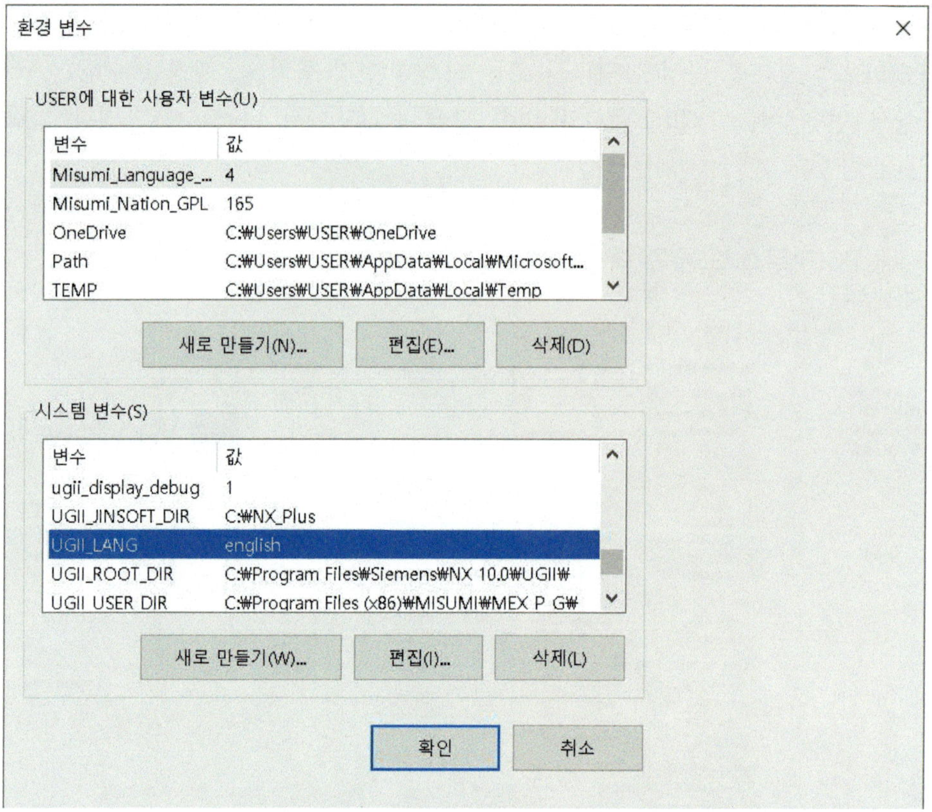

※ 시스템 변수 편집하기

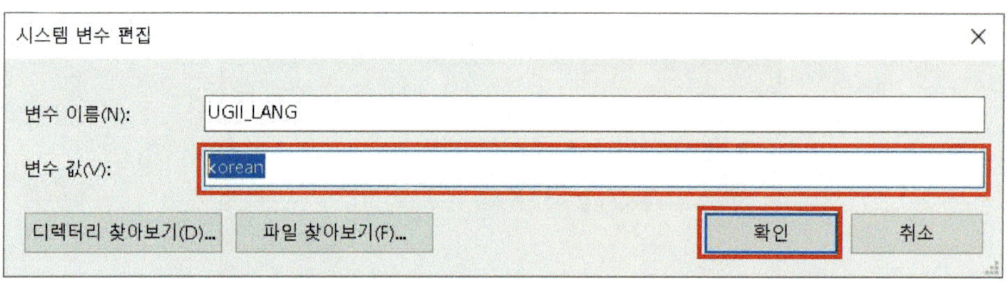

6) 지정 폴더에 파일 저장하기

NX 12.0 모델링 후 저장하면 파일은 NX 프로그램이 설치된 드라이브의 Siemens / NX 12.0 / UGII 폴더에 저장되는데, 환경설정을 통해 사용자가 원하는 드라이브의 폴더로 바로 저장되도록 설정할 수 있다.

NX 12.0 실행 후 파일(F) → 유틸리티(U) → 사용자 기본값(D) → Gateway → 일반 → 디렉터리 → 파트 파일 디렉터리의 Windows에서 찾아보기를 클릭한 다음 원하는 드라이브의 폴더를 더블 클릭한다.

※ 파일(F) → 유틸리티(U) → 사용자 기본값(D)

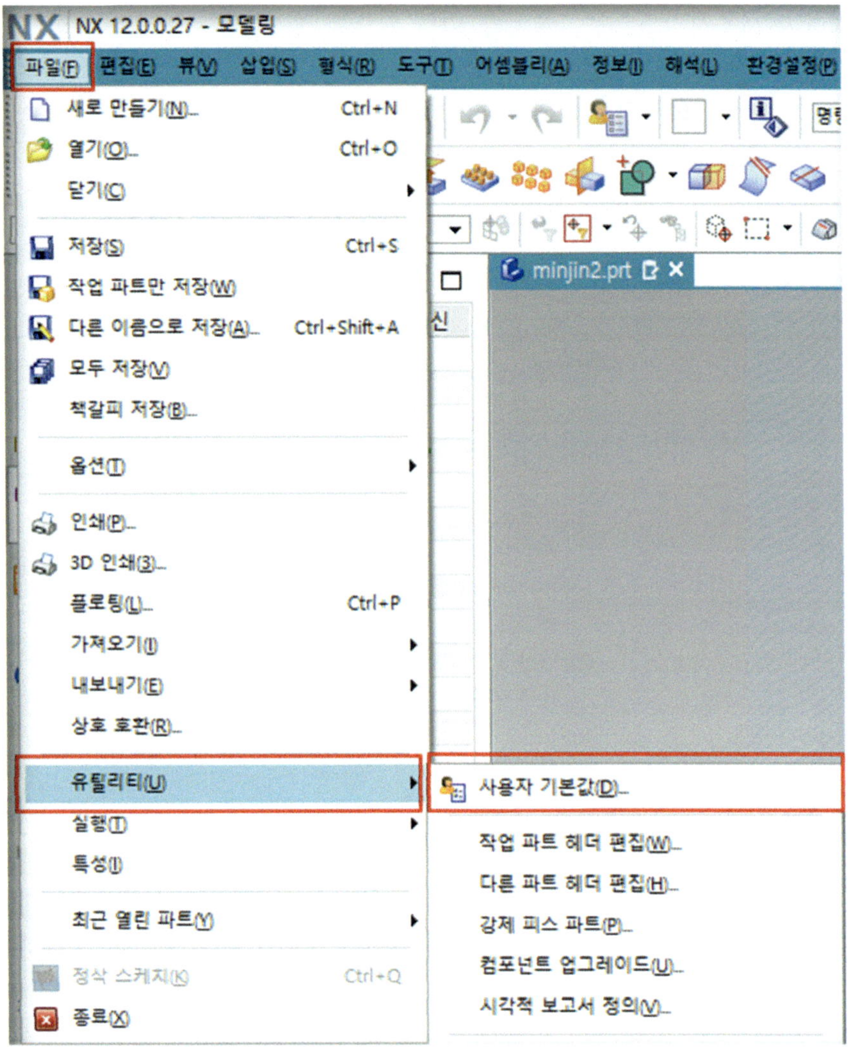

※ Gateway → 일반 → 디렉터리 → 파트 파일 디렉터리의 Windows 찾아보기를 클릭하여 사용자가 원하는 폴더를 더블 클릭한 후 '**확인**' 클릭한다.

(아래와 같이 D 드라이브에 TEMP 폴더를 생성하거나 또는 원하는 명칭을 입력하여 폴더를 생성할 수 있다.)

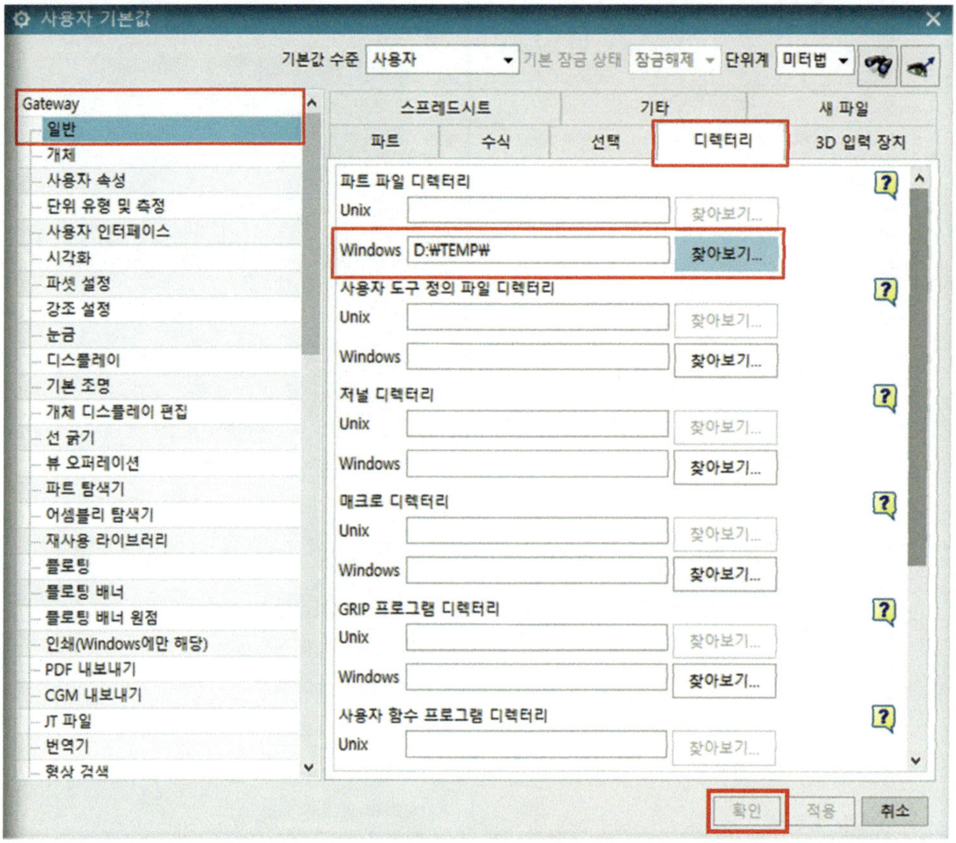

7) 사용 메뉴 변경하기(클래식 → 리본)

사용 메뉴를 리본 표시줄에서 클래식 도구 모음으로 변경하기 위해서는 UG NX 12.0을 실행한 상태에서 다음과 같은 순서로 진행한다.

NX 12.0 실행 → 상단 메인 메뉴의 환경설정(P) → 사용자 인터페이스 환경설정(I) → 사용자 인터페이스 환경 → 리본 표시줄을 선택한 다음 '**확인**' 클릭한다.

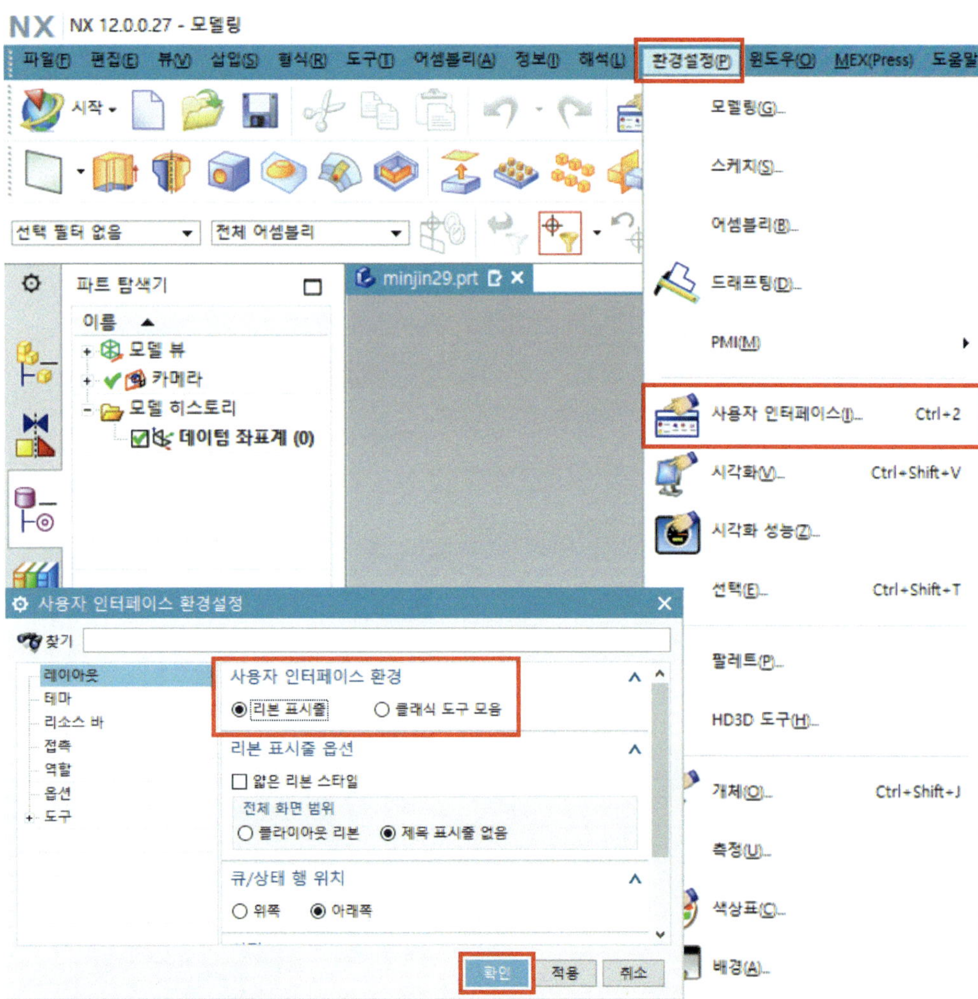

8) 사용 메뉴 변경하기(리본 → 클래식)

사용 메뉴를 클래식 도구 모음에서 리본 표시줄로 변경하기 위해서는 UG NX 12.0을 실행한 상태에서 다음과 같은 순서로 진행한다.

NX 12.0 실행 → 왼쪽 상단 메뉴(M) → 환경설정(P) → 사용자 인터페이스 환경설정(I) → 사용자 인터페이스 환경 → 클래식 도구 모음을 선택한 다음 '**확인**' 클릭한다.

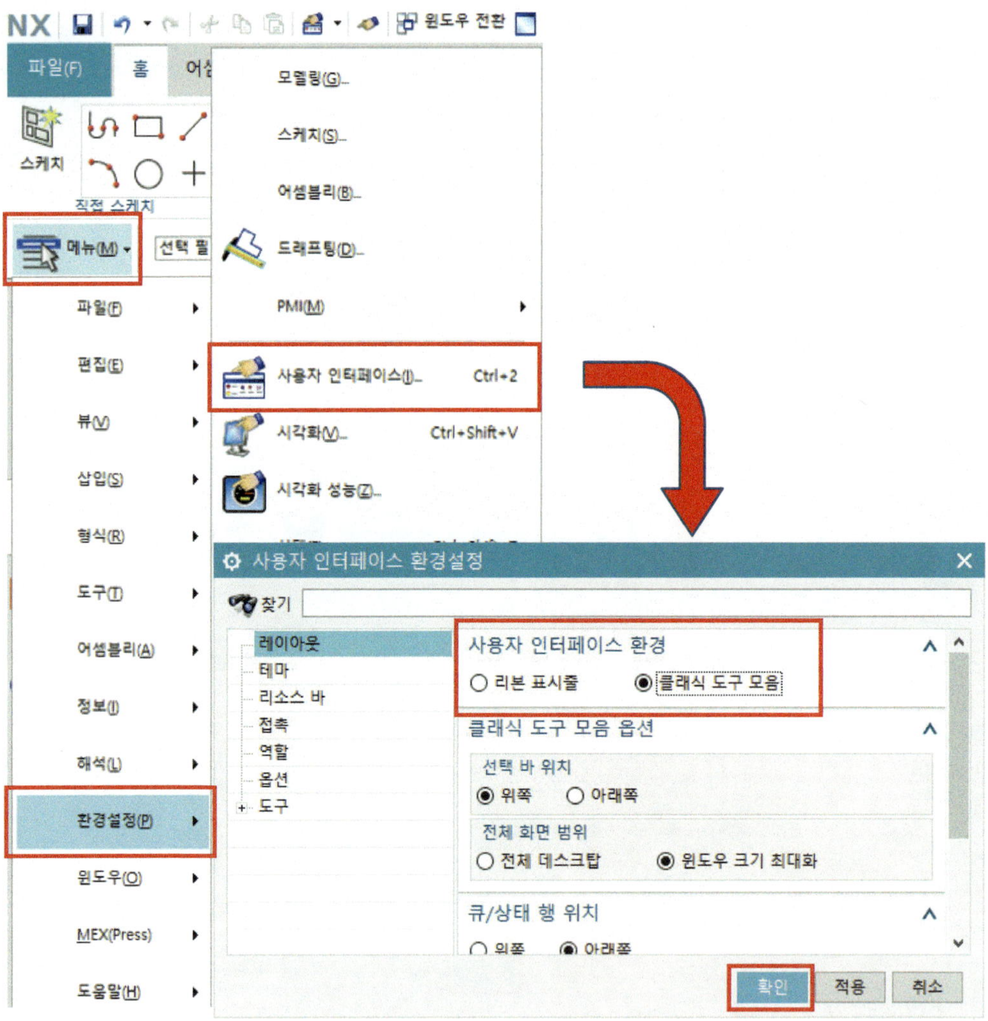

9) 자주 사용하는 단축키 익히기

메뉴 분류	단축키	설명
파일	Ctrl + N	새 파트 만들기
	Ctrl + O	기존 파트 열기
	Ctrl + S	파트 저장
편집	Ctrl + Z	실행 취소
	Ctrl + X	잘라내기
	Ctrl + C	복사
	Ctrl + A	모두 선택
	Ctrl + J	개체 디스플레이(반 투명도 및 색상 등 설정)
	Ctrl + W	표시 및 숨기기
	Ctrl + B	숨기기
	Ctrl + Shift + U	모두 표시
	Ctrl + Shift + B	표시 및 숨김 반전
뷰	Ctrl + T	개체 이동
	Ctrl + F	맞춤
	F8	스냅뷰(가장 가까운 표준 뷰 배치)
응용 프로그램 시작	Ctrl + M / (M)	모델링
	Ctrl + Shift + D	드래프팅
	Ctrl + Shift + M	판금
도움말	F1	도움말

CHAPTER

2

UG NX 12.0 3D CAD 기계 부품 설계

2.1 Shaft Holder 기계 부품 형상 모델링 따라하기

■ **품명** : Shaft Holder

*** 주기**

- 도시되고 지시 없는 라운드는 R2 적용.
- 도시되고 지시 없는 모서리는 C1 적용.

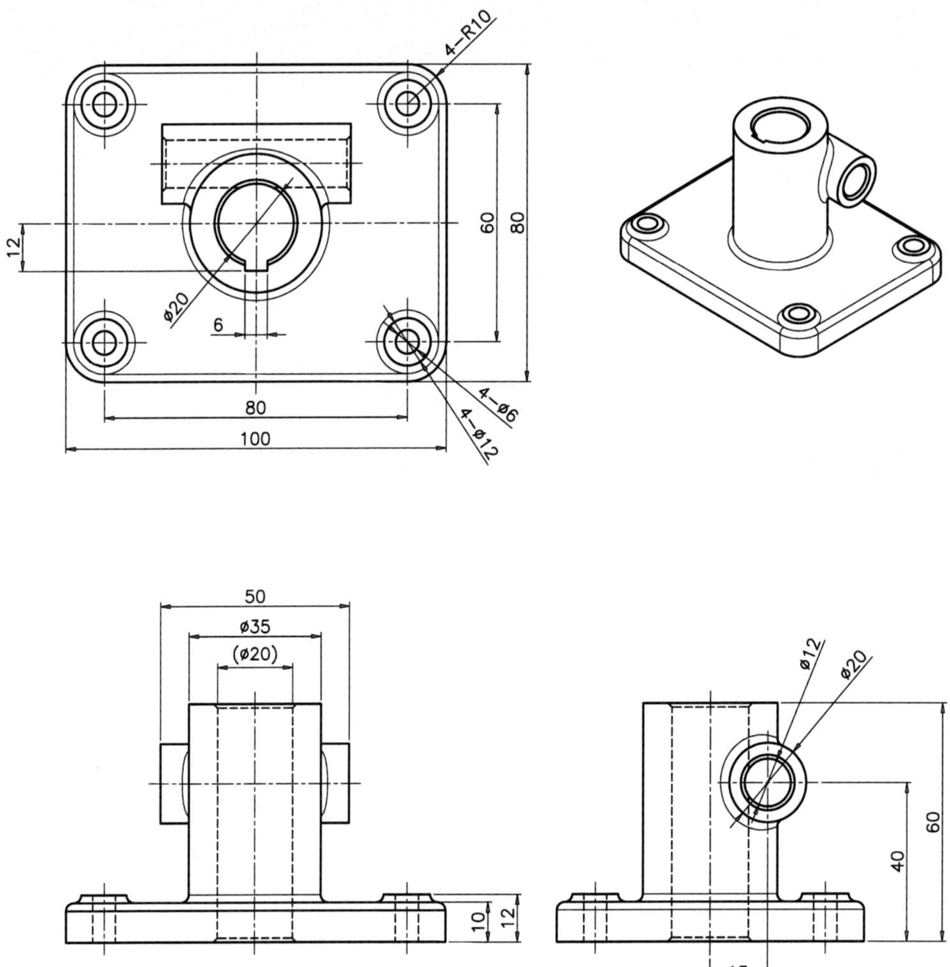

1) 바탕화면에 있는 NX 12.0 아이콘을 더블 클릭해서 실행시킨다.

※ 시작프로그램에서 NX 12.0을 실행할 수 있다.

2) NX 12.0이 실행된 모습

3) 새로운 파일을 생성하기 위해 '새로 만들기' 아이콘을 클릭한다.

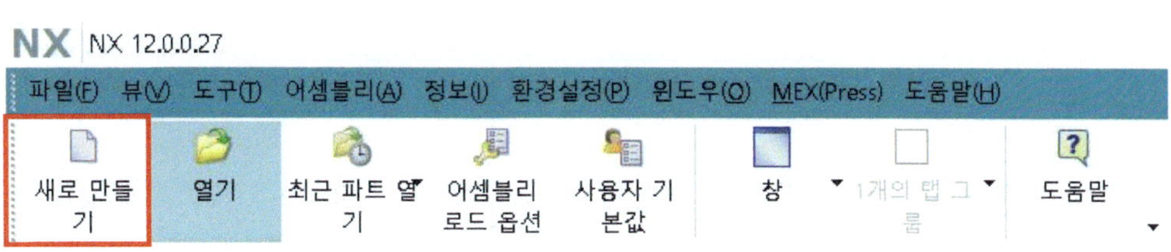

4) 새로 생성될 파일 이름과 저장될 경로를 선택한 후 '확인' 클릭한다.

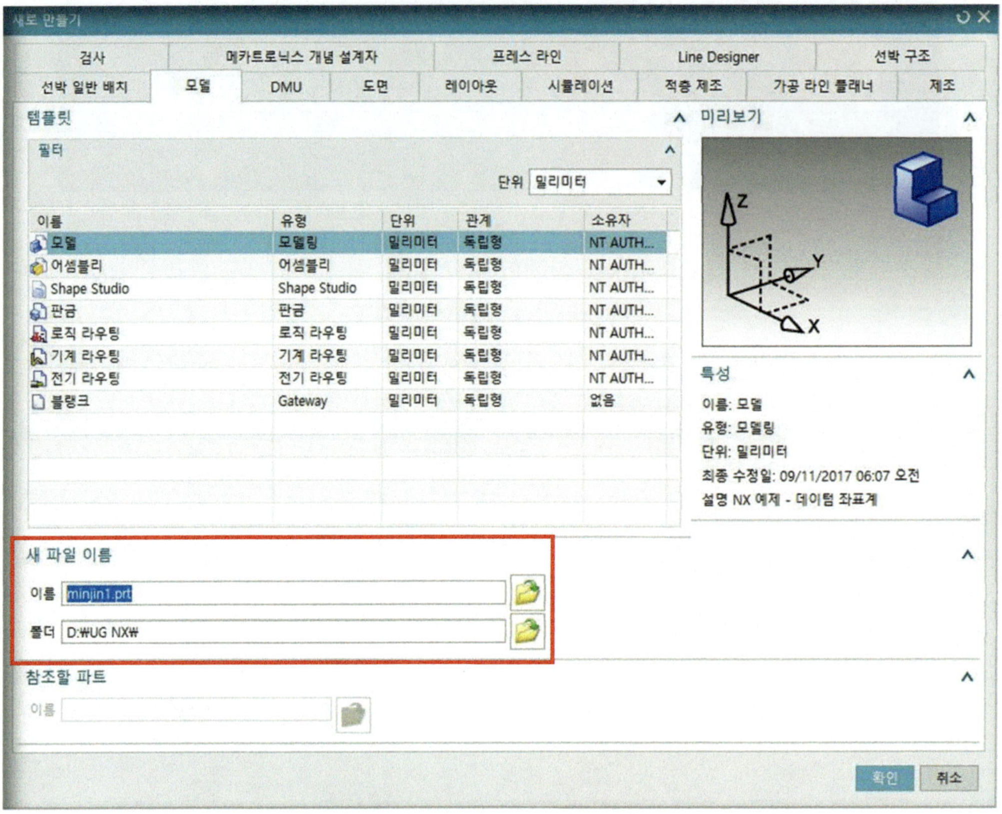

5) Shaft holder의 외곽 크기를 결정해주기 위해 '스케치' 아이콘을 선택하고 '확인' 클릭한다. (X-Y 평면 자동으로 설정됨)

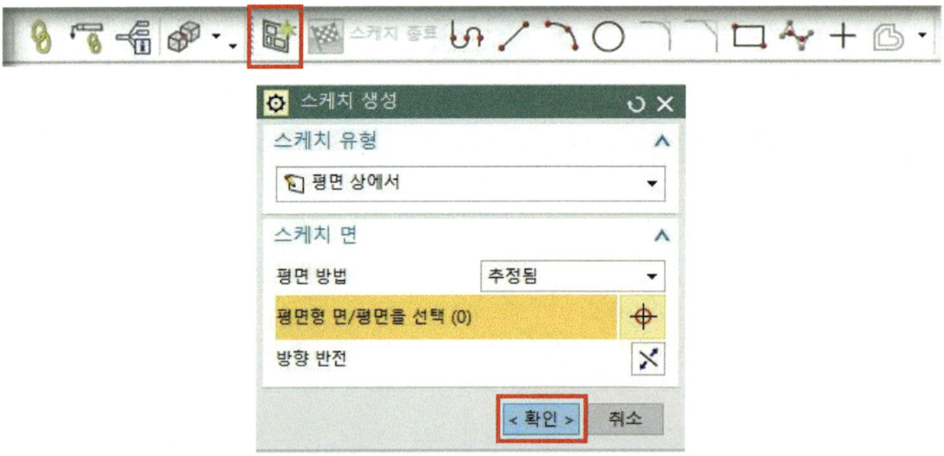

6) 아래와 같이 모델링 형상을 스케치하고 '지오메트리 구속조건' 및 '급속 치수' 아이콘을 이용하여 형상과 치수로 구속한다.

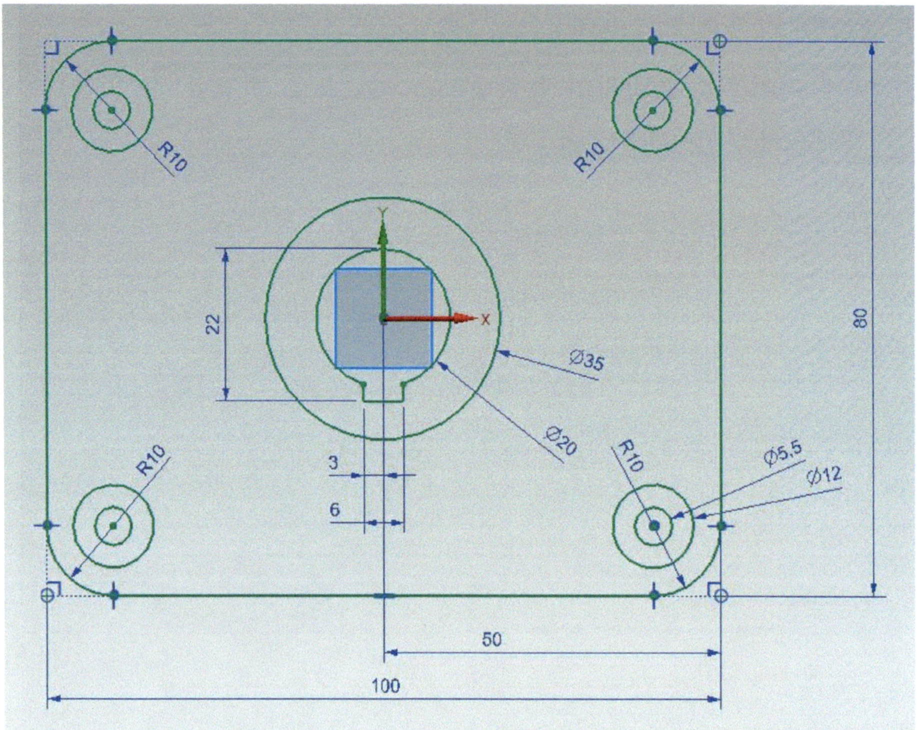

7) '스케치 종료' 아이콘을 선택하여 스케치를 종료한다.

8) 생성된 스케치를 등각 투상도로 전환한다. (단축키 → Home)

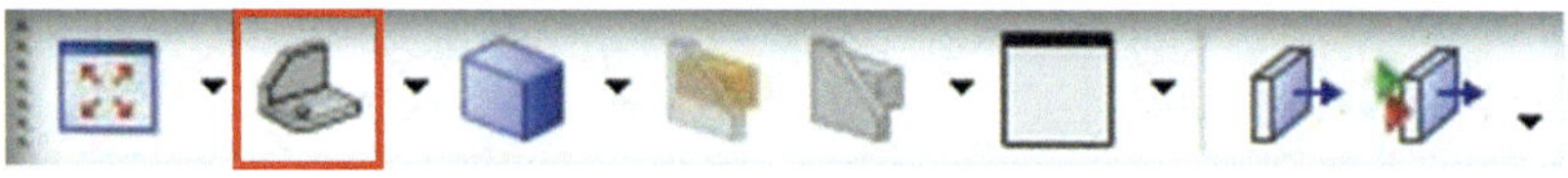

9) 바닥 형상을 만들어주기 위해 돌출 아이콘을 클릭한 후 선택조건으로 '영역 경계 곡선' 선택한 후 스케치 사이의 빈 공간을 클릭하고, 아래와 같이 정의한 후 '확인' 클릭한다.
('방향 반전' 아이콘을 클릭하여 돌출방향을 하면으로 변경할 수 있다)

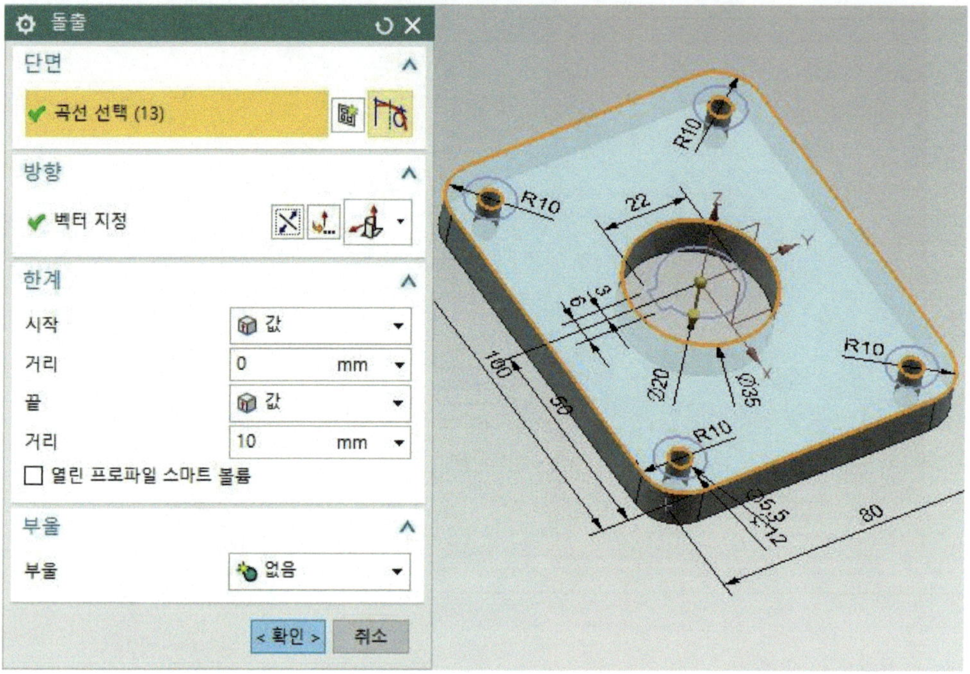

10) 생성된 스케치를 등각 투상도로 전환한다. (단축키 → Home)

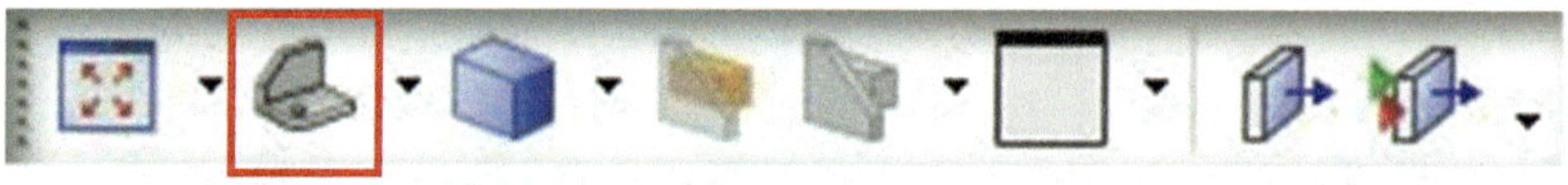

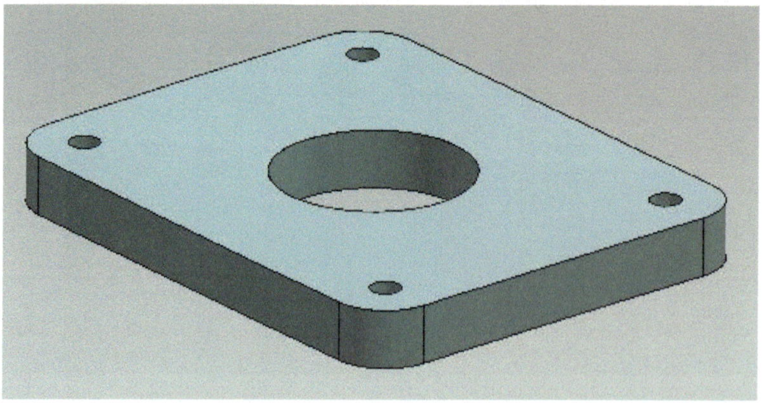

11) 기둥 형상을 만들어주기 위해 돌출 아이콘을 클릭한 후 선택조건으로 '영역 경계 곡선' 선택한 후 스케치 사이의 빈 공간을 클릭하고, 아래와 같이 정의한 후 '확인' 클릭한다.

('방향 반전' 아이콘을 클릭하여 돌출방향을 하면으로 변경할 수 있다)

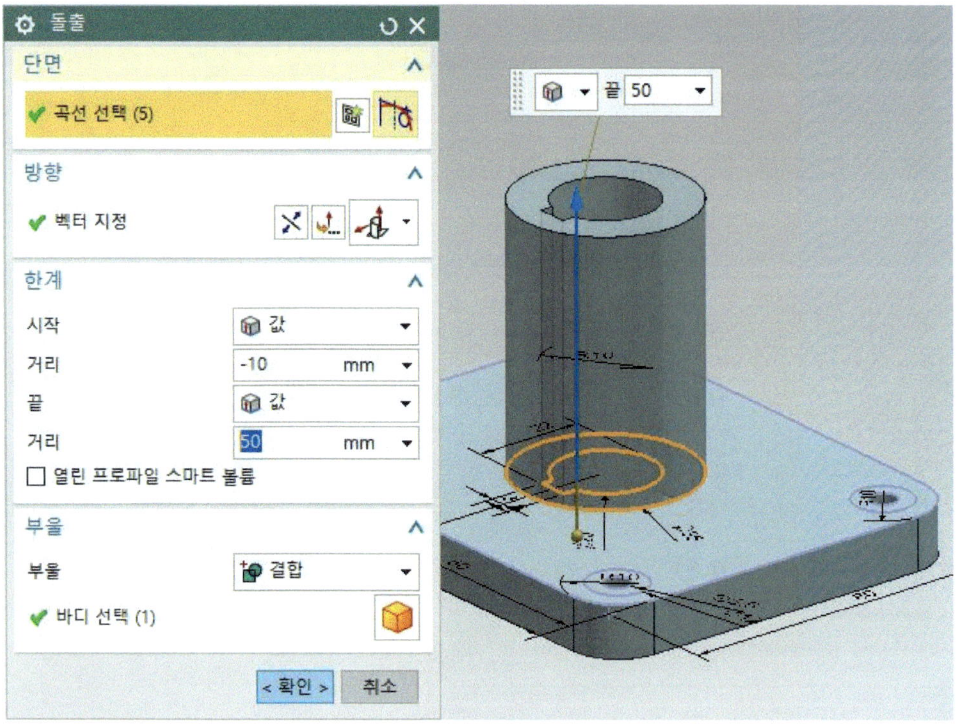

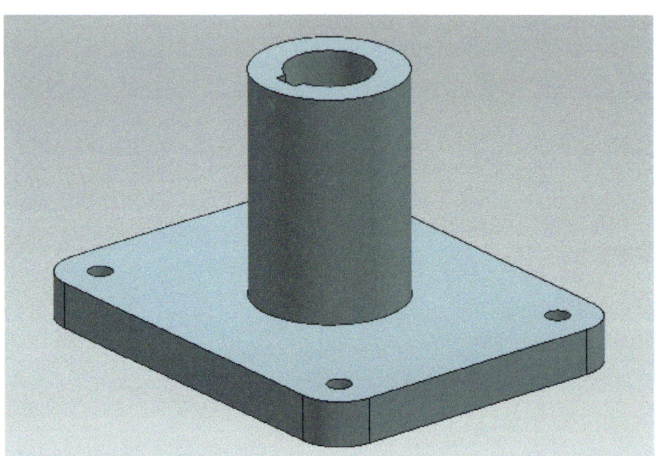

12) 2mm 단 형상 4개소를 만들어주기 위해 돌출 아이콘을 클릭한 후 선택조건으로 '영역 경계 곡선' 선택한 후 스케치 사이의 빈 공간을 클릭하고, 아래와 같이 정의한 후 '확인' 클릭한다.
('방향 반전' 아이콘을 클릭하여 돌출방향을 하면으로 변경할 수 있다)

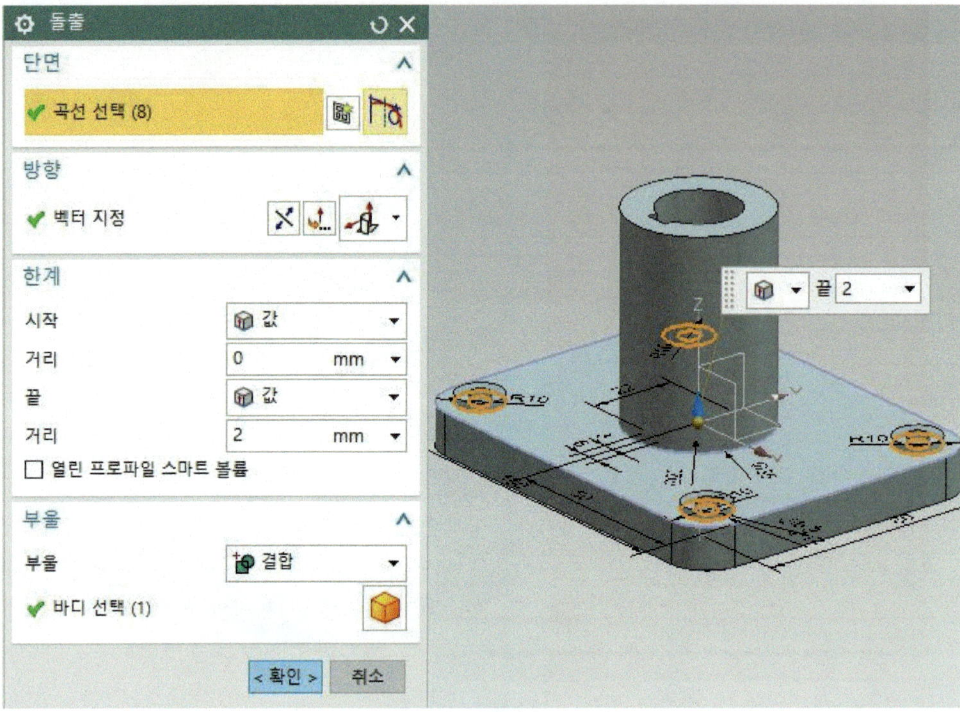

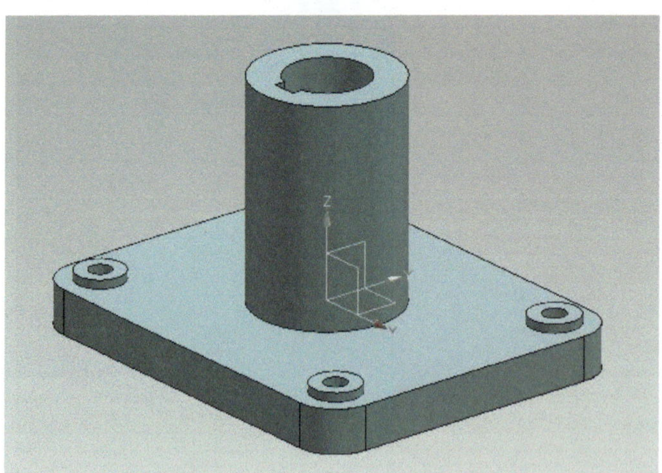

13) Shaft Holder 기둥 중간에 보스 형상을 만들어주기 위해 스케치 아이콘을 선택하고 '확인' 클릭한(X, Y 평면 자동으로 설정됨) 다음, 아래와 같이 모델링 형상을 스케치하고 급속 치수를 이용하여 치수를 입력한 후 '스케치 종료' 클릭한다.

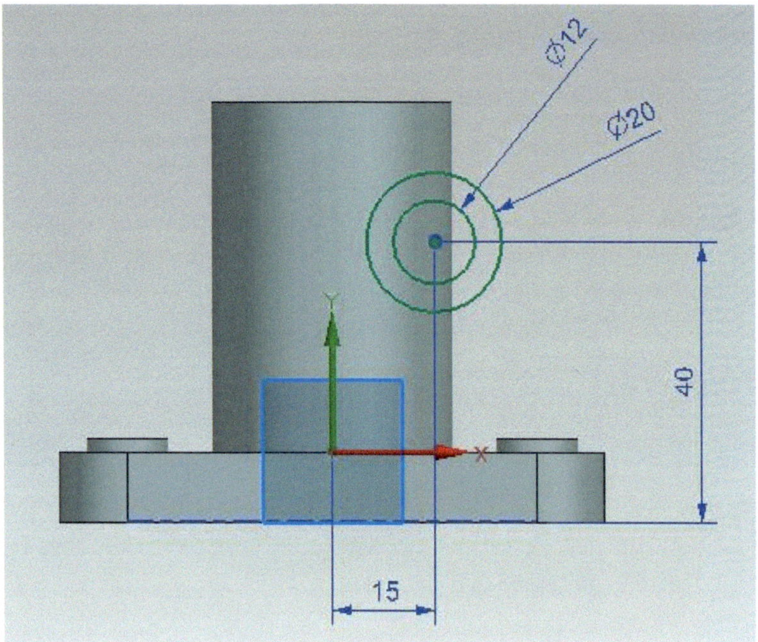

14) 생성된 스케치를 등각 투상도로 전환한다. (단축키 → Home)

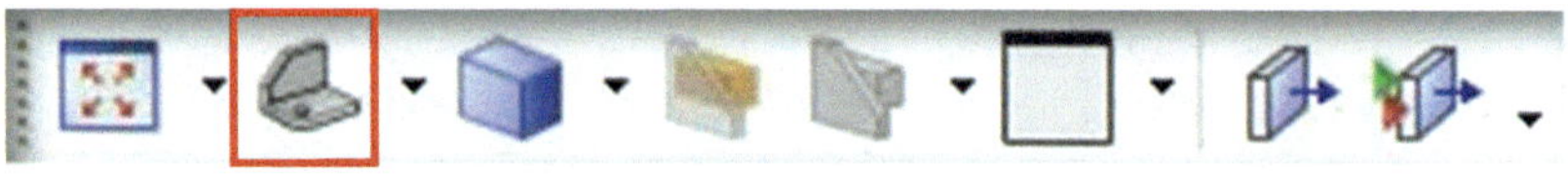

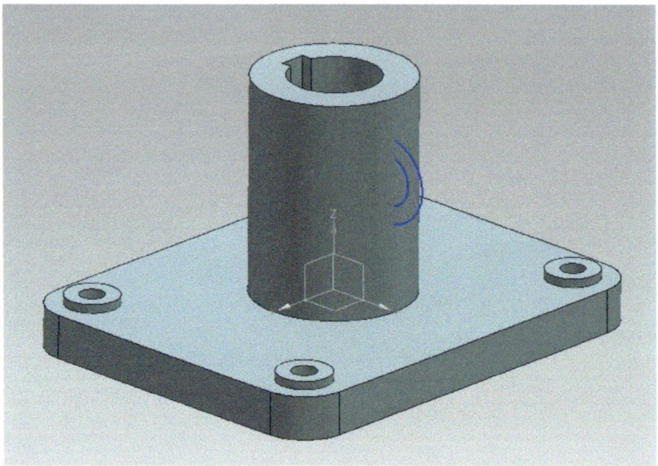

15) 중공 형상을 만들어주기 위해 돌출 아이콘을 클릭한 후 선택조건으로 '영역 경계 곡선' 선택한 후 스케치 사이의 빈 공간을 클릭하고, 아래와 같이 정의한 후 '확인' 클릭한다.

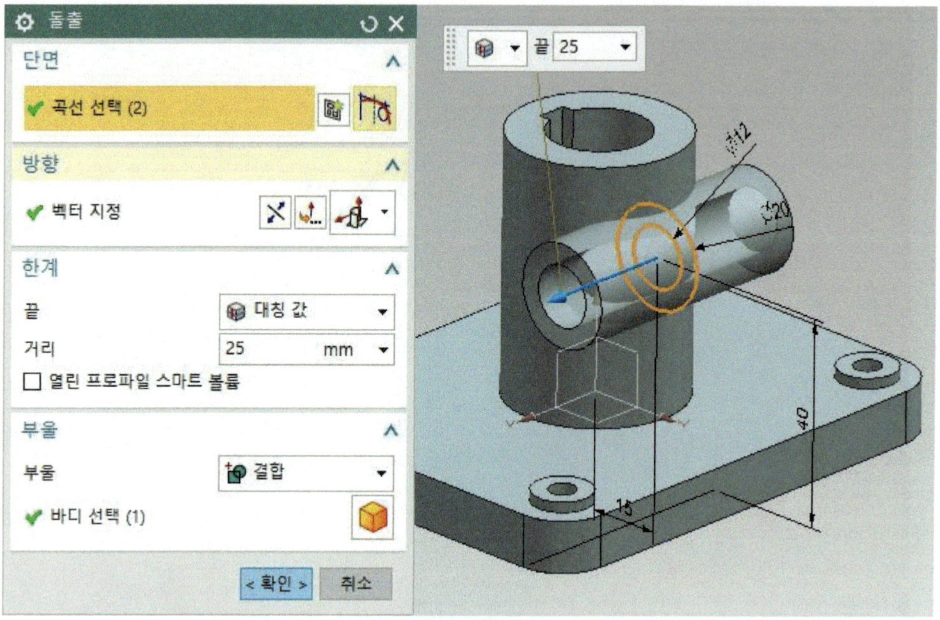

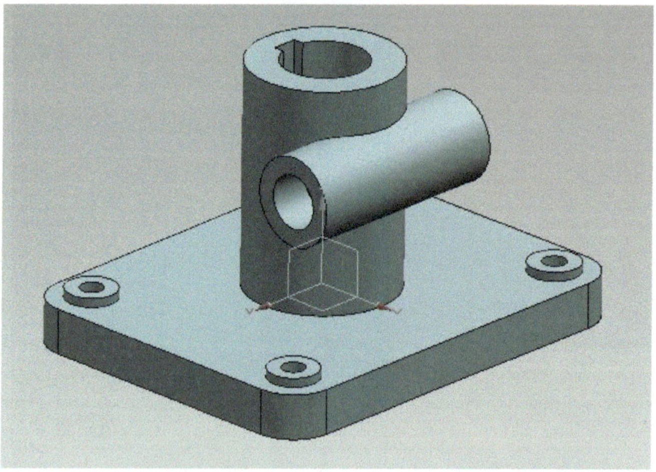

16) 모서리에 라운드 형상을 만들기 위해 모서리 블렌드 아이콘을 이용하여 아래와 같이 정의한 후 '확인' 클릭한다.

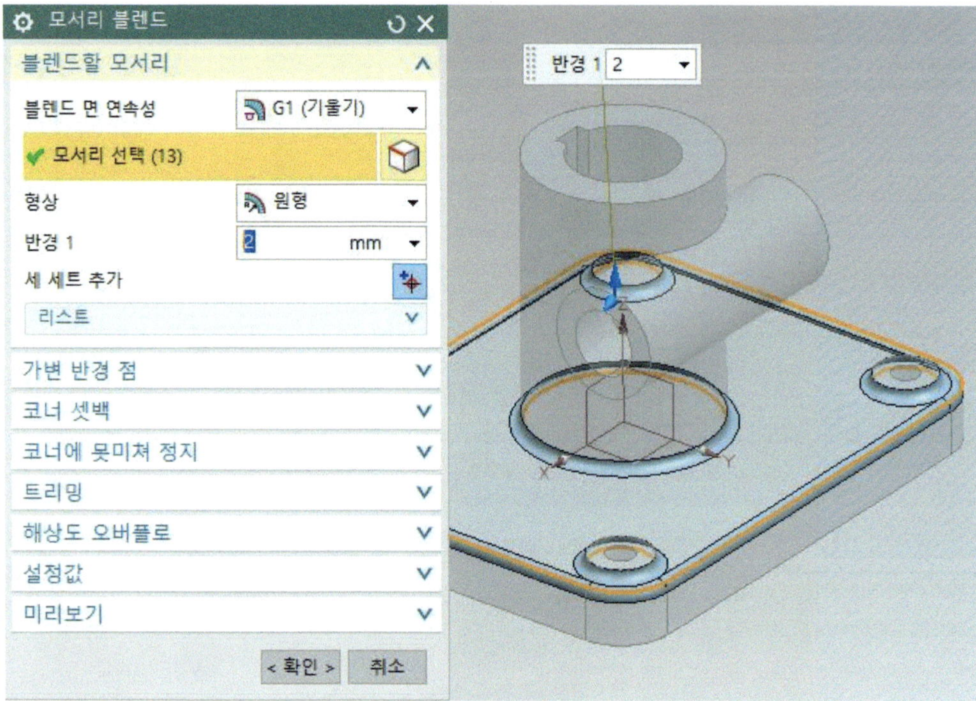

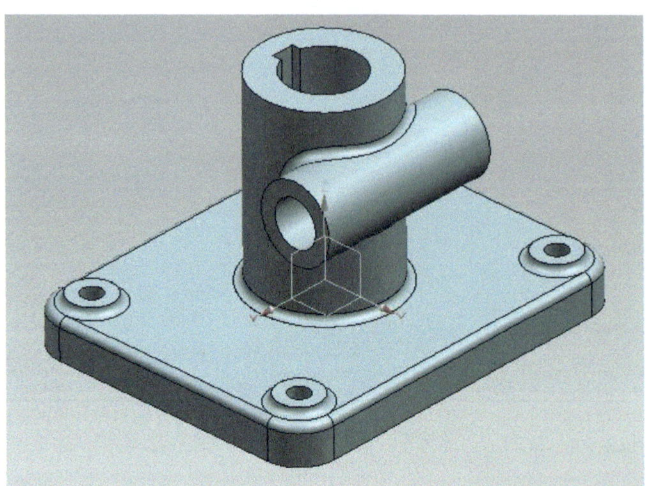

17) 구멍 모서리에 모따기 형상을 만들기 위해 모따기 아이콘을 이용하여 아래와 같이 정의한 후 '확인' 클릭한다.

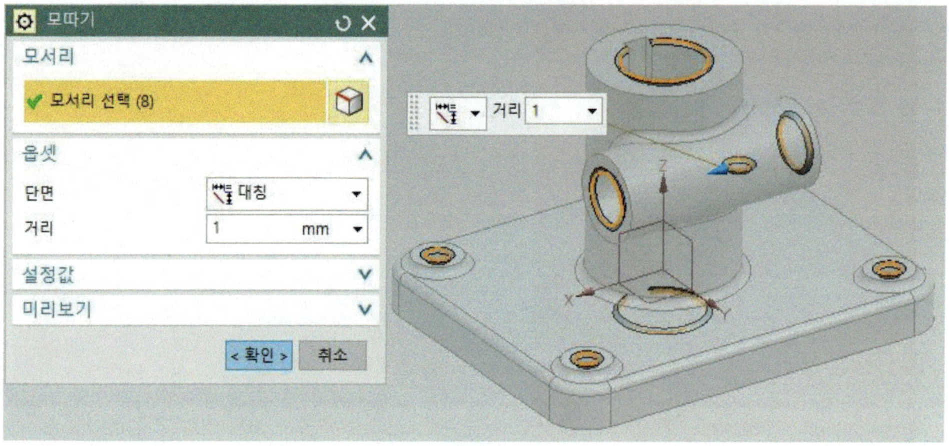

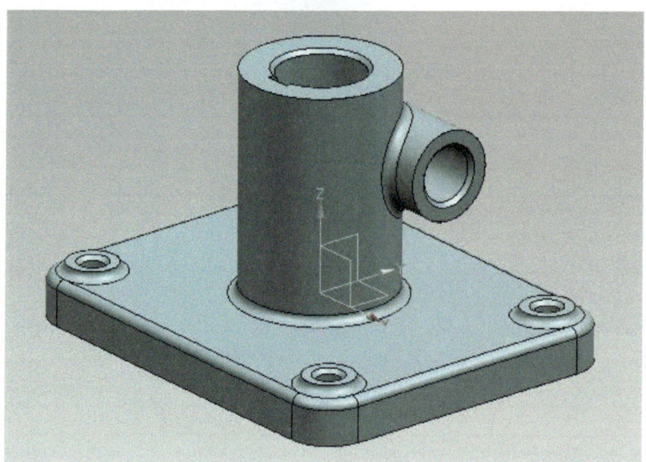

18) 기둥 안쪽에 불필요한 형상을 제거해주기 위해 면 삭제 아이콘을 이용하여 아래와 같이 제거할 면을 선택한 후 '적용' 클릭한다.

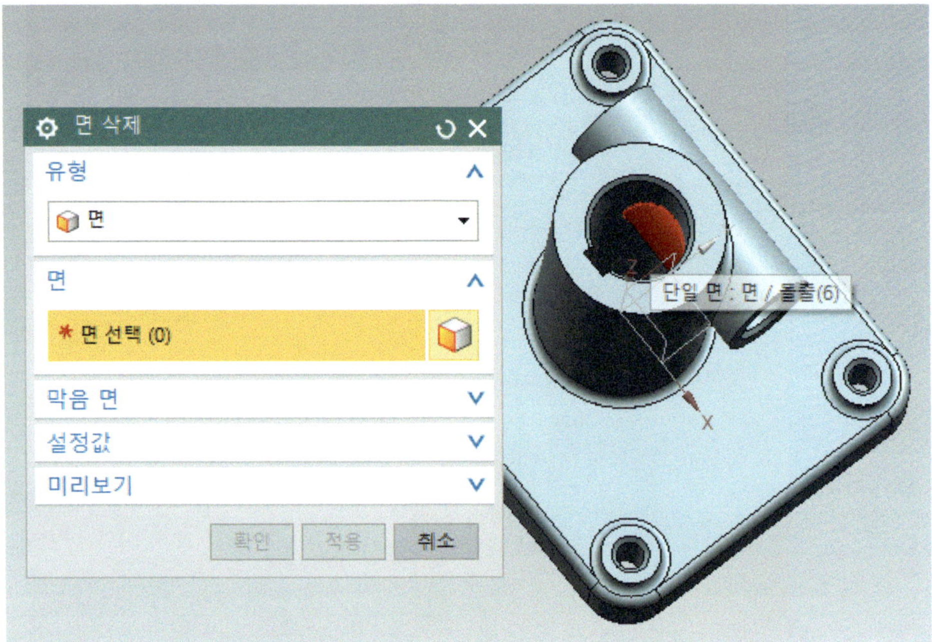

19) 원형 중공 형상 안쪽에 불필요한 형상을 제거해주기 위해 면 삭제 아이콘을 이용하여 아래와 같이 제거할 면을 선택한 후 '확인' 클릭한다.

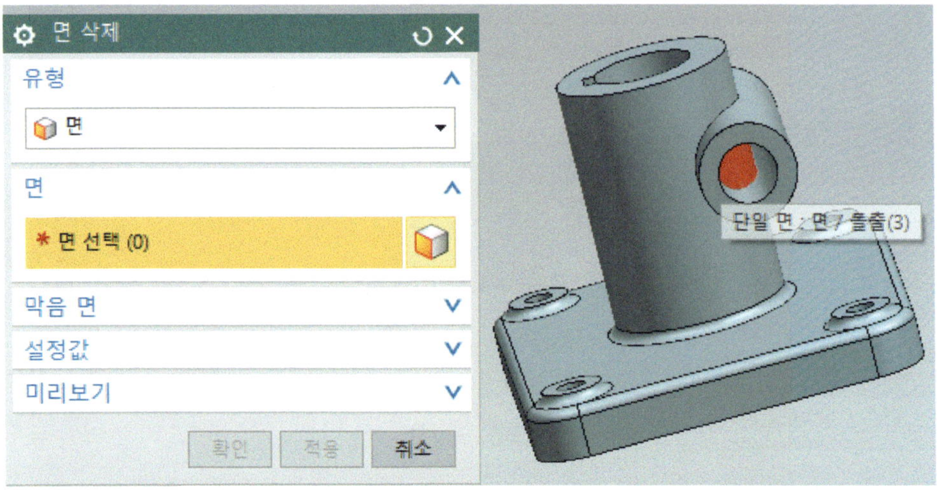

20) 최종 완성된 Shaft Holder 형상 모델링

평면도

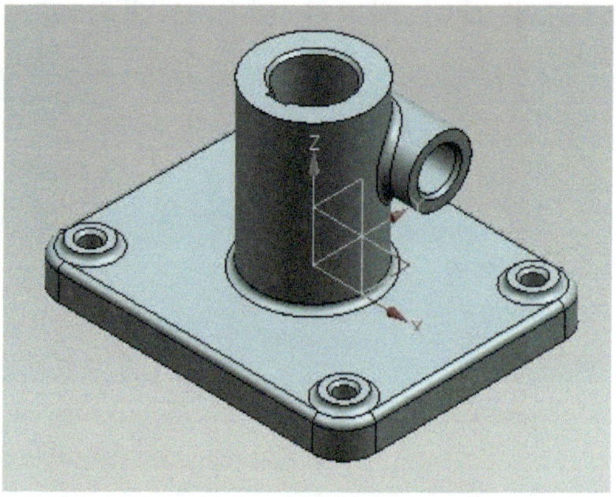

등각도

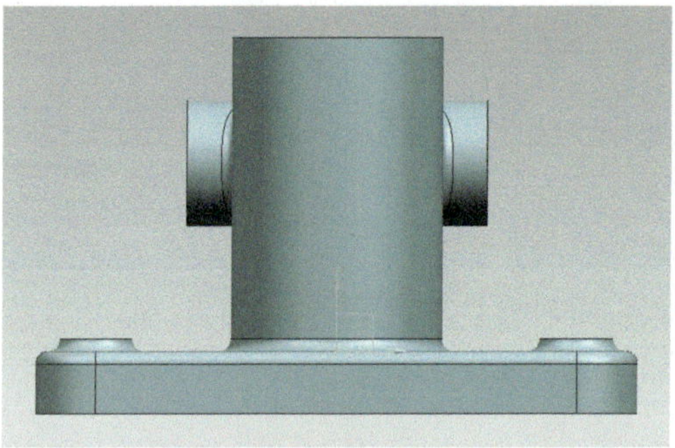

정면도

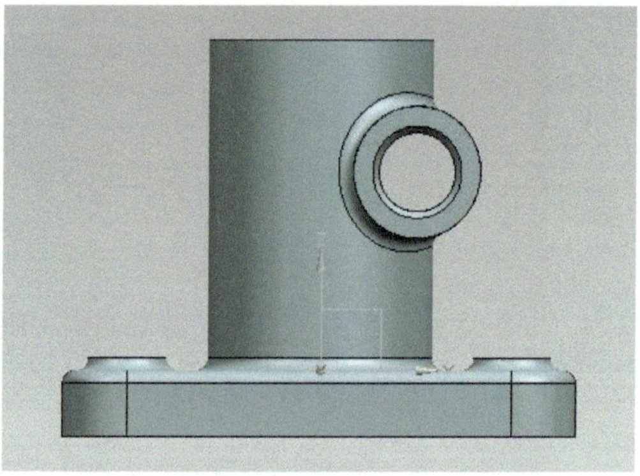

우측면도

2.2 Pin Holder 기계 부품 형상 모델링 따라하기

■ **품명** : Pin Holder

*** 주기**

- 도시되고 지시 없는 라운드는 R2 적용.
- 도시되고 지시 없는 모서리는 C1 적용.

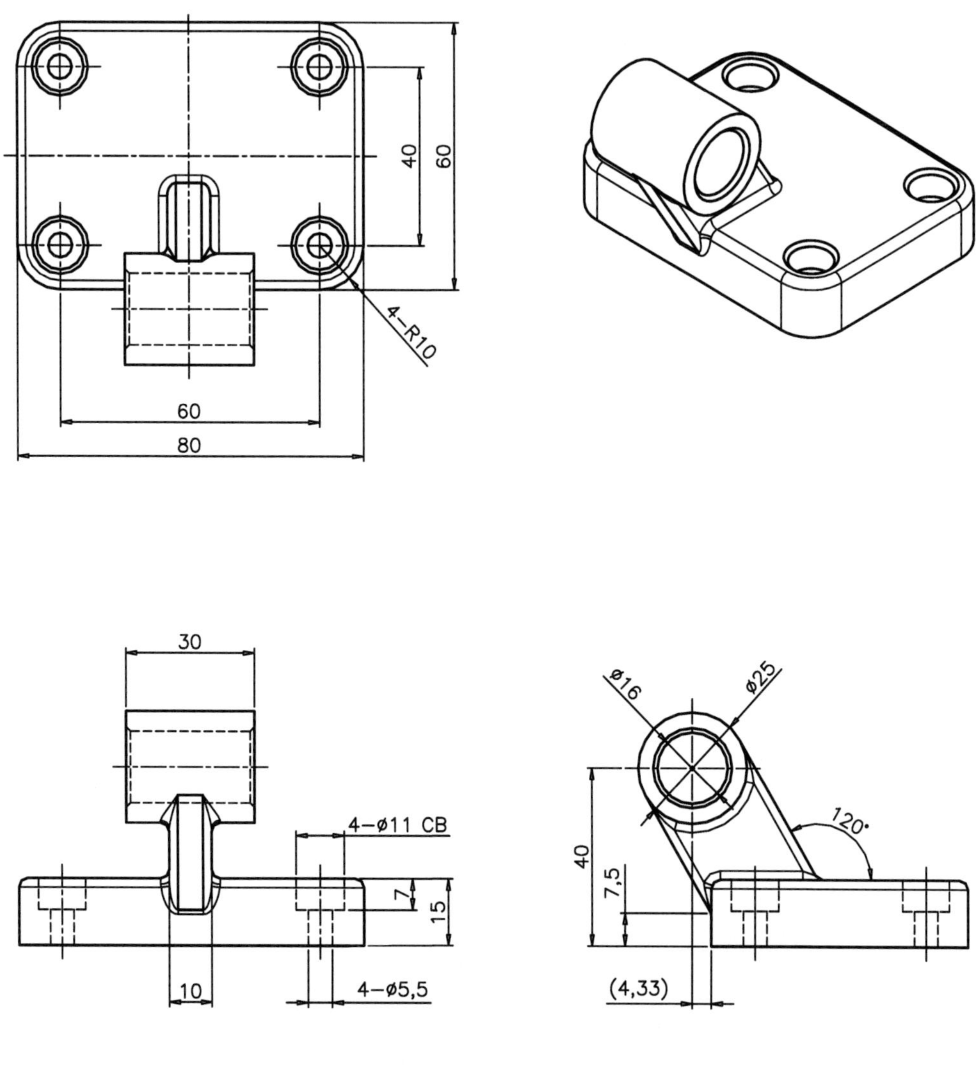

1) 바탕화면에 있는 NX 12.0 아이콘을 더블 클릭해서 실행시킨다.

※ 시작프로그램에서 NX 12.0을 실행할 수 있다.

2) NX 12.0이 실행된 모습

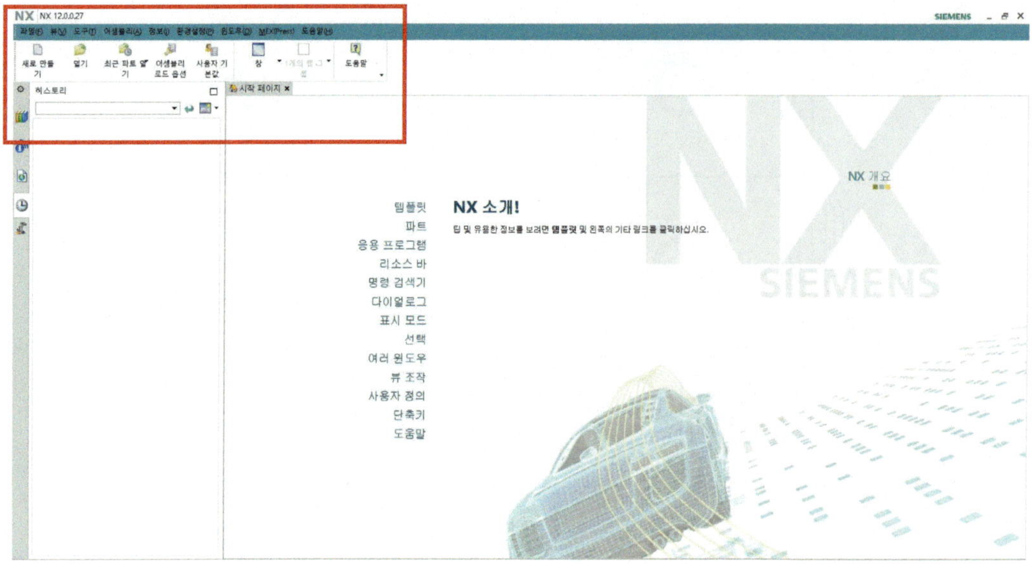

3) 새로운 파일을 생성하기 위해 '새로 만들기' 아이콘을 클릭한다.

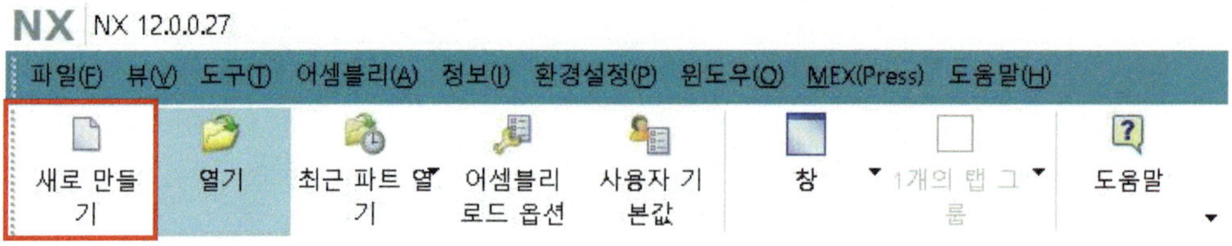

4) 새로 생성될 파일 이름과 저장될 경로를 선택한 후 '확인' 클릭한다.

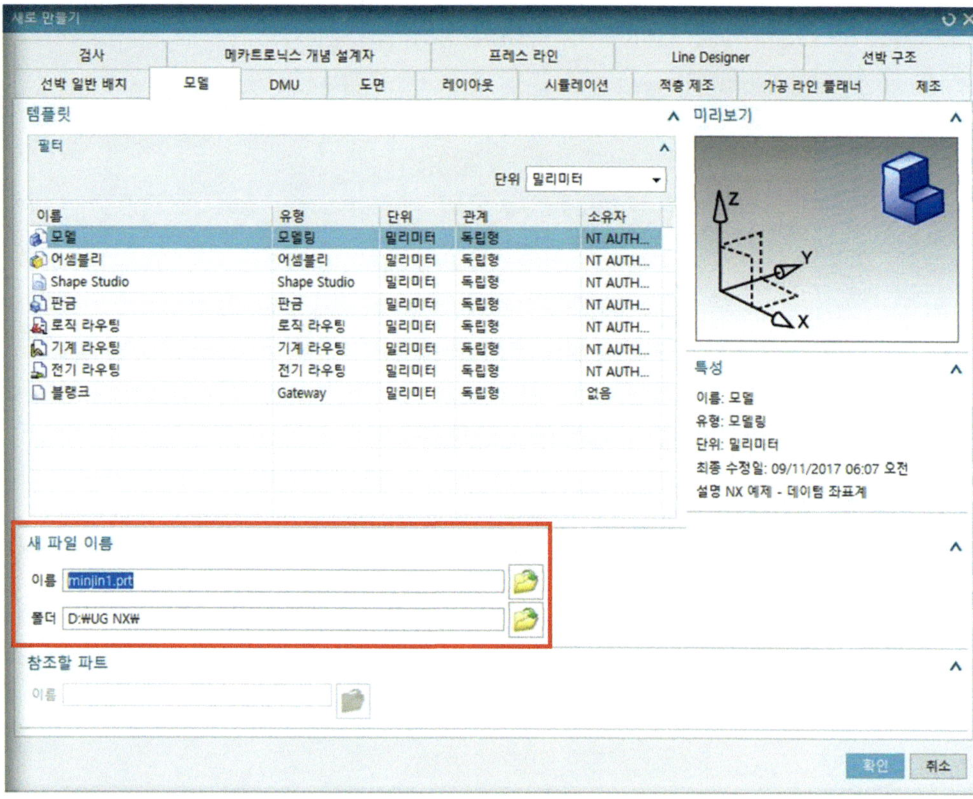

5) Pin holder의 외곽 크기를 결정해주기 위해 '스케치' 아이콘을 선택하고 '확인' 클릭한다. (X-Y 평면 자동으로 설정됨)

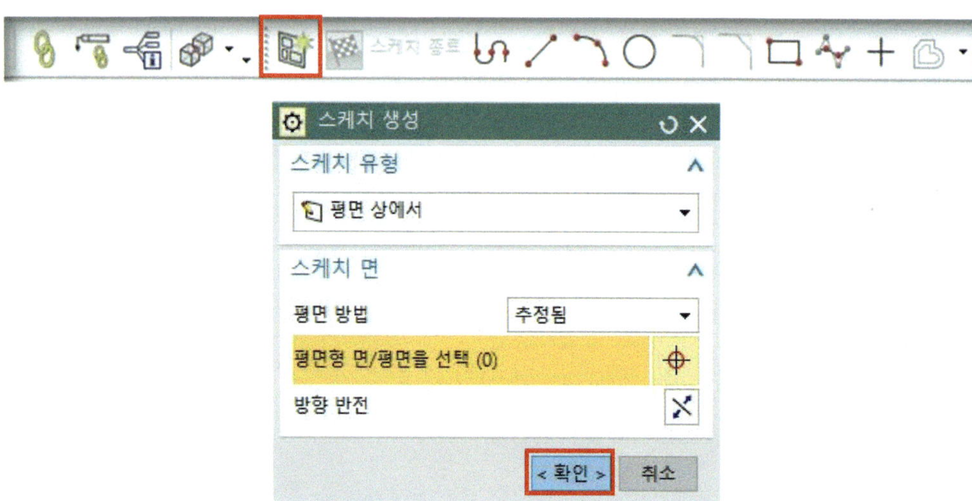

6) 아래와 같이 모델링 형상을 스케치하고 '지오메트리 구속조건' 및 '급속 치수' 아이콘을 이용하여 형상과 치수로 구속한다.

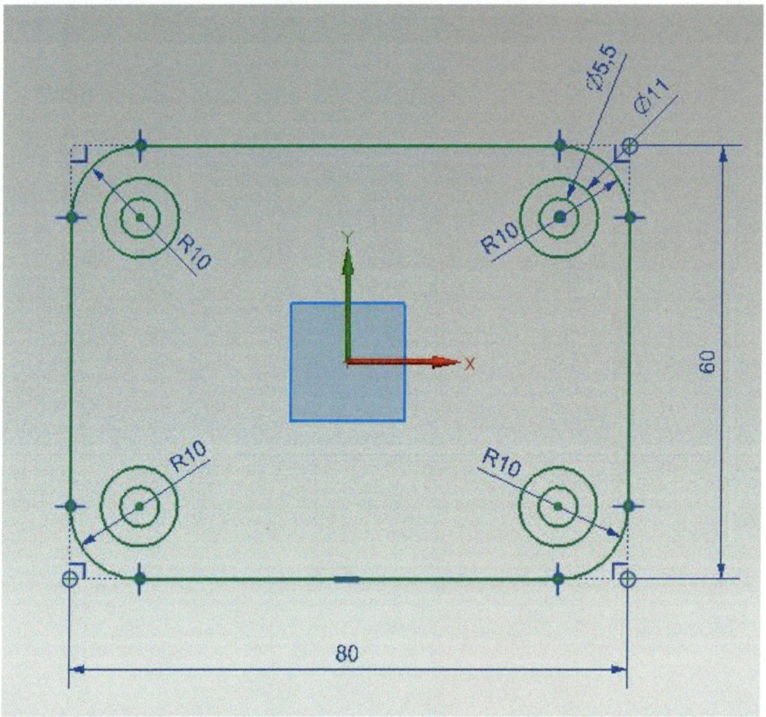

7) '스케치 종료' 아이콘을 선택하여 스케치를 종료한다.

8) 생성된 스케치를 등각 투상도로 전환한다. (단축키 → Home)

9) 바닥 형상을 만들어주기 위해 돌출 아이콘을 클릭한 후 선택조건으로 '영역 경계 곡선' 선택한 후 스케치 사이의 빈 공간을 클릭하고, 아래와 같이 정의한 후 '확인' 클릭한다.
('방향 반전' 아이콘을 클릭하여 돌출방향을 하면으로 변경할 수 있다)

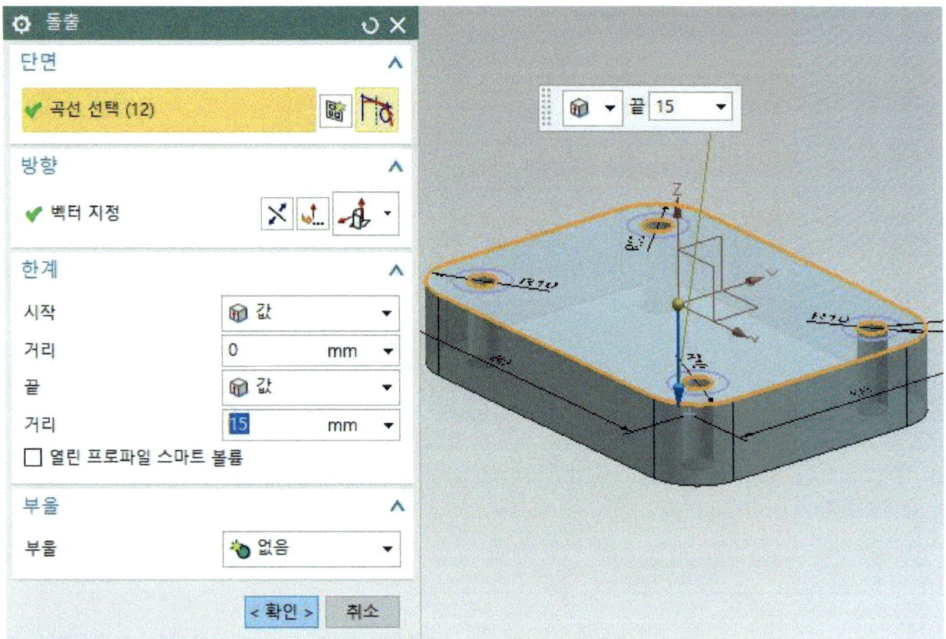

10) 생성된 스케치를 등각 투상도로 전환한다. (단축키 → Home)

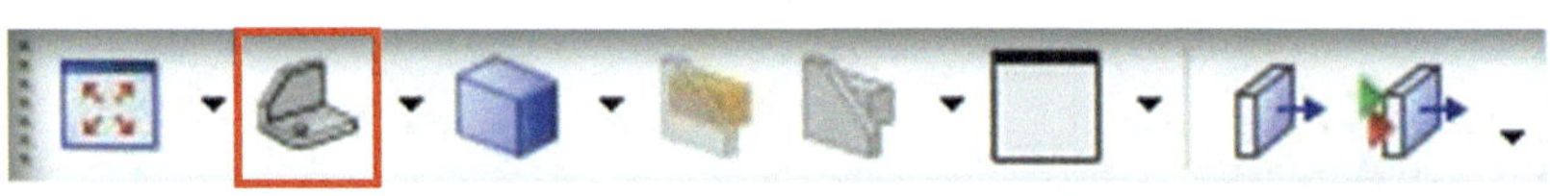

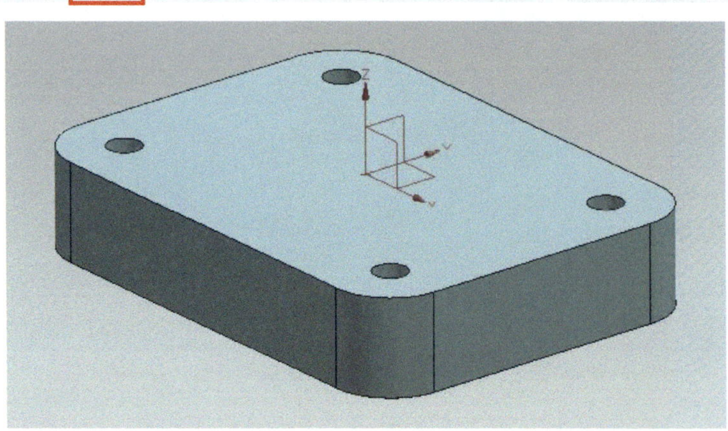

11) 카운터 보어 형상을 만들어주기 위해 돌출 아이콘을 클릭한 후 선택조건으로 '영역 경계 곡선' 선택한 후 스케치 사이의 빈 공간을 클릭하고, 아래와 같이 정의한 후 '확인' 클릭한다.

('방향 반전' 아이콘을 클릭하여 돌출방향을 하면으로 변경할 수 있다)

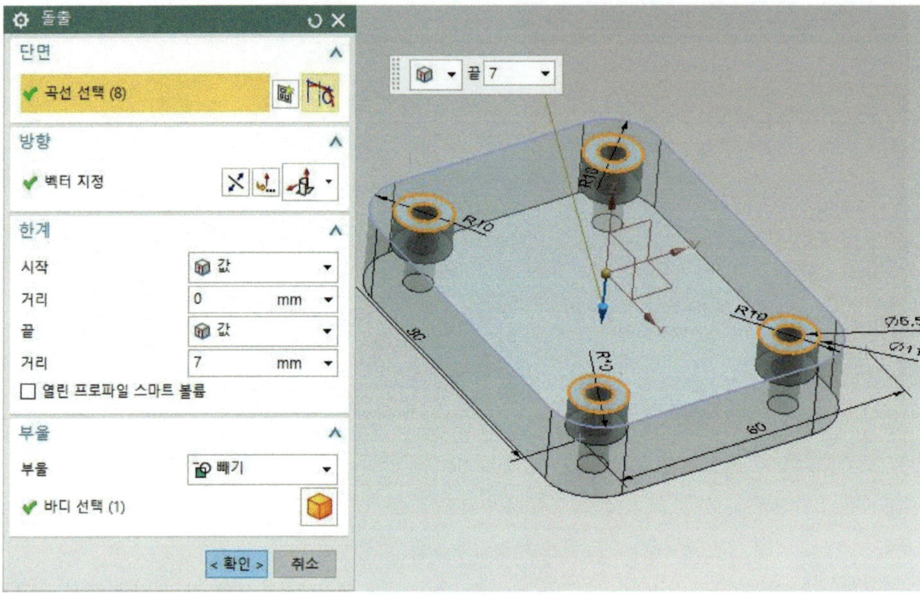

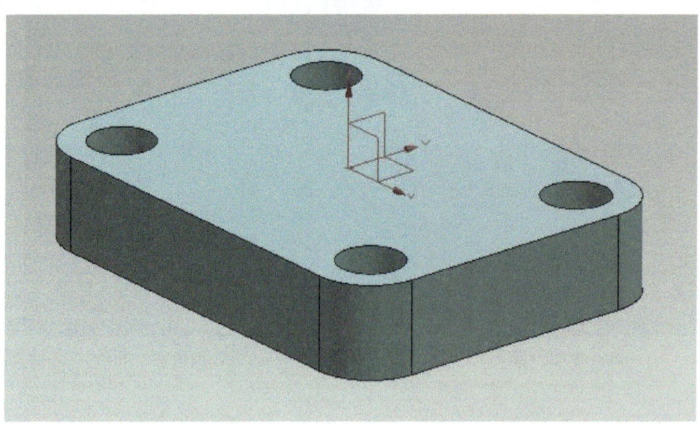

12) 바닥 하면에 단 형상을 만들어주기 위해 스케치 아이콘을 선택하고 '**확인**' 클릭한(X-Y 평면 자동으로 설정됨) 다음 아래와 같이 모델링 형상을 스케치하고 급속 치수를 이용하여 치수를 입력한 후 '**스케치 종료**' 클릭한다.

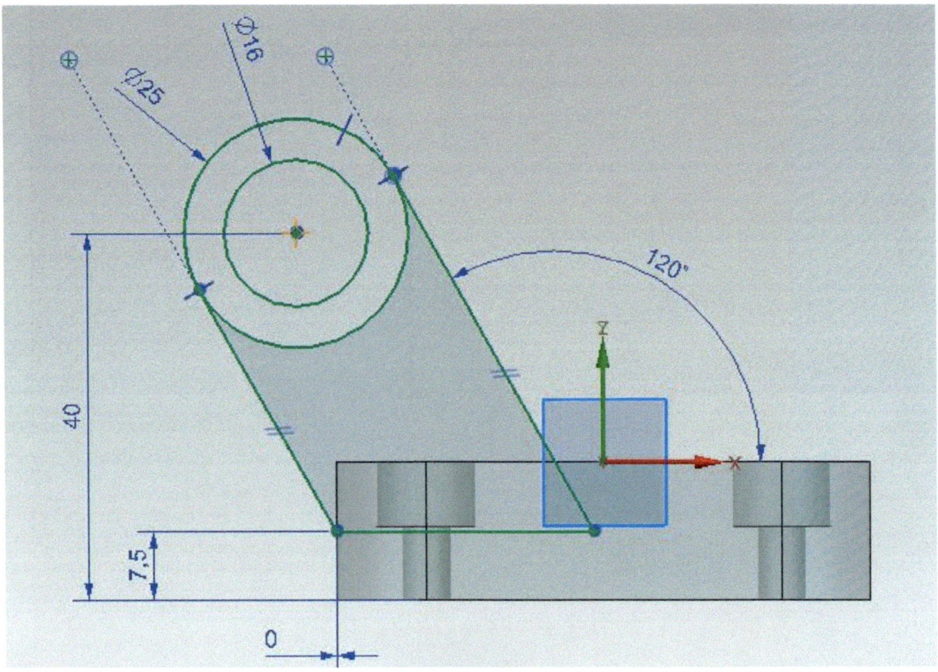

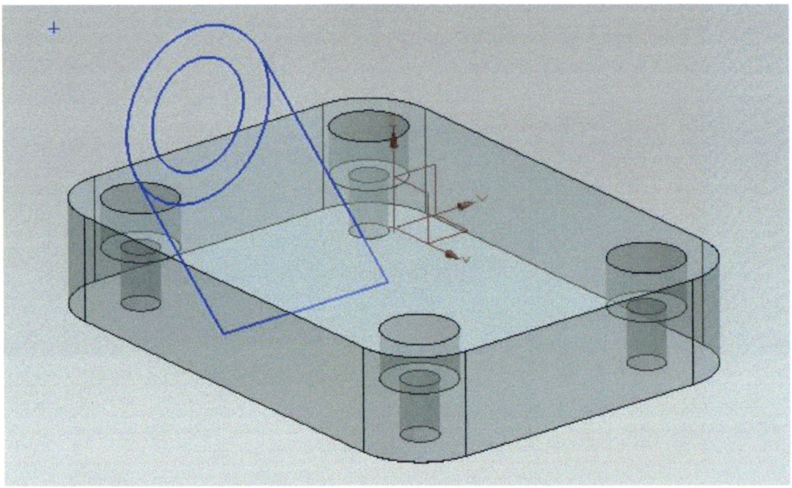

* 생성한 스케치는 '**Ctrl+J**' 이용, 반 투명도를 60~70 정도 적용.

13) 돌출 아이콘을 클릭한 후 선택조건으로 '영역 경계 곡선' 선택한 후 스케치 사이의 빈 공간을 클릭하고, 아래와 같이 정의한 후 '확인' 클릭한다.
(돌출 시 값을 대칭으로 선택하고 거리는 5.0mm 적용한다)

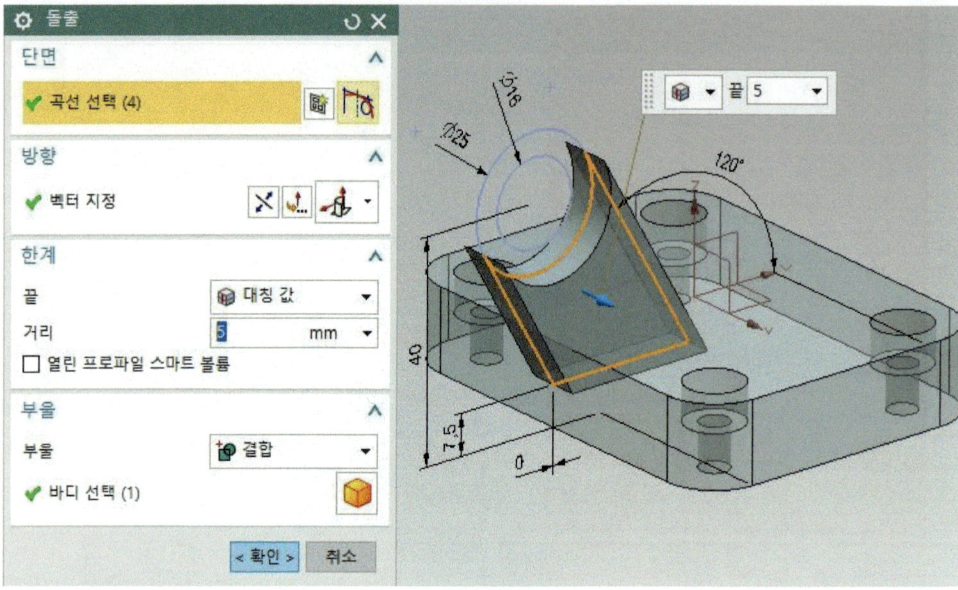

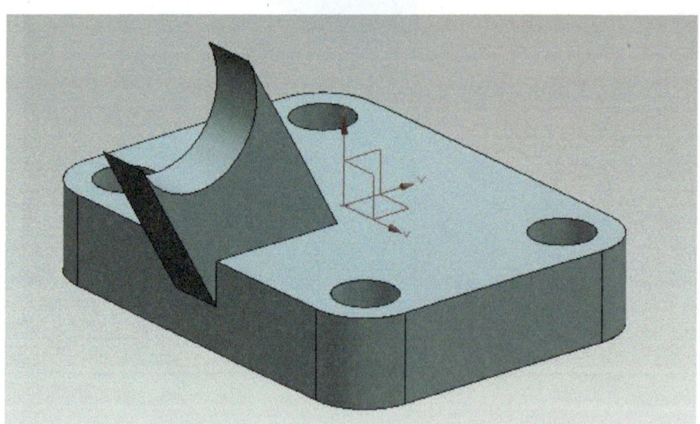

* 돌출한 형상을 알아보기 쉽게 'Ctrl+J' 이용, 반 투명도를 0으로 적용.

14) Pin을 들어갈 중공 형상을 만들어주기 위해 돌출 아이콘을 클릭한 후 선택조건으로 '영역 경계 곡선' 선택한 다음 스케치 사이의 빈 공간을 클릭하고, 아래와 같이 정의한 후 '확인' 클릭한다.

(돌출 시 값을 대칭으로 선택하고 거리는 15.0mm 적용한다)

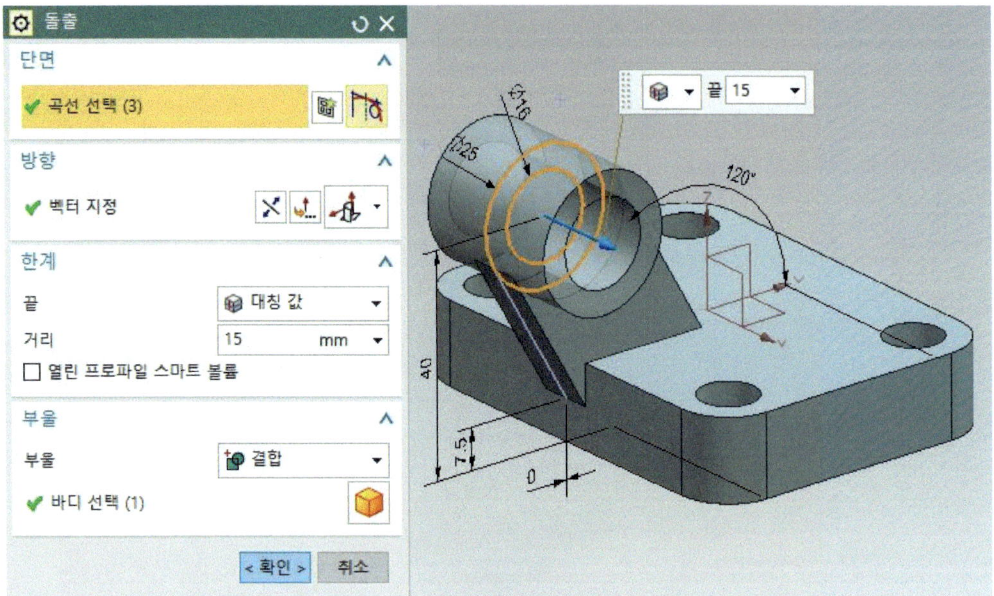

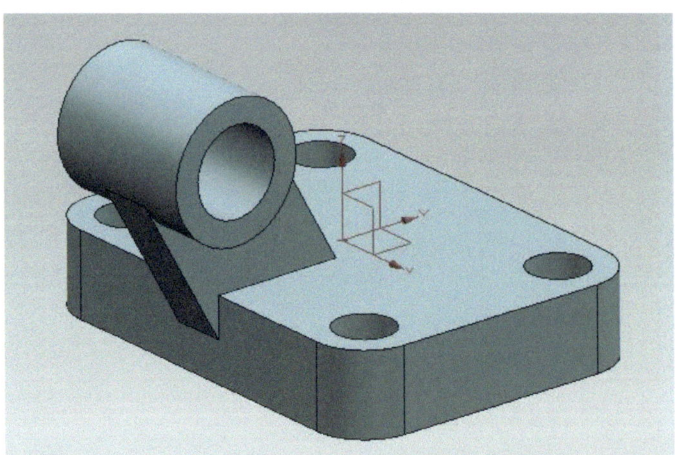

15) 모서리에 라운드 형상을 만들기 위해 모서리 블렌드 아이콘을 이용하여, 아래와 같이 정의한 다음, 해당 모서리를 선택한 후 '확인' 클릭한다.

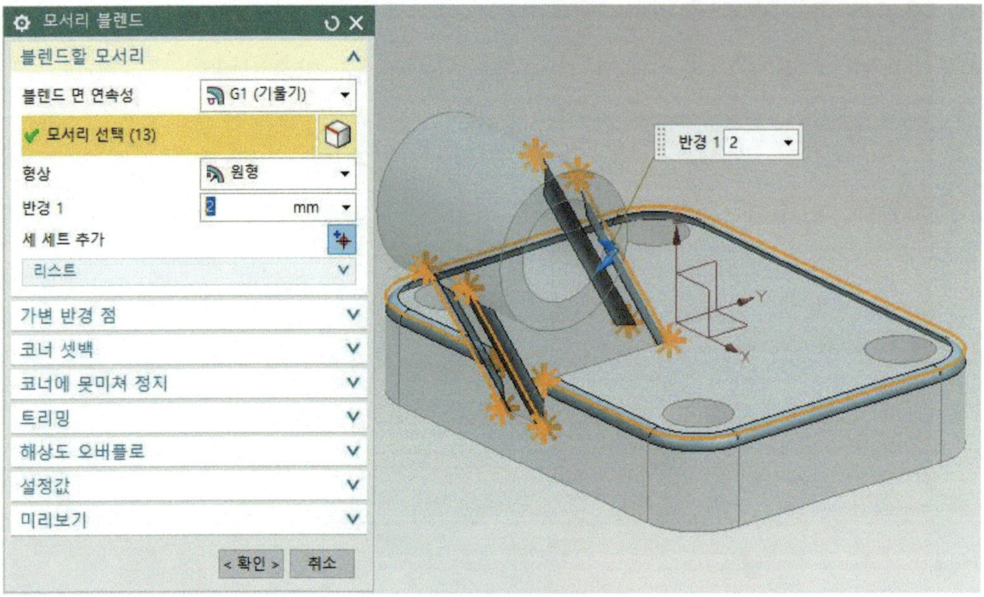

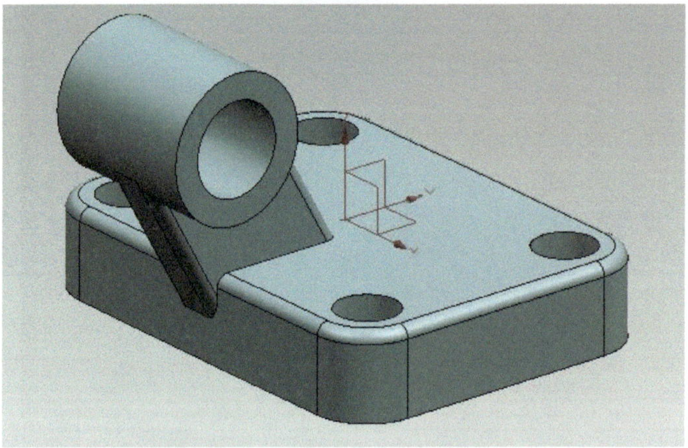

16) 나머지 모서리에도 라운드 형상을 만들기 위해 모서리 블렌드 아이콘을 이용하여 아래와 같이 정의한 다음, 해당 모서리를 선택한 후 '확인' 클릭한다.

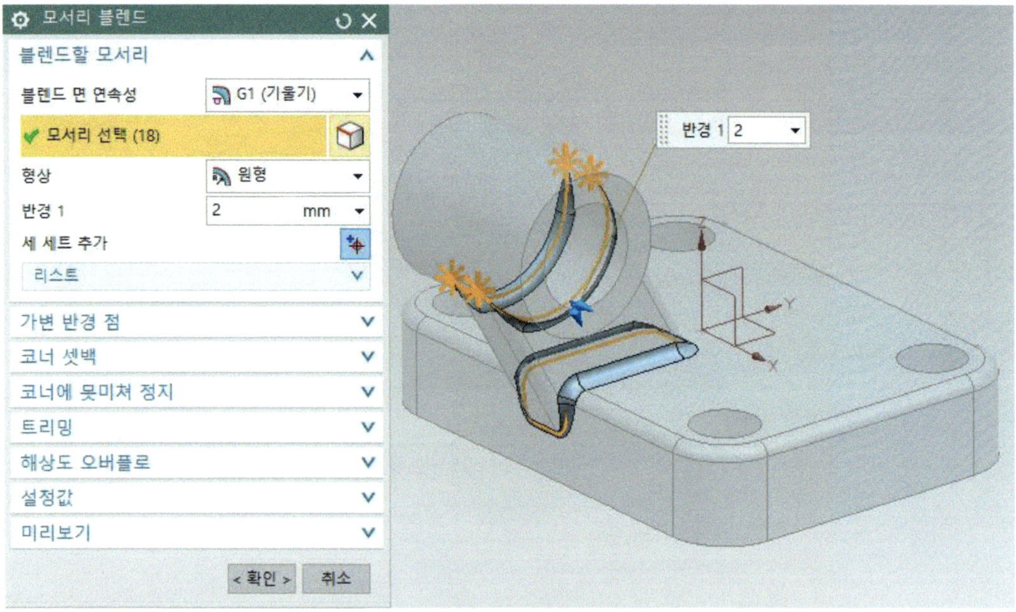

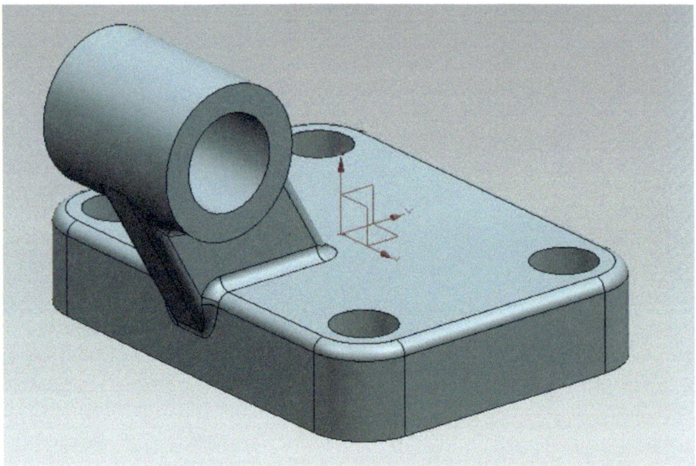

17) 구멍 모서리에 모따기 형상을 만들기 위해 모따기 아이콘을 이용하여 아래와 같이 정의한 후 '확인' 클릭한다.

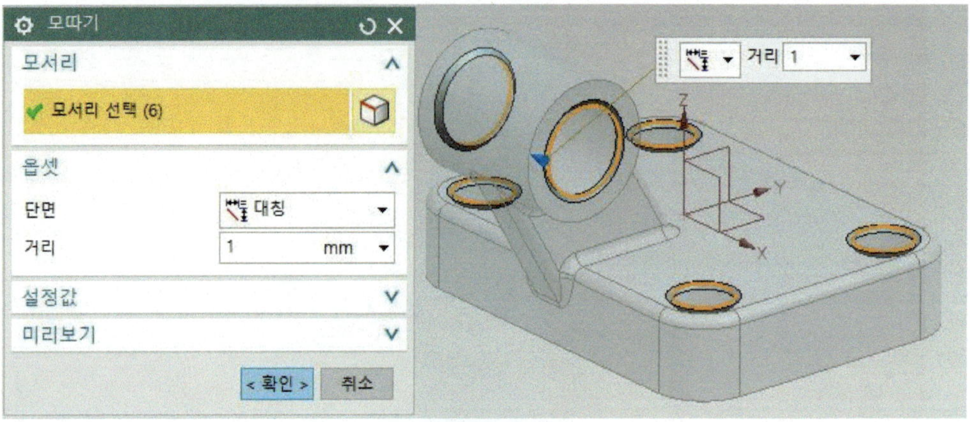

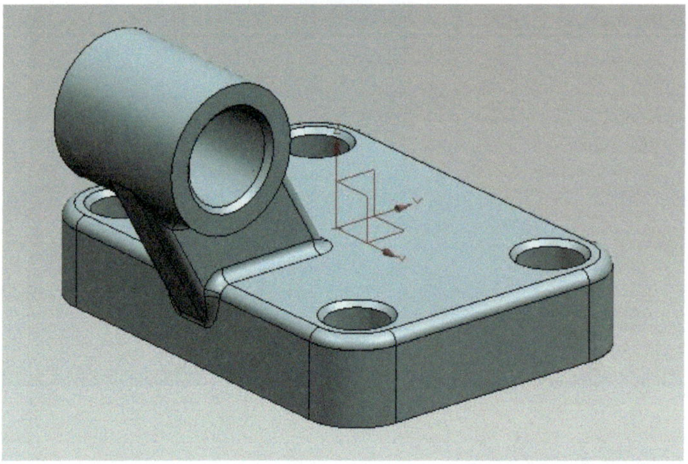

18) 최종 완성된 Pin Holder 형상 모델링

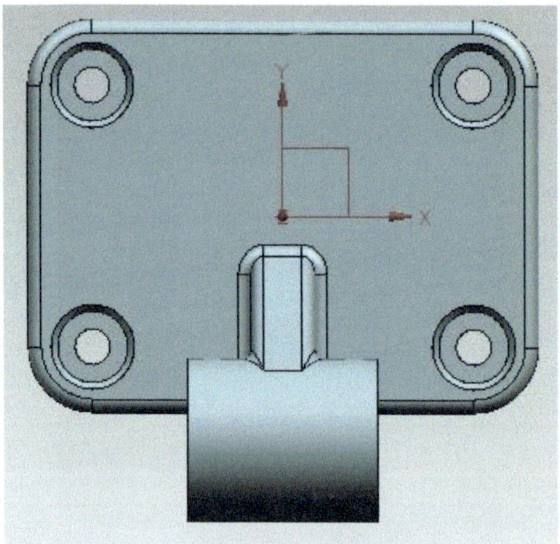

평면도

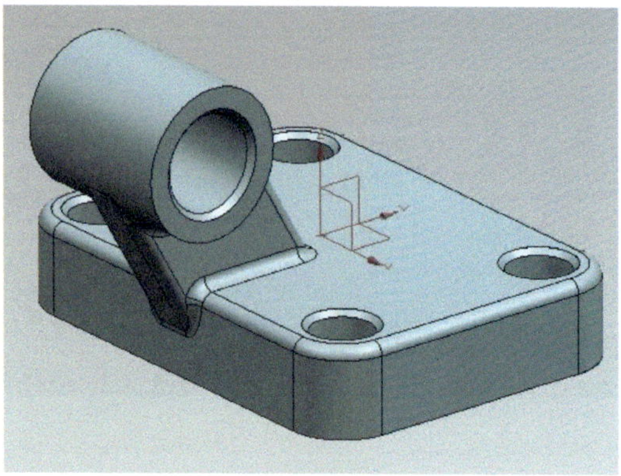

등각도

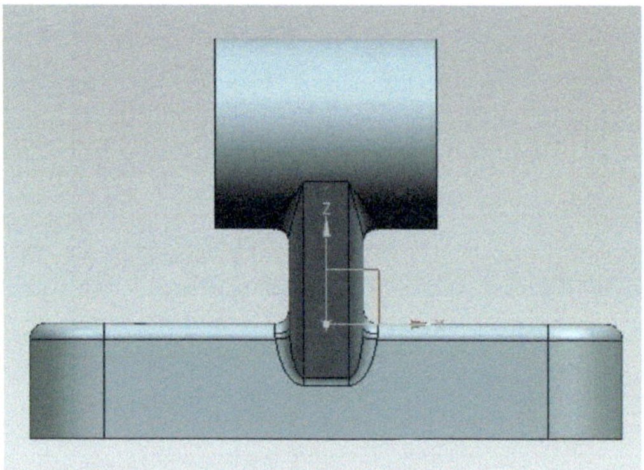

정면도

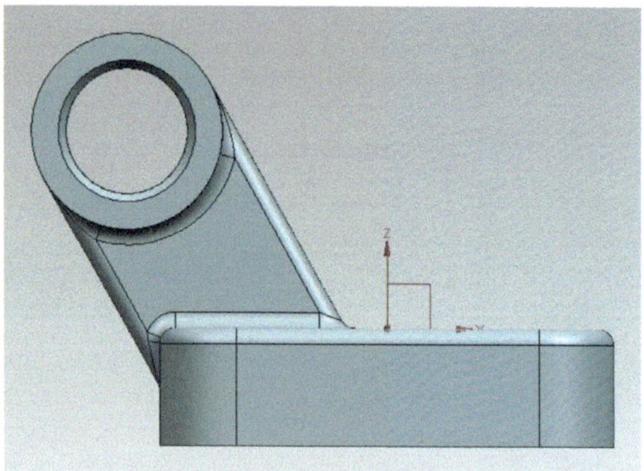

우측면도

2.3 Guide Support 기계 부품 형상 모델링 따라하기

■ 품명 : Guide Support

*** 주기**

- 도시되고 지시 없는 라운드는 R2 적용.
- 도시되고 지시 없는 모서리는 C1 적용.

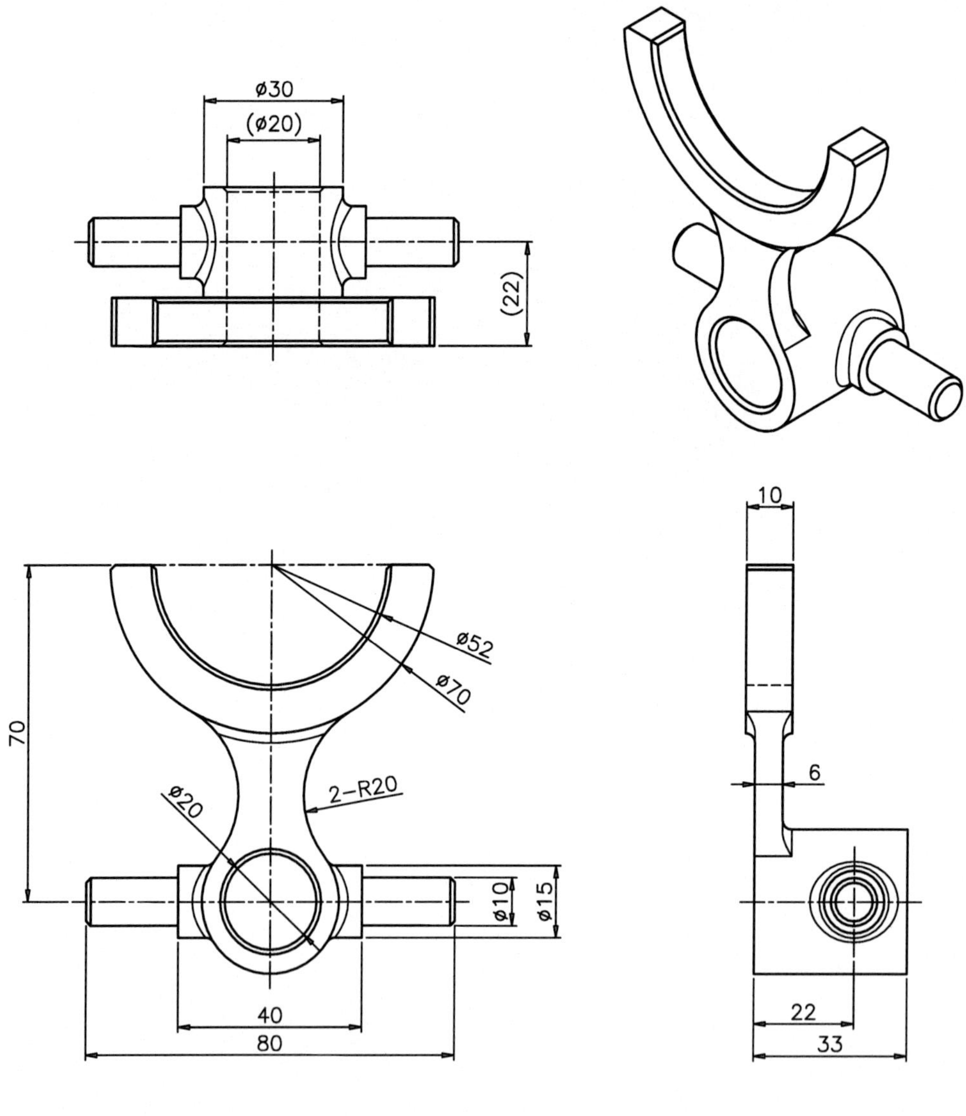

1) 바탕화면에 있는 NX 12.0 아이콘을 더블 클릭해서 실행시킨다.

※ 시작프로그램에서 NX 12.0을 실행할 수 있다.

2) NX 12.0이 실행된 모습

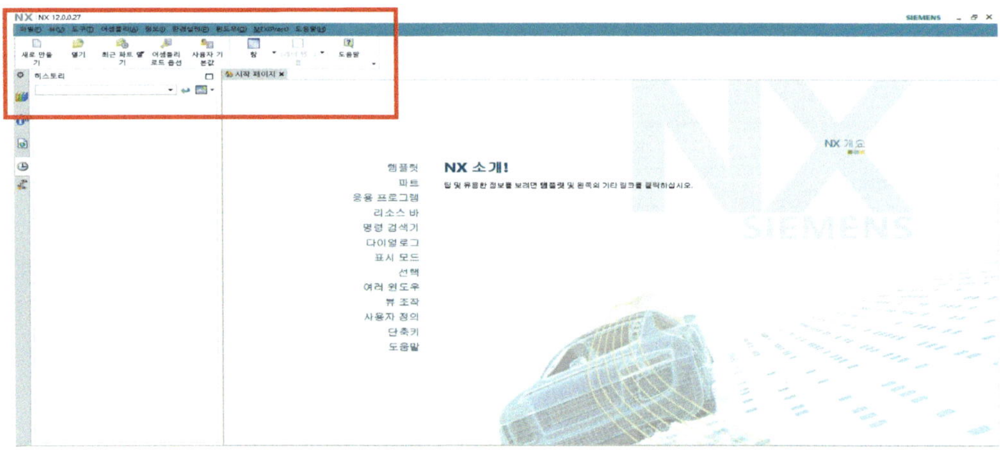

3) 새로운 파일을 생성하기 위해 '<u>새로 만들기</u>' 아이콘을 클릭한다.

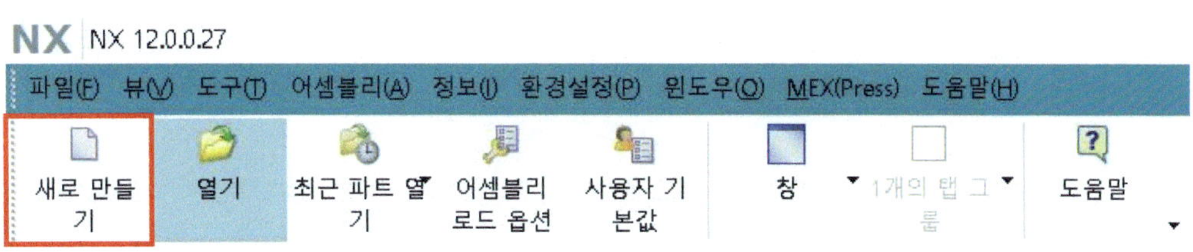

4) 새로 생성될 파일 이름과 저장될 경로를 선택한 후 '확인' 클릭한다.

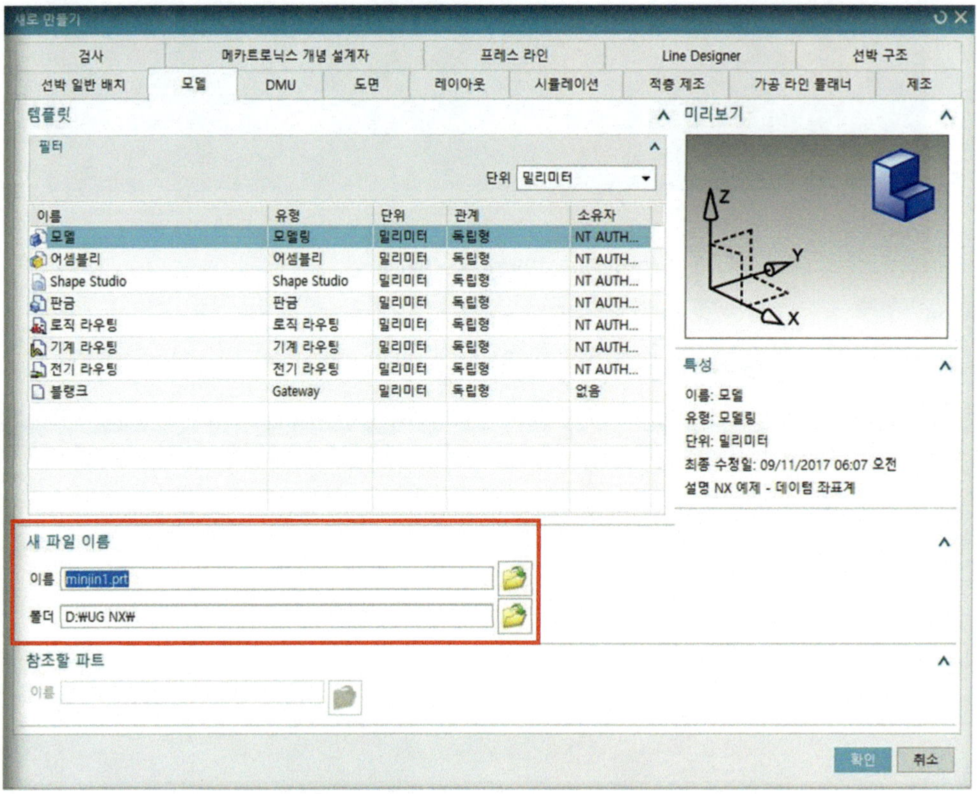

5) Guide support의 외곽 크기를 결정해주기 위해 '스케치' 아이콘을 선택하고 '확인' 클릭한다. (X-Y 평면 자동으로 설정됨)

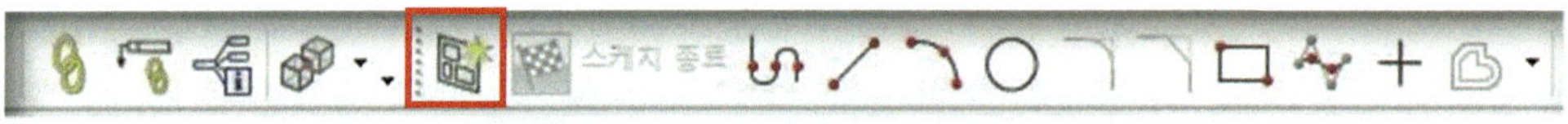

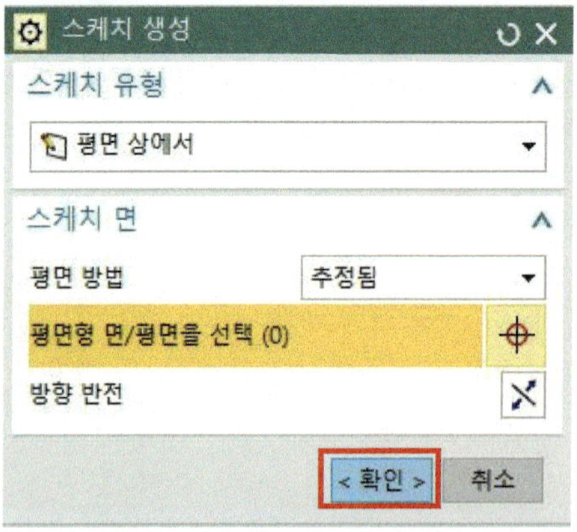

6) 아래와 같이 모델링 형상을 스케치하고 '지오메트리 구속조건' 및 '급속 치수' 아이콘을 이용하여 형상과 치수로 구속한다.

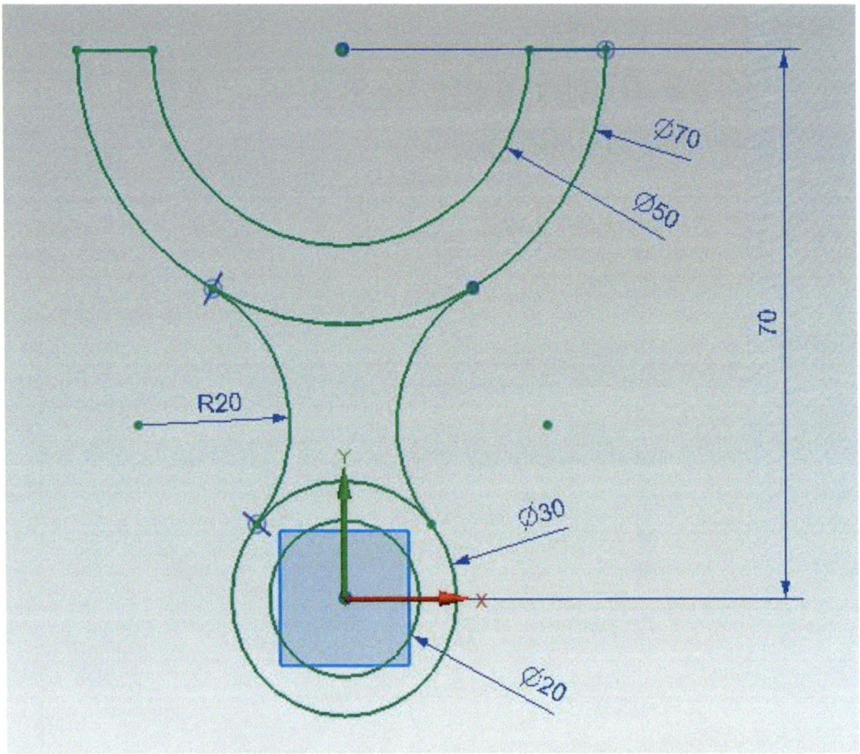

7) '스케치 종료' 아이콘을 선택하여 스케치를 종료한다.

8) 생성된 스케치를 등각 투상도로 전환한다. (단축키 → Home)

9) 중공 형상을 만들어주기 위해 돌출 아이콘을 클릭한 후 선택조건으로 '영역 경계 곡선' 선택한 후 스케치 사이의 빈 공간을 클릭하고, 아래와 같이 정의한 후 '확인' 클릭한다.
('방향 반전' 아이콘을 클릭하여 돌출방향을 하면으로 변경할 수 있다)

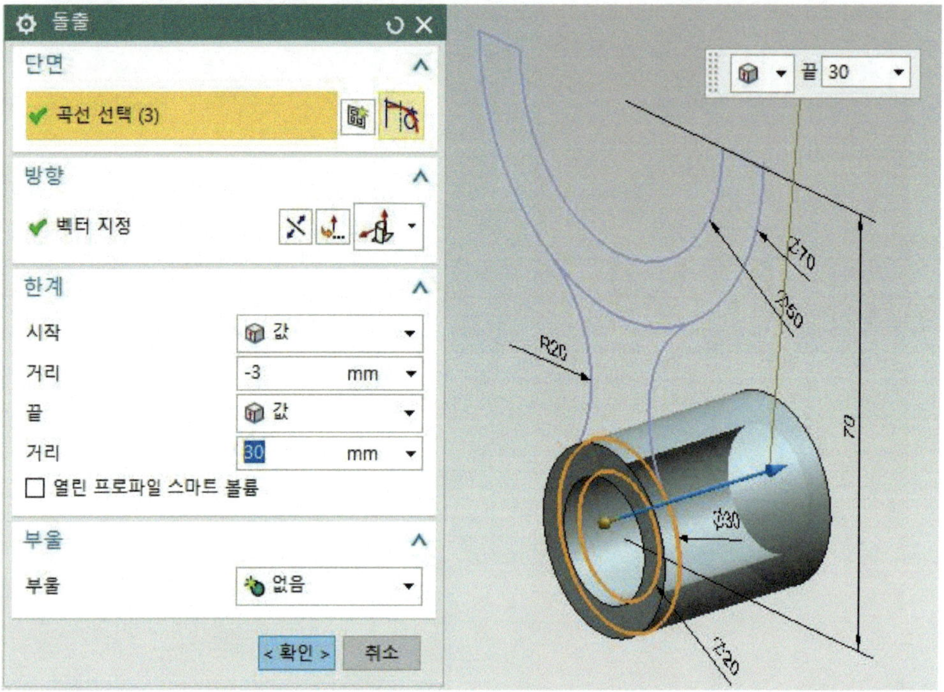

10) 생성된 스케치를 등각 투상도로 전환한다. (단축키 → Home)

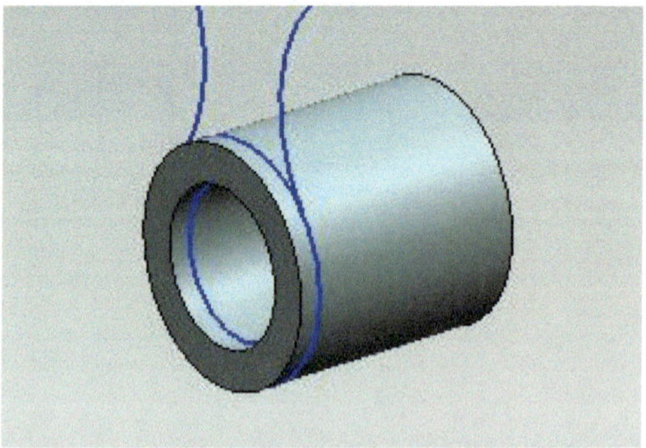

11) Y자 형상의 가운데 연결부위를 만들어주기 위해 돌출 아이콘을 클릭한 후 선택조건으로 '영역 경계 곡선' 선택한 후 스케치 사이의 빈 공간을 클릭하고, 아래와 같이 정의한 후 '확인' 클릭한다. (돌출 시 값을 대칭으로 선택한다)

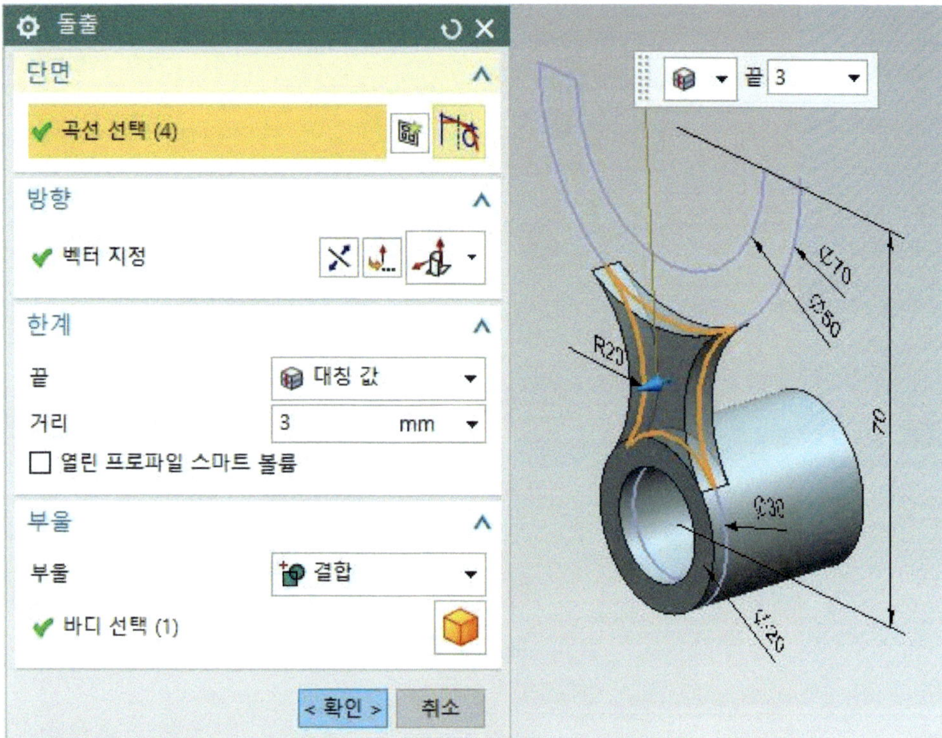

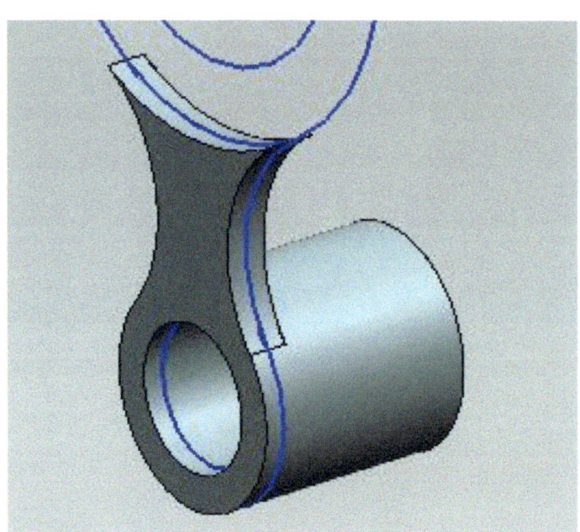

12) Y자 형상의 가이드 부위를 만들어주기 위해 돌출 아이콘을 클릭한 후 선택 조건으로 '영역 경계 곡선' 선택한 다음 스케치 사이의 빈 공간을 클릭하고, 아래와 같이 정의한 후 '확인' 클릭한다. (돌출 시 값을 대칭으로 선택한다)

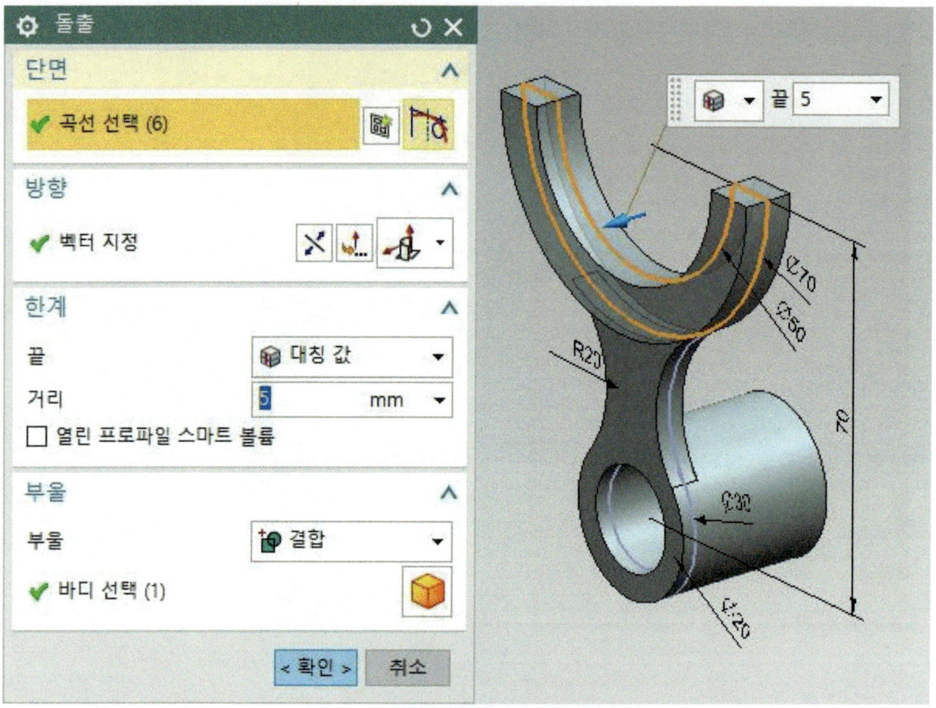

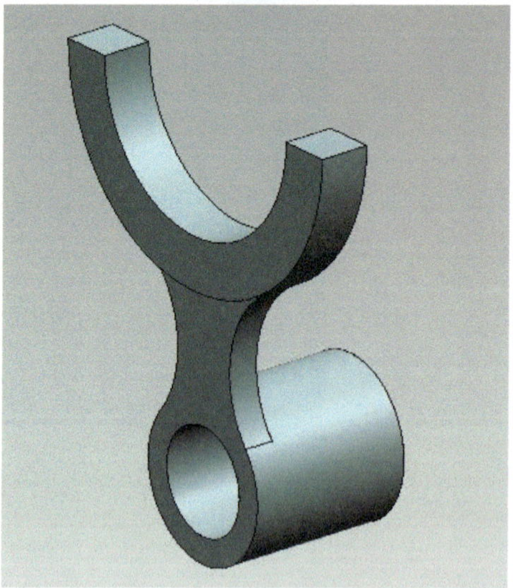

13) 중공 형상에 가이드 핀 형상을 만들어주기 위해 스케치 아이콘을 선택하고 '**확인**' 클릭한(X, Y 평면 자동으로 설정됨) 다음, 아래와 같이 모델링 형상을 스케치 하고 급속 치수를 이용하여 치수를 입력한 후 '**스케치 종료**' 클릭한다.

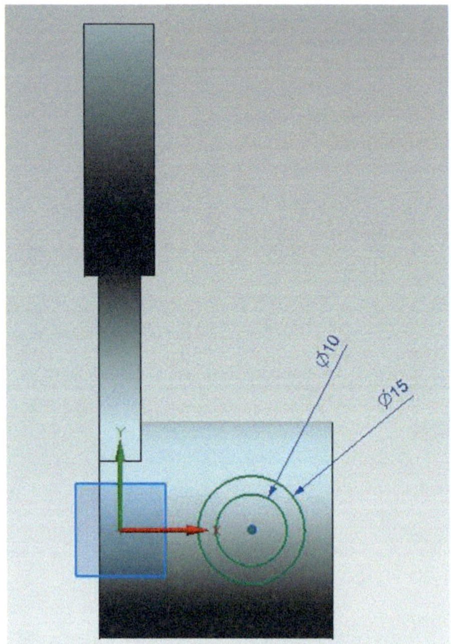

* 생성한 스케치를 확인하기 쉽게 '**Ctrl+J**' 이용, 반 투명도를 70 정도 적용.

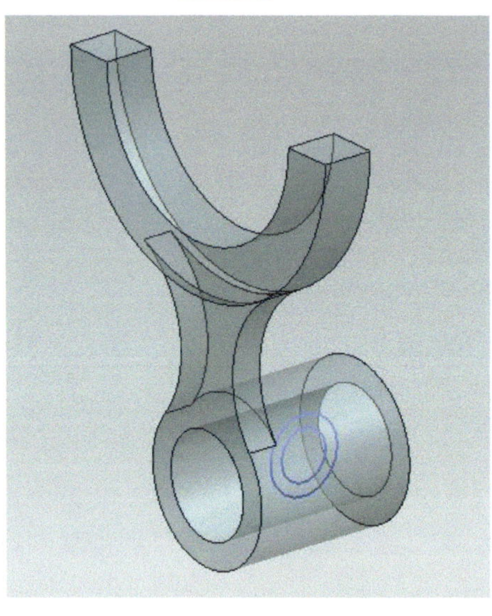

14) 돌출 아이콘을 클릭한 후 선택조건으로 '영역 경계 곡선'을 선택한 후 스케치에서 원을 클릭한 다음, 아래와 같이 정의한 후 '확인' 클릭한다.
(돌출 시 값을 대칭으로 선택하고 거리는 40.0mm 적용한다)

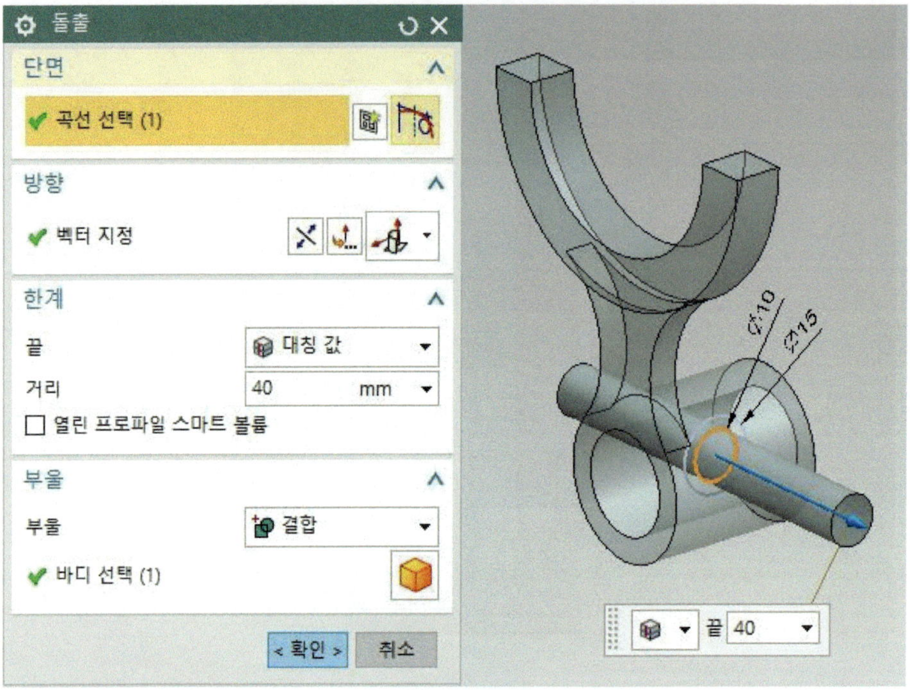

* 돌출한 형상을 알아보기 쉽게 'Ctrl+J' 이용, 반 투명도를 0으로 적용.

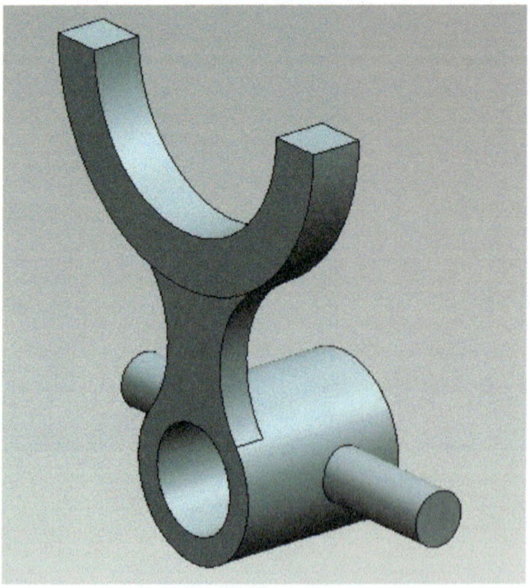

15) 돌출 아이콘을 클릭한 후 선택조건으로 '영역 경계 곡선' 선택한 후 스케치에서 원을 클릭한 다음, 아래와 같이 정의한 후 '확인' 클릭한다.
(돌출 시 값을 대칭으로 선택하고 거리는 20.0mm 적용한다)

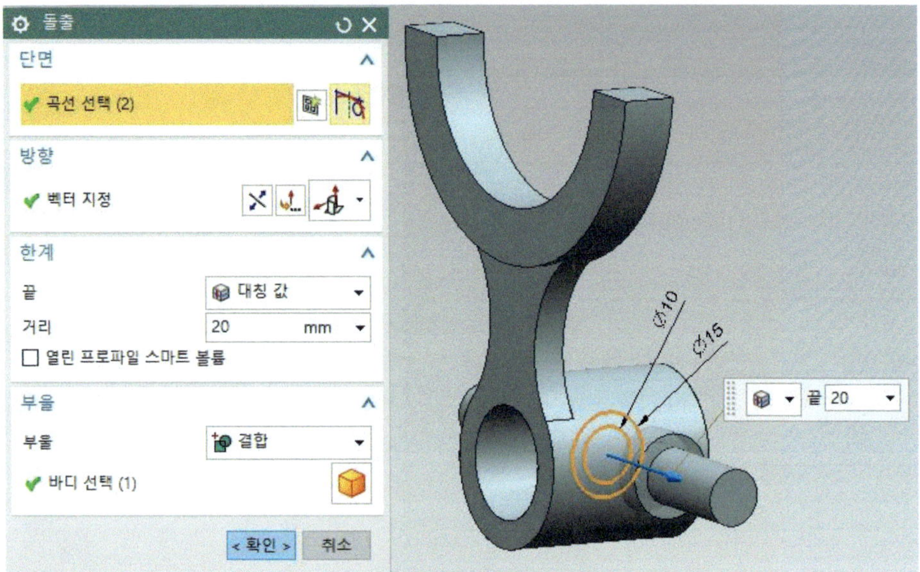

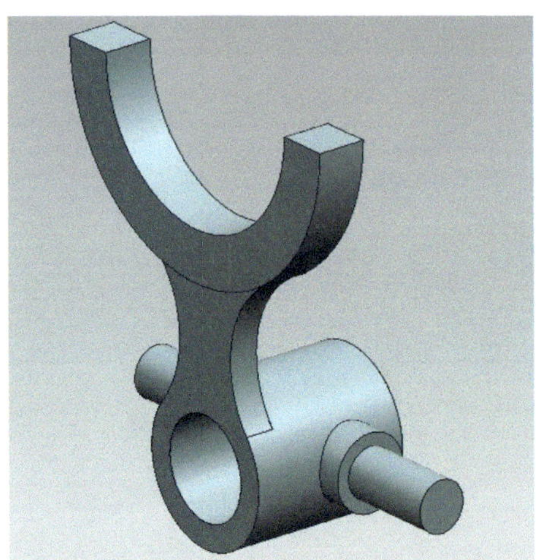

16) 구멍 및 핀 모서리에 모따기 형상을 만들기 위해 모따기 아이콘을 클릭하고, 아래와 같이 정의한 후 '확인' 클릭한다.

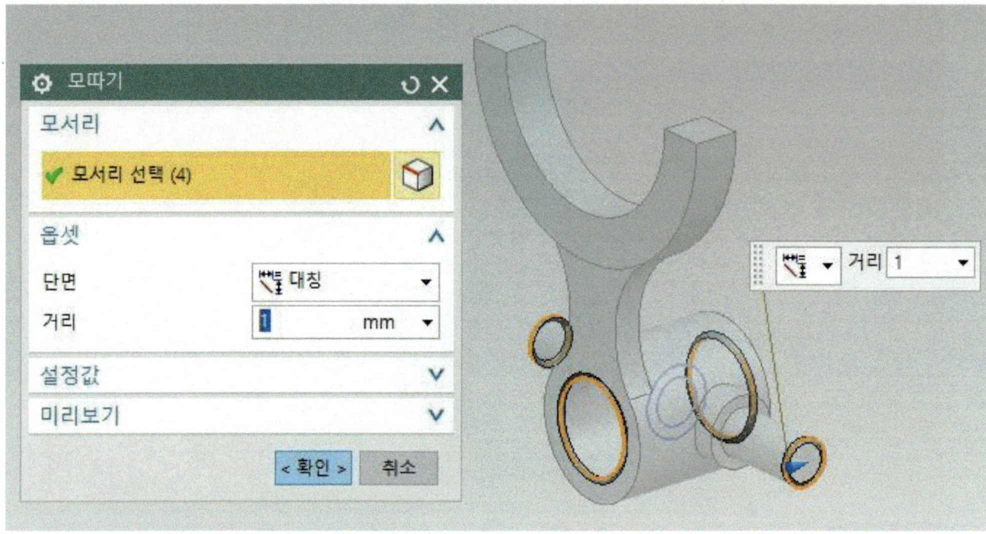

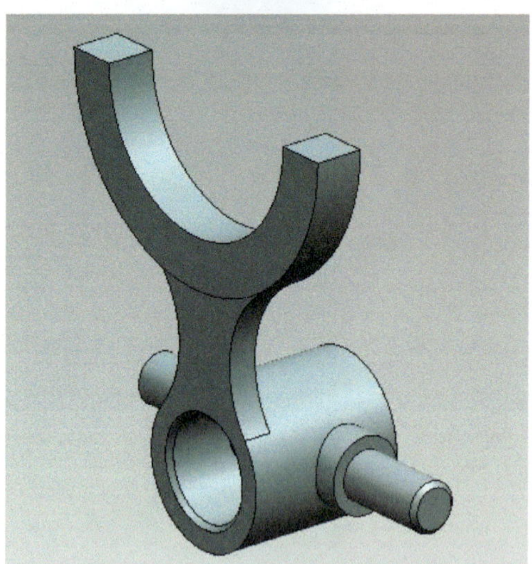

17) 나머지 외곽 모서리에 모따기 형상을 만들기 위해 모따기 아이콘을 클릭하고, 아래와 같이 정의한 후 '확인' 클릭한다.

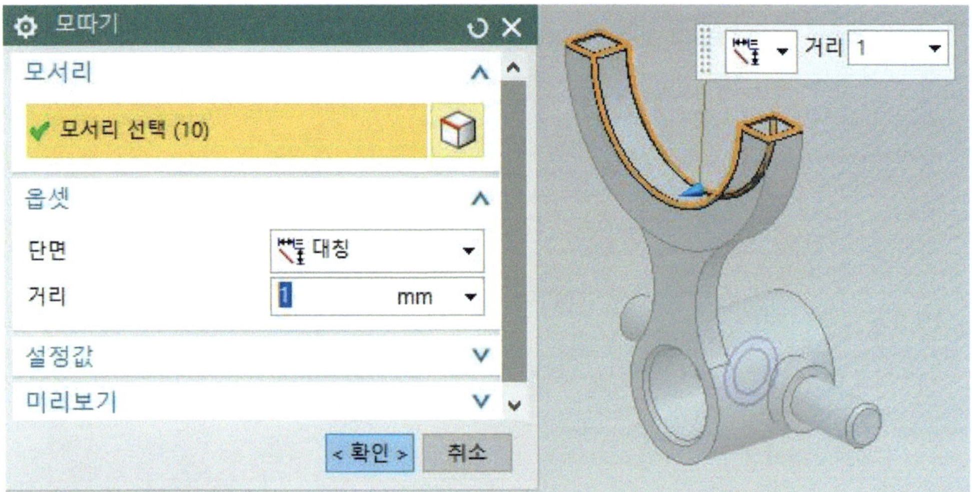

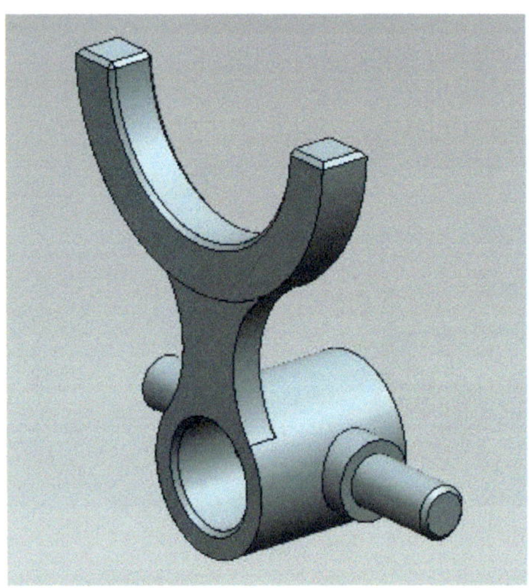

18) 모서리에 라운드 형상을 만들기 위해 모서리 블렌드 아이콘을 클릭하고, 아래와 같이 정의한 다음, 해당 모서리를 선택한 후 '확인' 클릭한다.

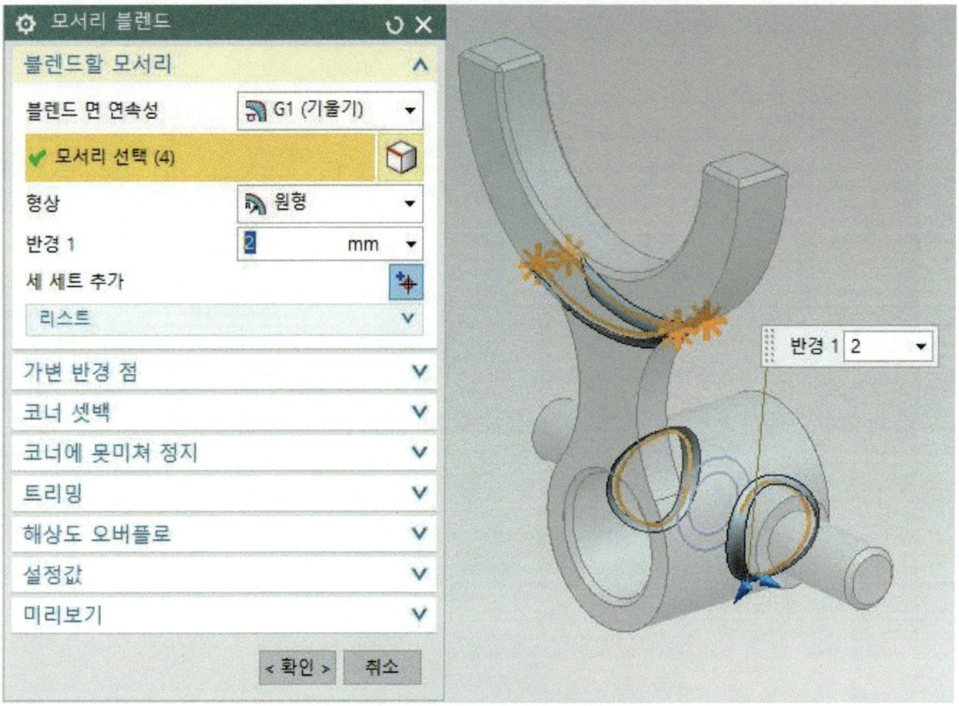

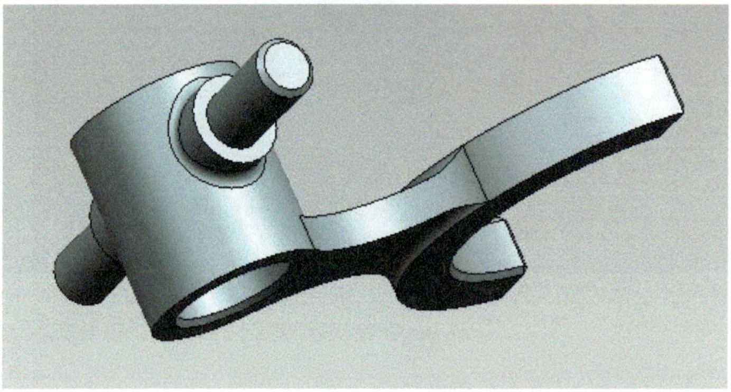

19) 중공 안쪽에 불필요한 형상을 제거해주기 위해 면 삭제 아이콘을 클릭하고, 아래와 같이 제거할 면을 선택한 후 '확인' 클릭한다.

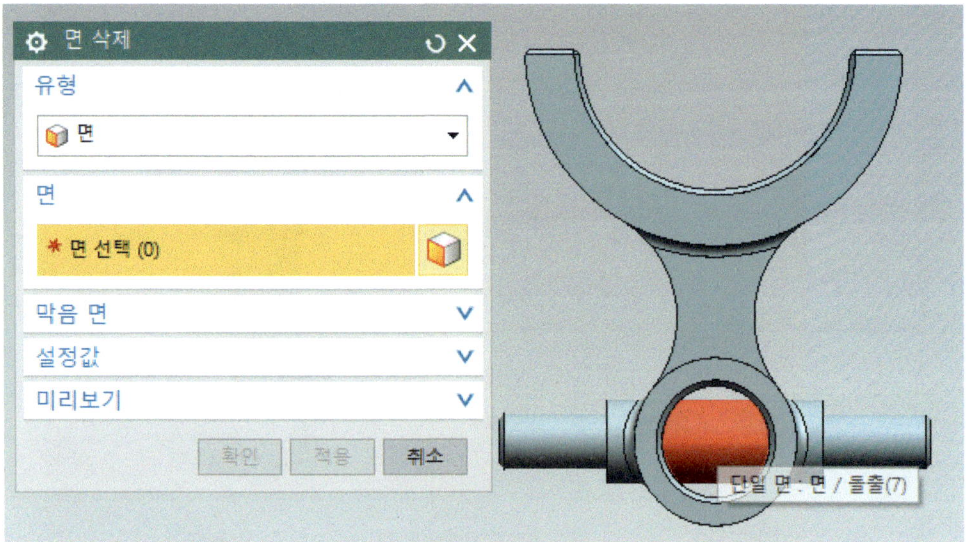

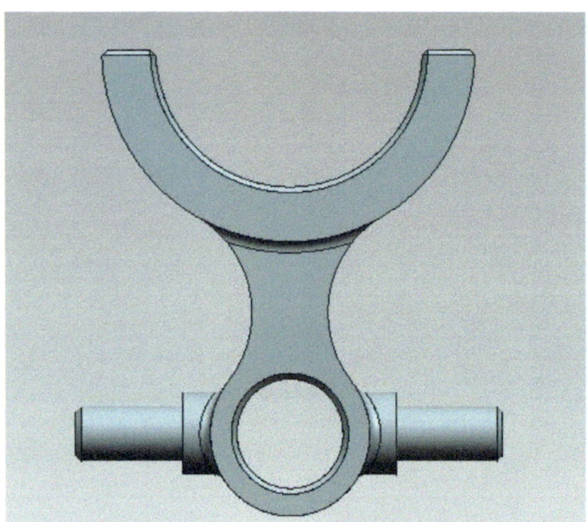

20) 최종 완성된 Guide Support 형상 모델링

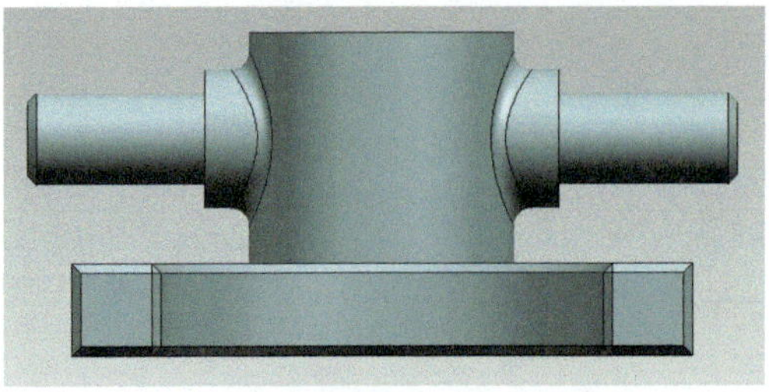

평면도

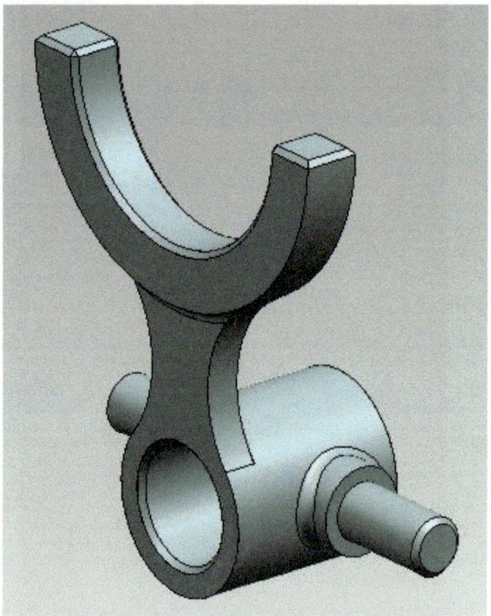

등각도

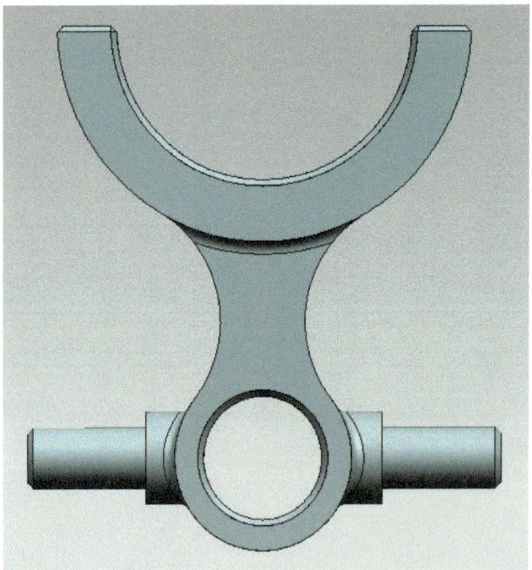

정면도

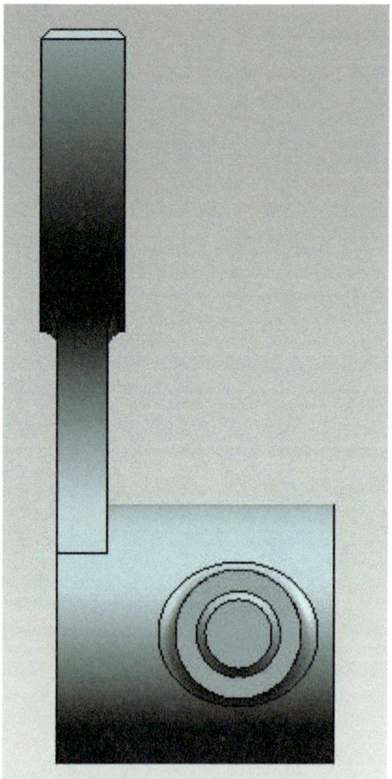

우측면도

2.4 2단 Pin Holder 기계 부품 형상 모델링 연습하기

■ **품명** : 2단 Pin Holder

*** 주기**

- 도시되고 지시 없는 라운드는 R2 적용.
- 도시되고 지시 없는 모서리는 C1 적용.

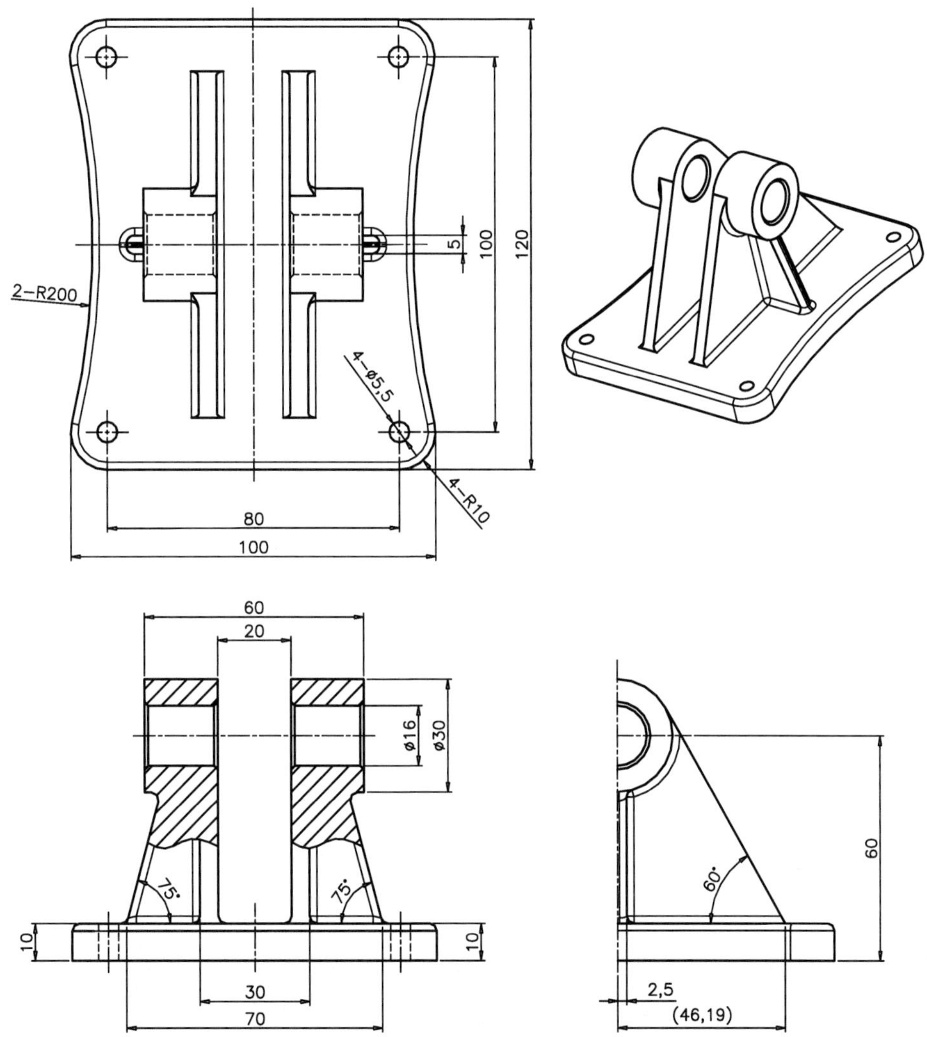

2.5 Slide Pin Holder 기계 부품 형상 모델링 연습하기

■ 품명 : Slide Pin Holder

*** 주기**

- 도시되고 지시 없는 라운드는 R2 적용.
- 도시되고 지시 없는 모서리는 C1 적용.

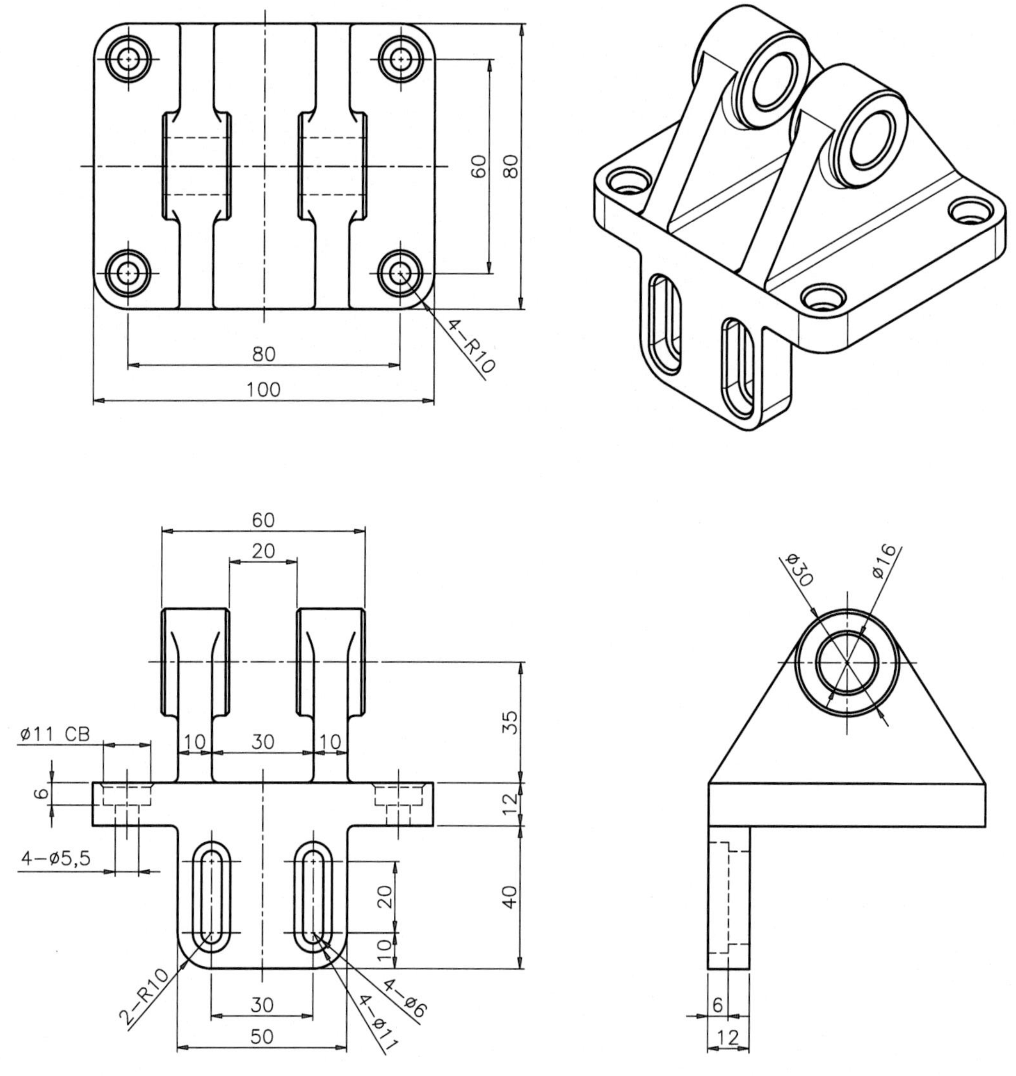

2.6 Guide Plate 기계 부품 형상 모델링 연습하기

■ 품명 : Guide Plate

* 주기

- 도시되고 지시 없는 라운드는 R2 적용.
- 도시되고 지시 없는 모서리는 C1 적용.

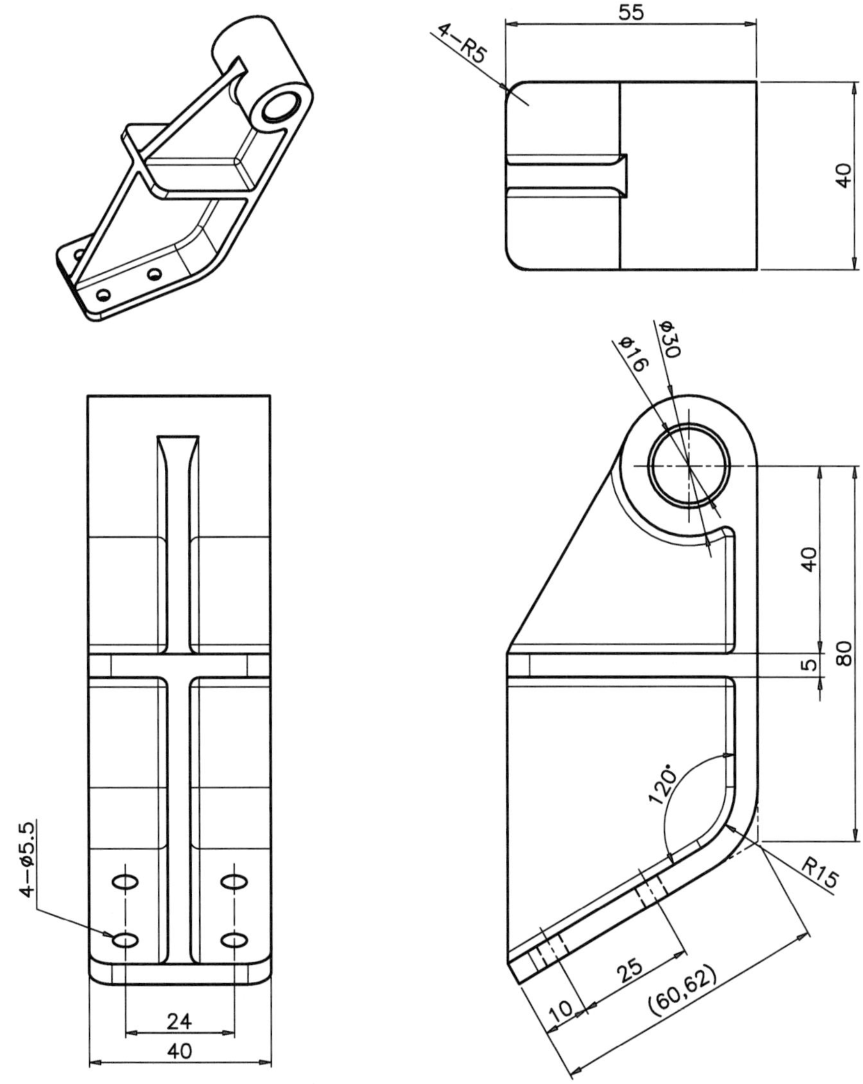

2.7 Rink 기계 부품 형상 모델링 연습하기

■ 품명 : Rink

*** 주기**

- 도시되고 지시 없는 라운드는 R1 적용.
- 도시되고 지시 없는 모서리는 C1 적용.

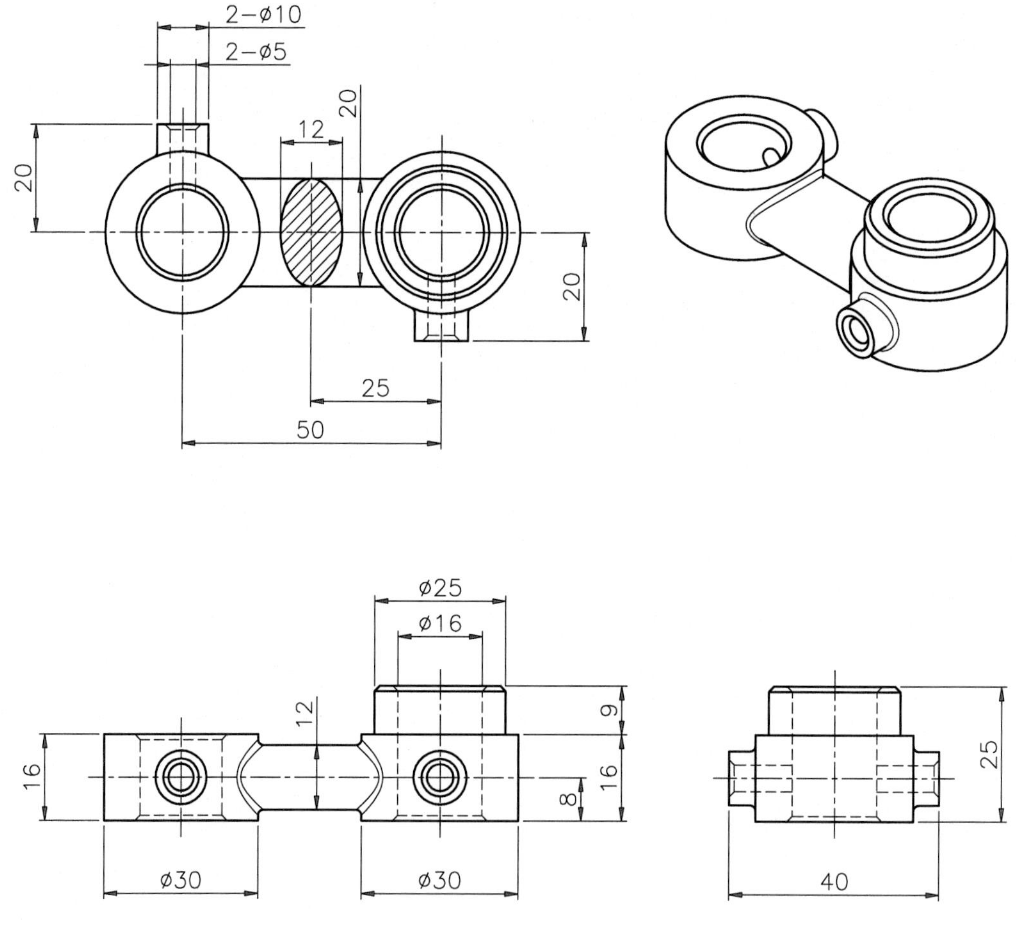

2.8 Hexagonal Fixed Pin 기계 부품 형상 모델링 연습하기

■ **품명** : Hexagonal Fixed Pin

*** 주기**

- 도시되고 지시 없는 라운드는 R1 적용.
- 도시되고 지시 없는 모서리는 C1 적용.

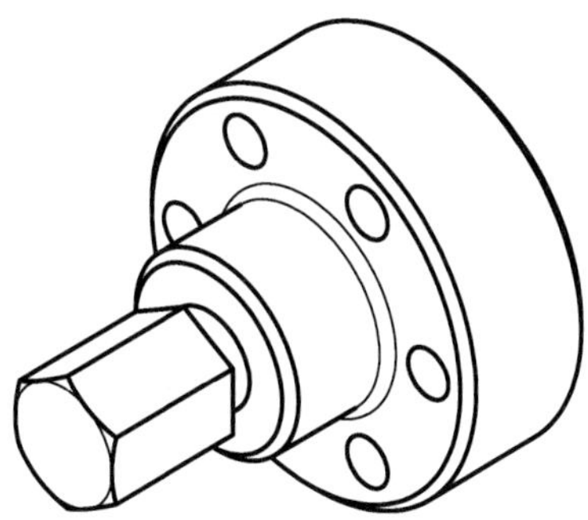

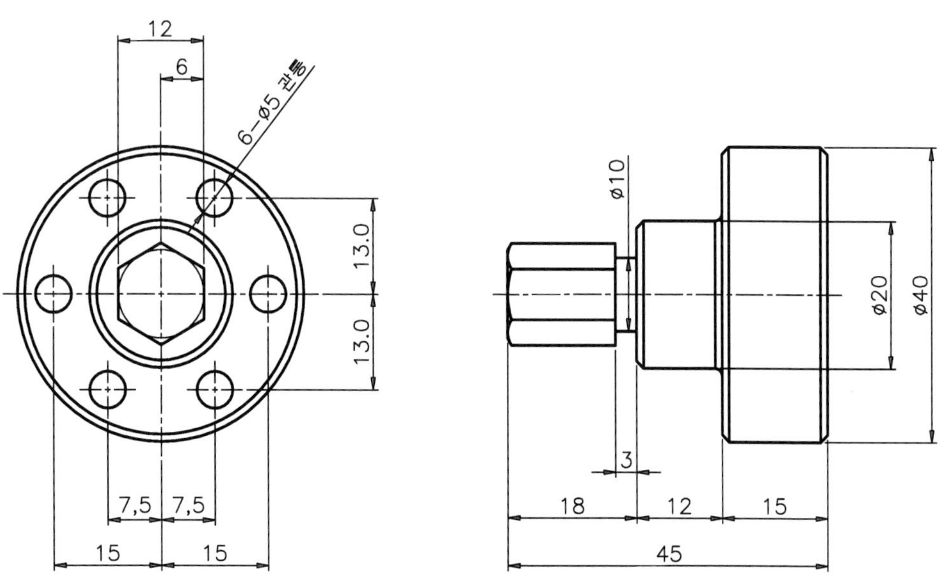

CHAPTER

3

UG NX 12.0 3D CAD 사출 부품 설계

3.1 Cover #1 사출 부품 형상 모델링 따라하기

■ 품명 : Cover #1

*** 주기**

- 도시되고 지시 없는 라운드는 R2 적용.
- 도시되고 지시 없는 모서리는 C1 적용.

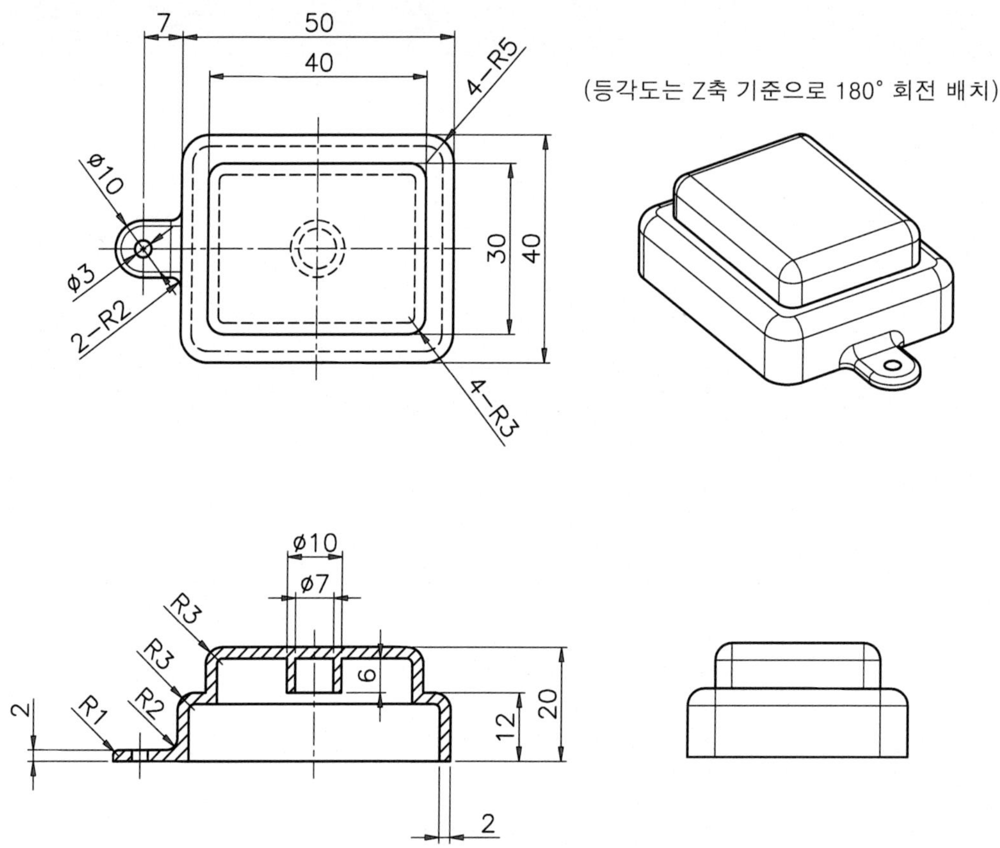

1) 바탕화면에 있는 NX 12.0 아이콘을 더블 클릭해서 실행시킨다.

※ 시작프로그램에서 NX 12.0을 실행할 수 있다.

2) NX 12.0이 실행된 모습

3) 새로운 파일을 생성하기 위해 '새로 만들기' 아이콘을 클릭한다.

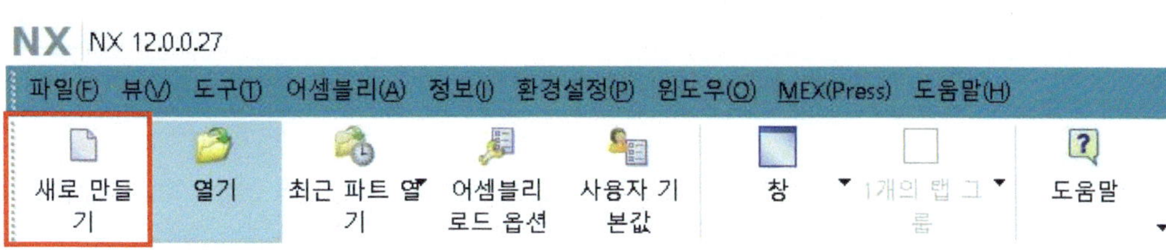

4) 새로 생성될 파일 이름과 저장될 경로를 선택한 후 '확인' 클릭한다.

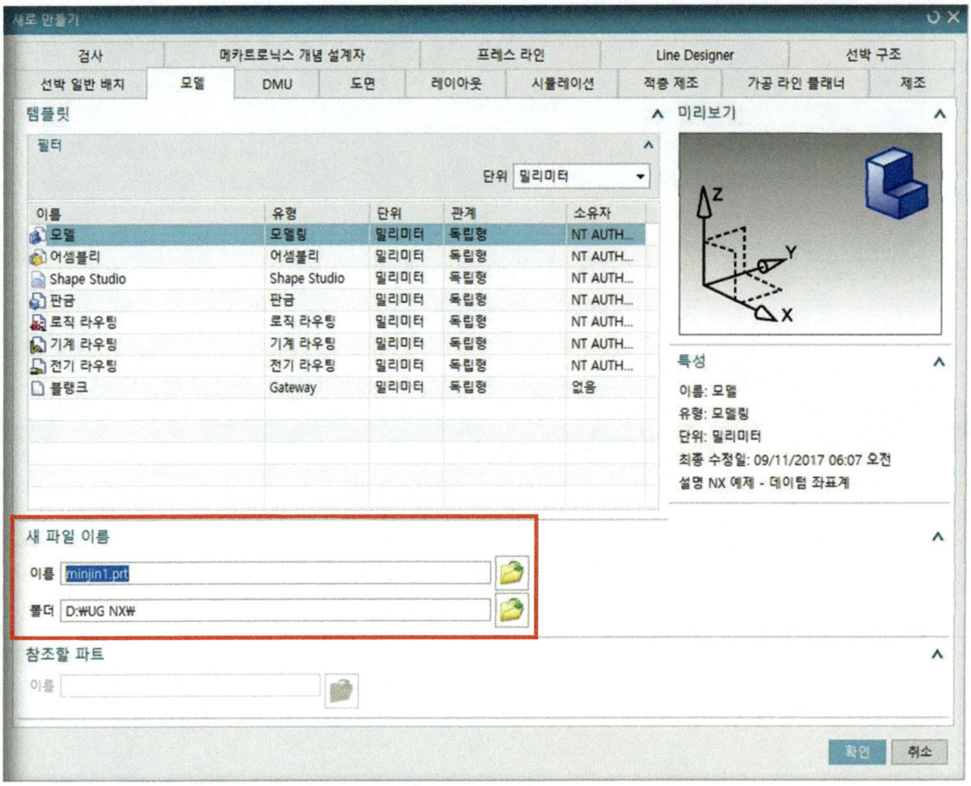

5) Cover #1의 외곽 크기를 결정하기 위해 '스케치' 아이콘을 선택하고 '확인' 클릭한다. (X-Y 평면 자동으로 설정됨)

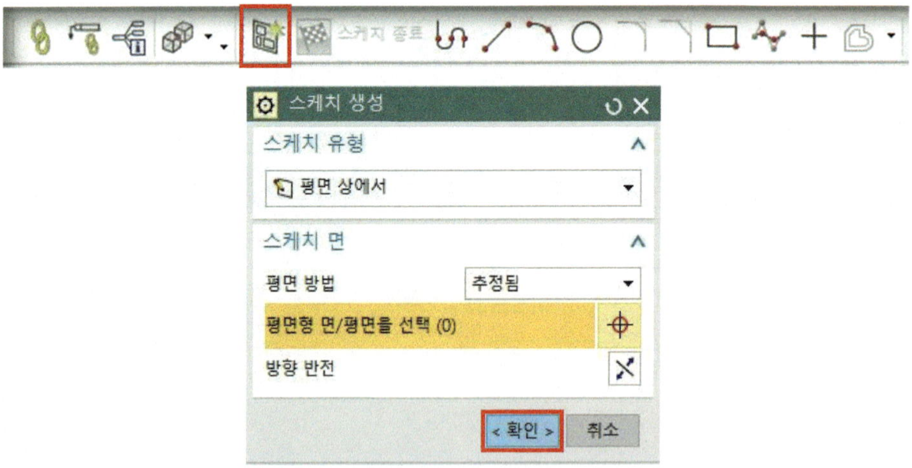

6) 아래와 같이 모델링 형상을 스케치하고 '지오메트리 구속조건' 및 '급속 치수' 아이콘을 이용하여 형상과 치수로 구속한다.

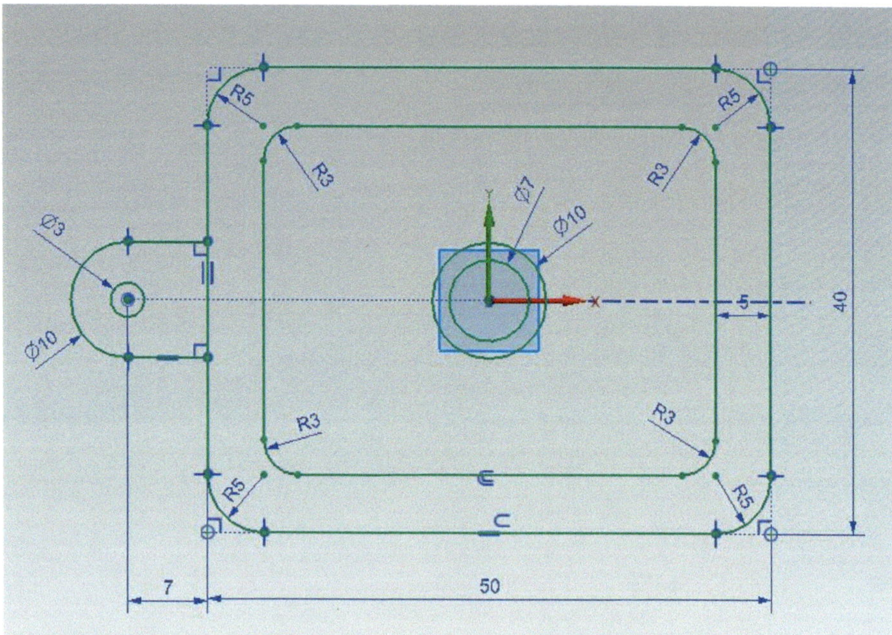

7) '스케치 종료' 아이콘을 클릭하여 스케치를 종료한다.

8) 생성된 스케치를 등각 투상도로 전환한다. (단축키 → Home)

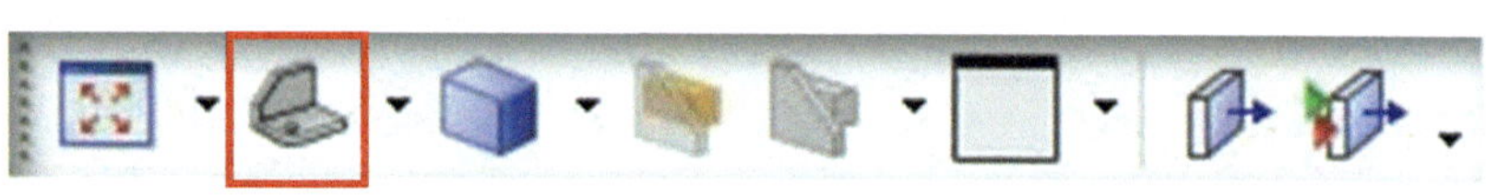

9) 커버 형상을 만들어주기 위해 돌출 아이콘을 클릭한 후 선택조건으로 '연결된 곡선' 선택한 다음, 내측 사각 스케치를 클릭하고 아래와 같이 정의한 후 '확인' 클릭한다. ('방향반전' 아이콘을 클릭하여 돌출방향을 하면으로 변경할 수 있다)

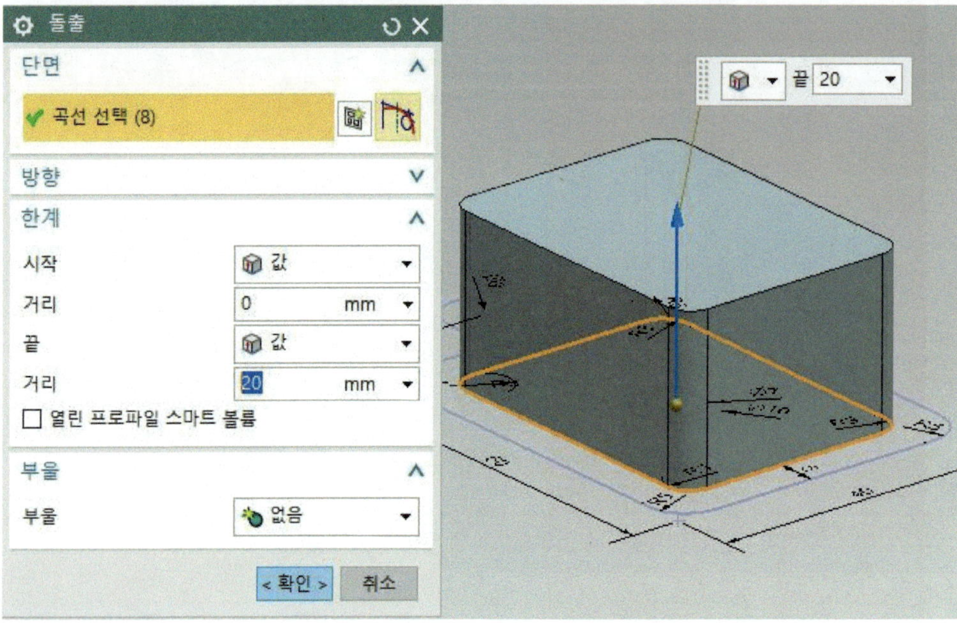

10) 생성된 스케치를 등각 투상도로 전환한다. (단축키 → Home)

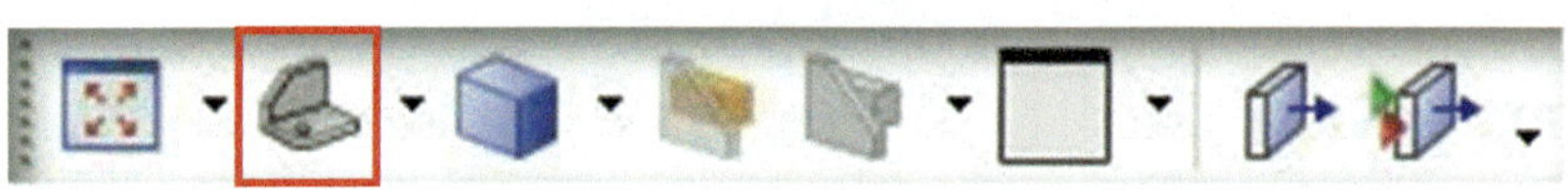

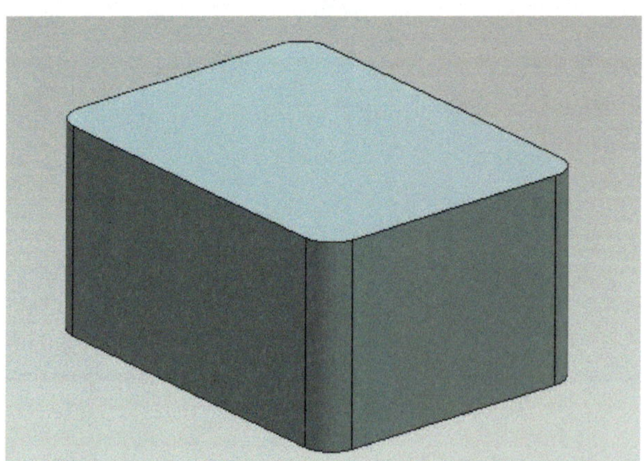

11) 단 형상을 만들어주기 위해 돌출 아이콘을 클릭한 후 선택조건으로 '연결된 곡선' 선택한 다음, 외곽 사각 스케치를 클릭하고 아래와 같이 정의한 후 '확인' 클릭한다. ('방향반전' 아이콘을 클릭하여 돌출방향을 하면으로 변경할 수 있다.)

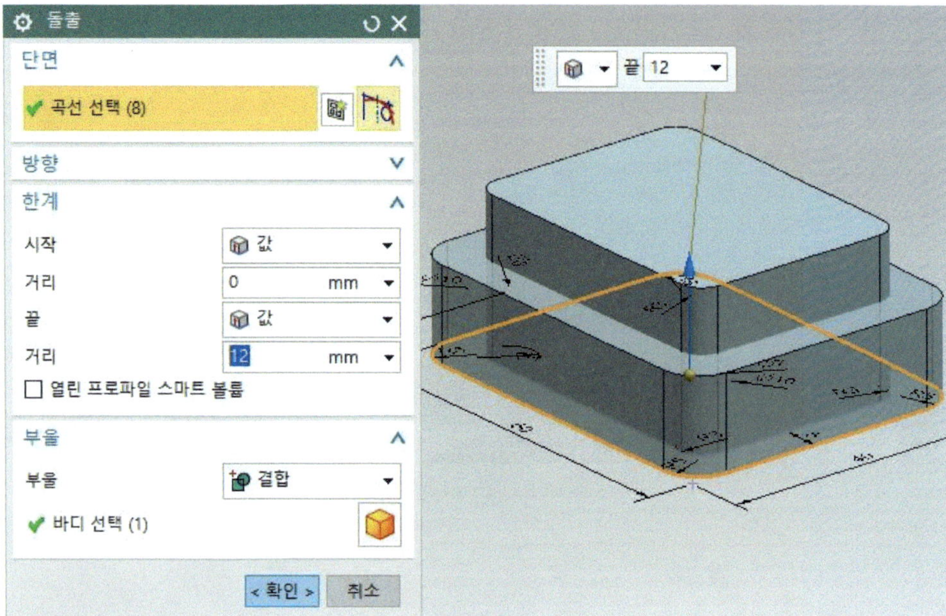

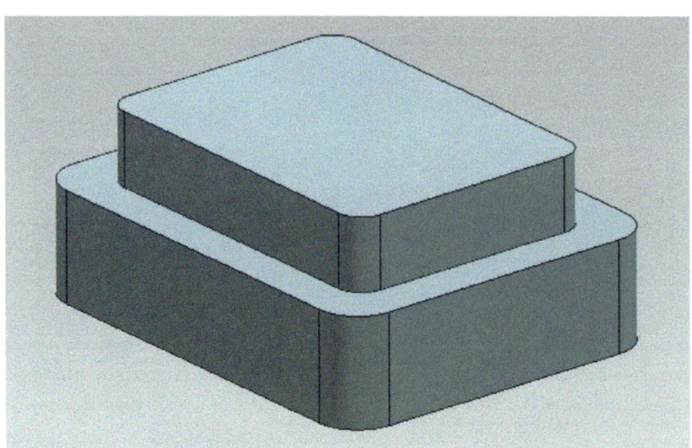

12) 측면에 체결 형상을 만들어주기 위해 돌출 아이콘을 클릭한 후 선택조건으로 '영역 경계 곡선' 선택한 다음 스케치 사이의 빈 공간을 클릭하고, 아래와 같이 정의한 후 '확인' 클릭한다.
('방향반전' 아이콘을 클릭하여 돌출방향을 하면으로 변경할 수 있다)

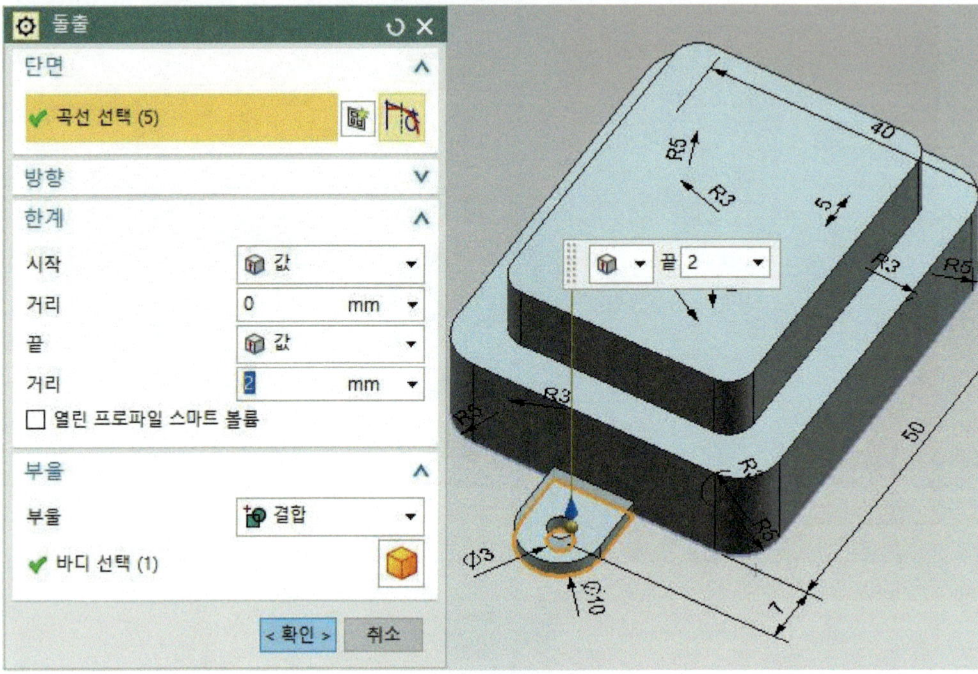

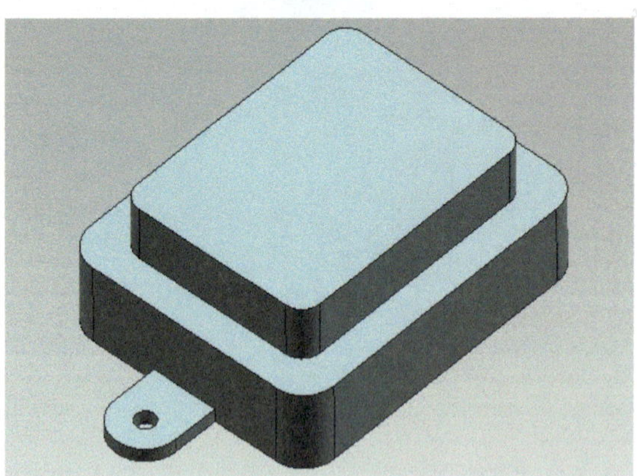

13) 외곽 모서리에 라운드 형상을 만들기 위해 모서리 블렌드 아이콘을 이용하여 아래와 같이 정의한 후 '확인' 클릭한다.

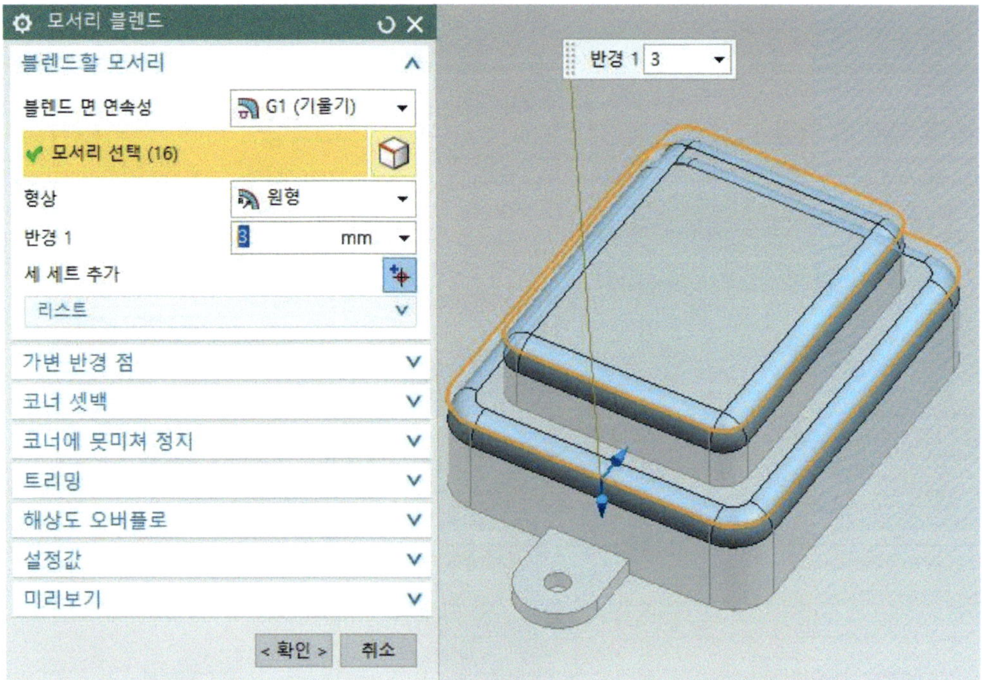

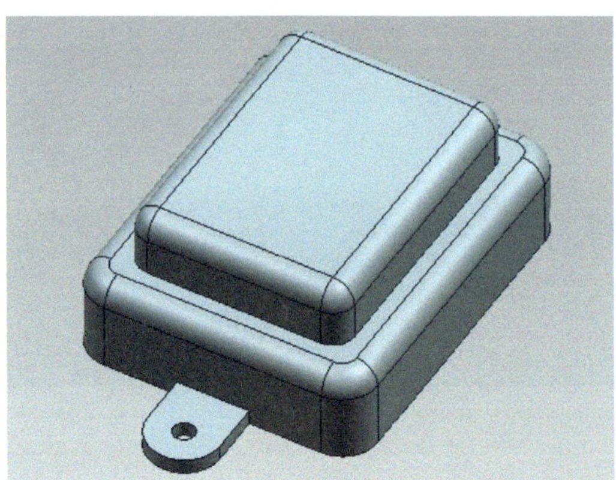

14) 외측 기준으로 일정한 두께(2mm)만 남겨놓고 안쪽을 파내기 위해 셸 아이콘을 선택하고 파낼 면을 클릭한 다음, 아래와 같이 두께 값을 입력하고 '확인' 클릭한다.

15) 보스 형상을 만들어주기 위해 돌출 아이콘을 클릭한 후 선택조건으로 '영역 경계 곡선' 선택한 다음, 스케치 원과 원 사이의 빈 공간을 클릭하고, 아래와 같이 정의한 후 '확인' 클릭한다.

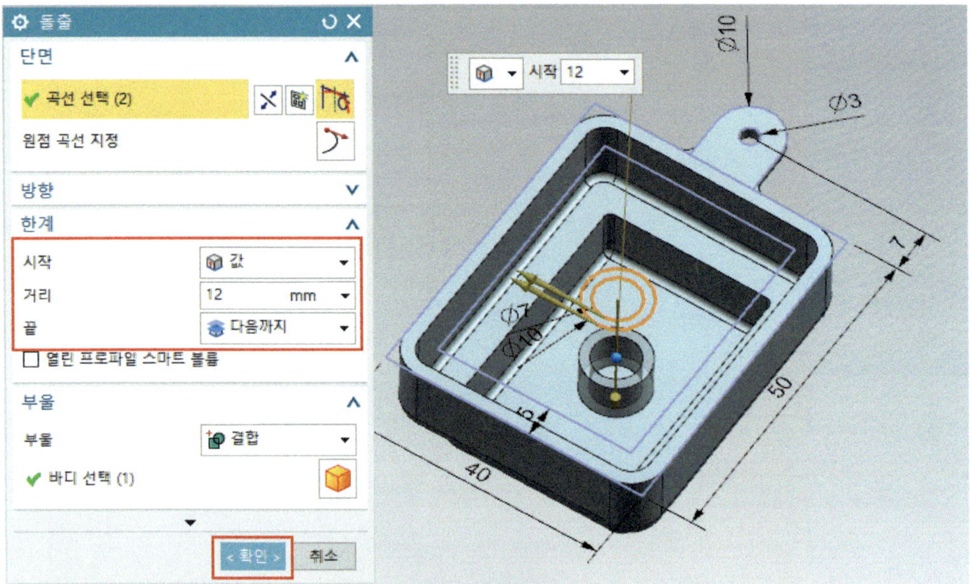

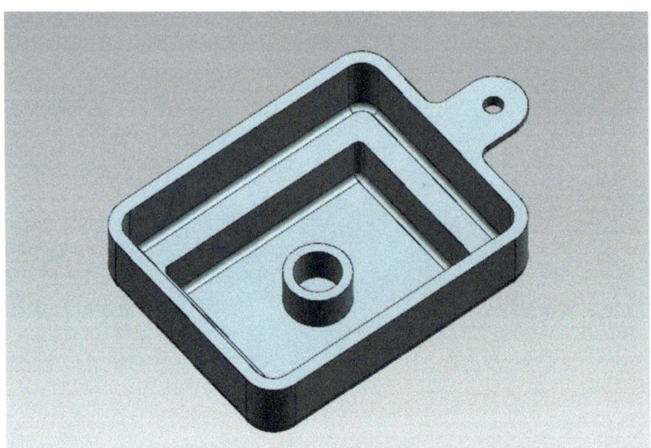

16) 측면 체결형상 모서리에 라운드 형상을 만들기 위해 모서리 블렌드 아이콘을 이용하여 아래와 같이 정의한 후 '확인' 클릭한다.

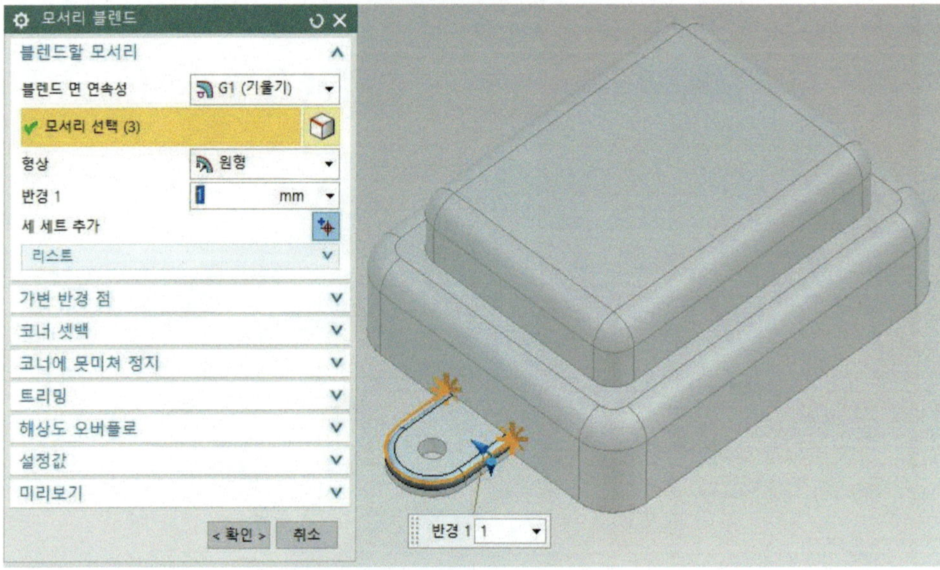

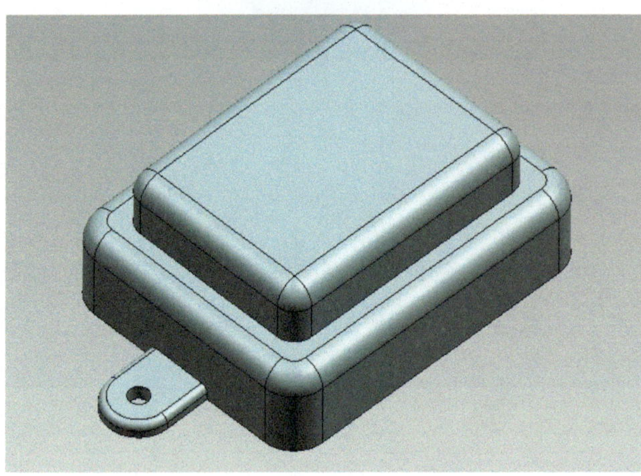

17) 측면 체결형상 모서리에 라운드 형상을 만들기 위해 모서리 블렌드 아이콘을 이용하여 아래와 같이 정의한 후 '확인' 클릭한다.

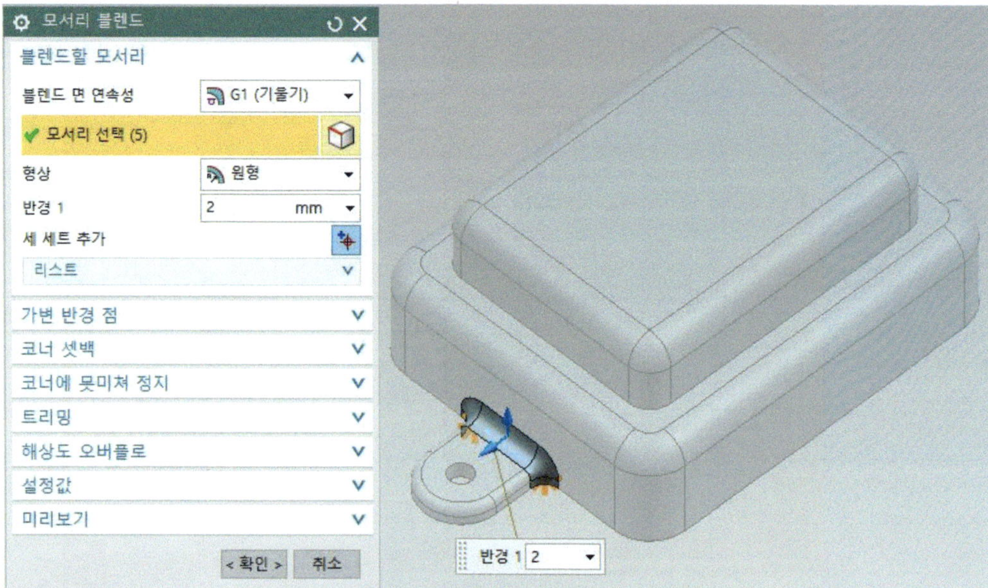

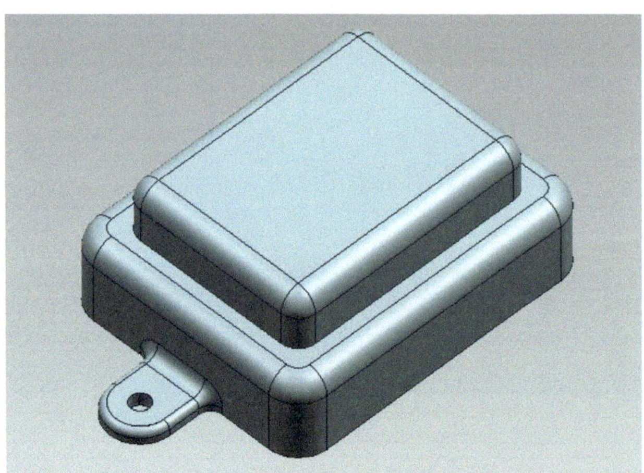

18) 최종 완성된 Cover #1 사출 부품 형상 모델링

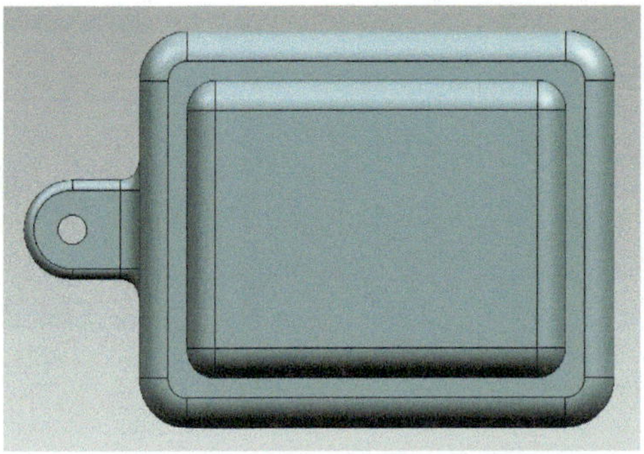

평면도

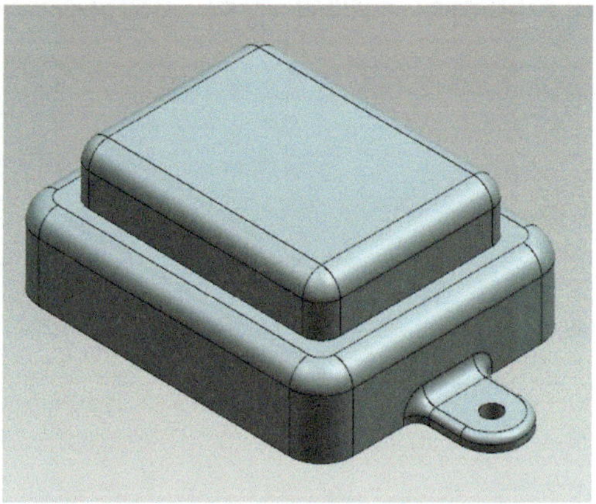

등각도(180° 회전)

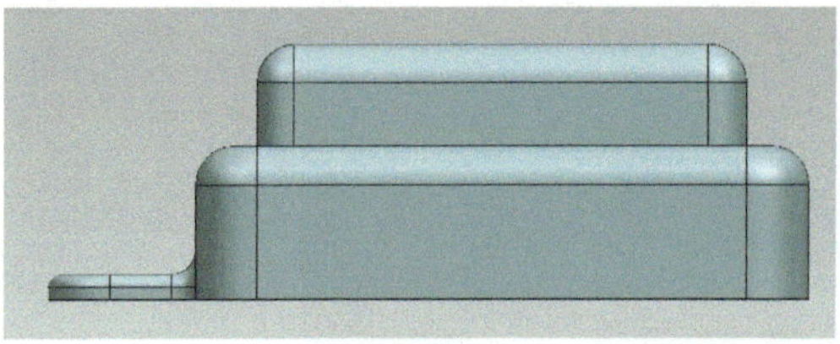

정면도

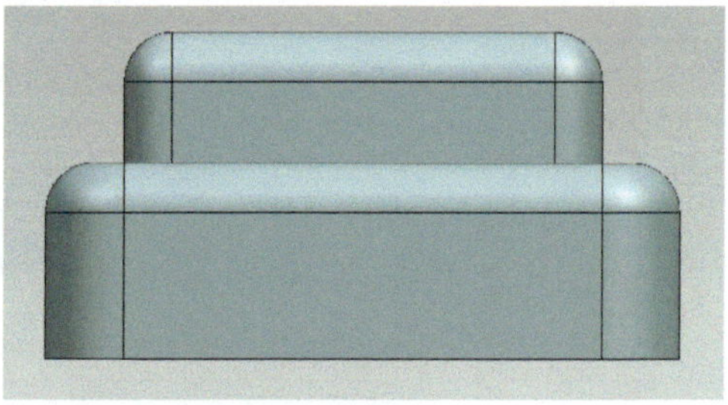

우측면도

3.2 Cover #2 사출 부품 형상 모델링 따라하기

■ 품명 : Cover #2

*** 주기**

- 도시되고 지시 없는 라운드는 R1.5 적용.
- 도시되고 지시 없는 모서리는 C0.5 적용.

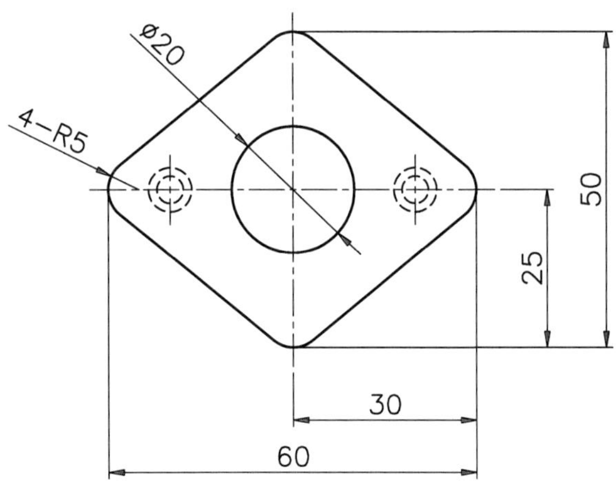

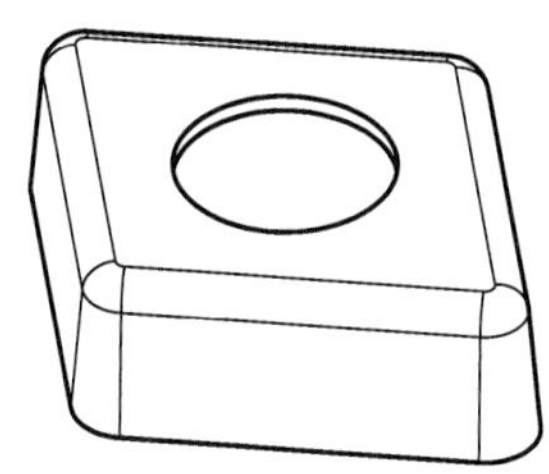

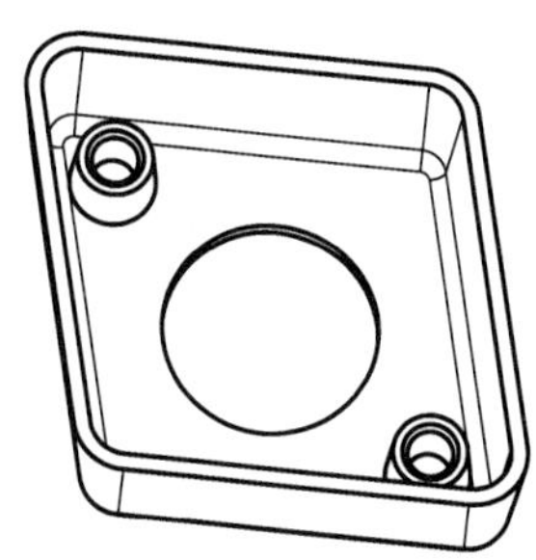

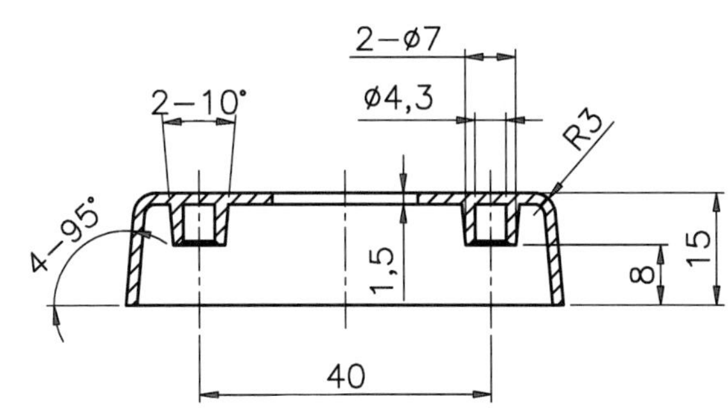

1) 바탕화면에 있는 NX 12.0 아이콘을 더블 클릭해서 실행시킨다.

※ 시작프로그램에서 NX 12.0을 실행할 수 있다.

2) NX 12.0이 실행된 모습

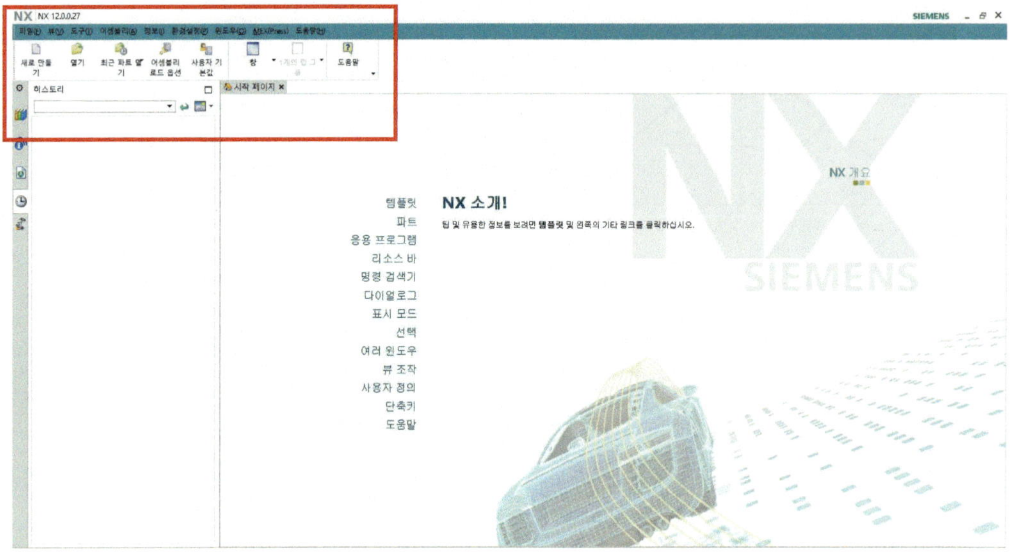

3) 새로운 파일을 생성하기 위해 '새로 만들기' 아이콘을 클릭한다.

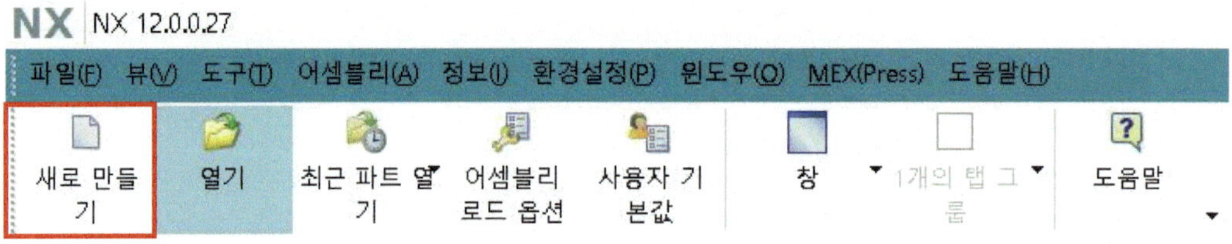

4) 새로 생성될 파일 이름과 저장될 경로를 선택한 후 '확인' 클릭한다.

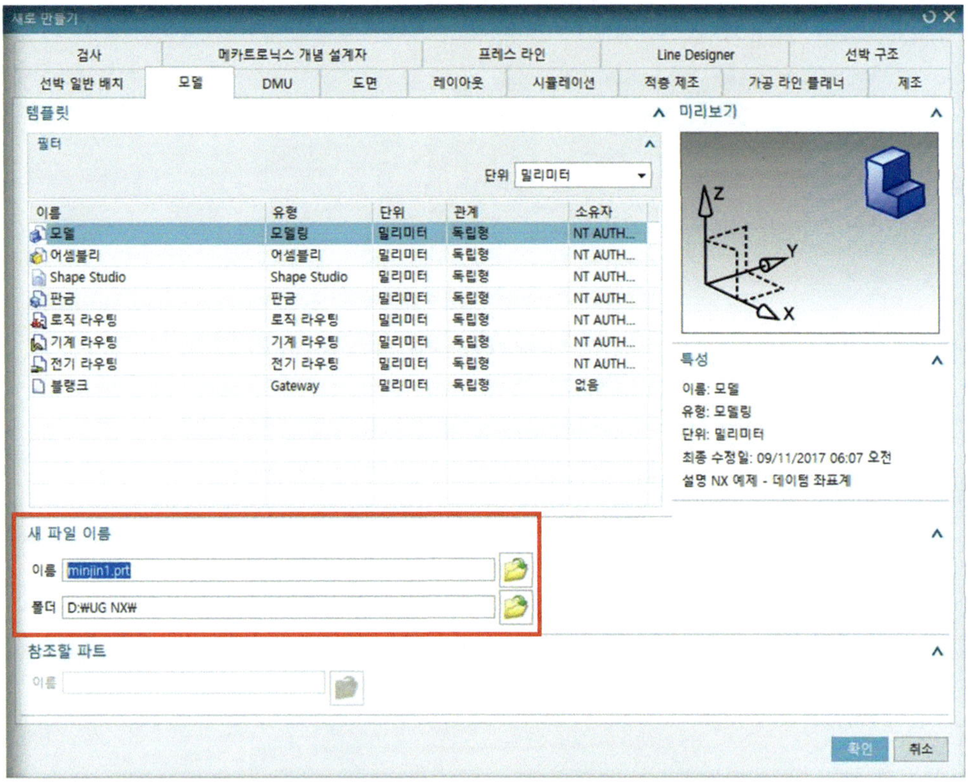

5) Cover #2의 외곽 크기를 결정해주기 위해 '스케치' 아이콘을 선택하고 '확인' 클릭한다. (X-Y 평면 자동으로 설정됨)

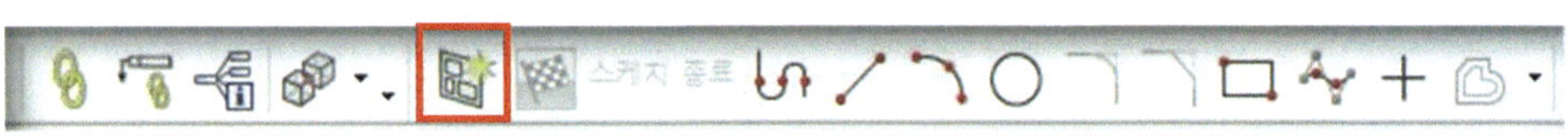

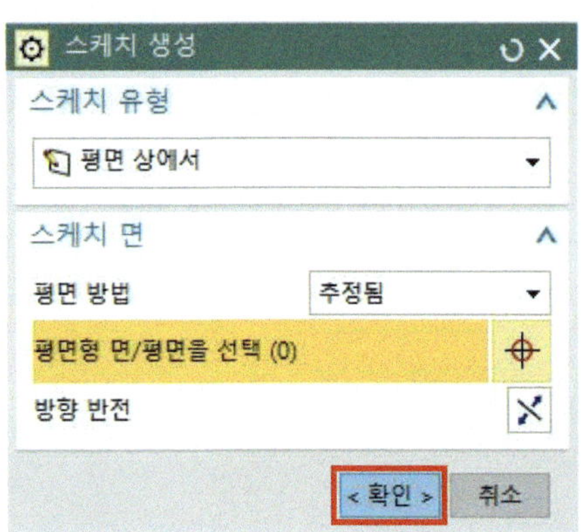

6) 아래와 같이 모델링 형상을 스케치하고 '지오메트리 구속조건' 및 '급속 치수' 아이콘을 이용하여 형상과 치수로 구속한다.

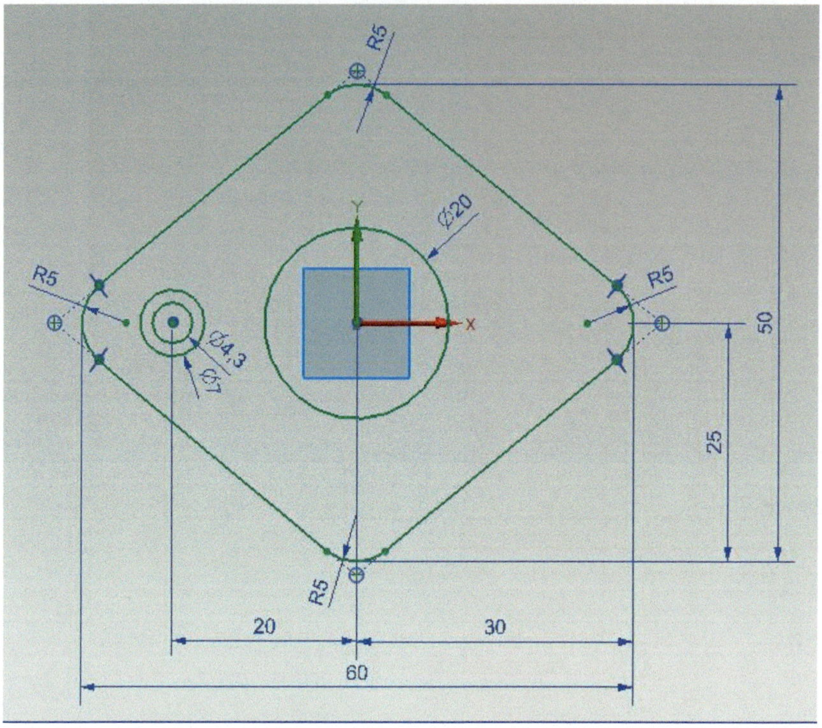

7) '스케치 종료' 아이콘을 클릭하여 스케치를 종료한다.

8) 생성된 스케치를 등각 투상도로 전환한다. (단축키 → Home)

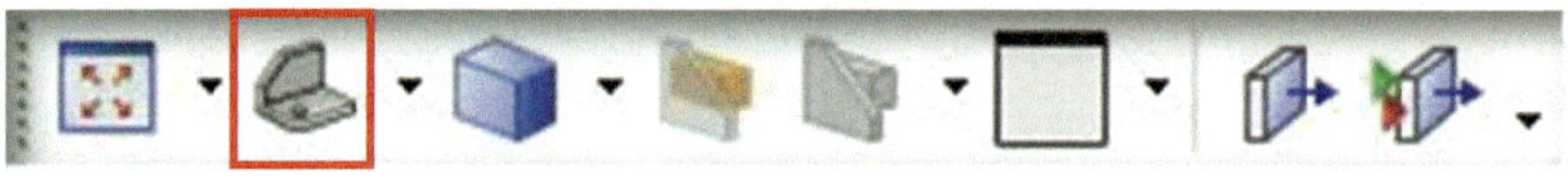

9) 커버 형상을 만들어주기 위해 돌출 아이콘을 클릭한 후 선택조건으로 '연결된 곡선' 선택한 후 마름모 형상의 스케치를 클릭하고, 아래와 같이 정의한 후 '확인' 클릭한다. (형상 돌출 시 빼기구배 5° 적용하여 취출성 고려)
('방향반전' 아이콘을 클릭하여 돌출방향을 하면으로 변경할 수 있다)

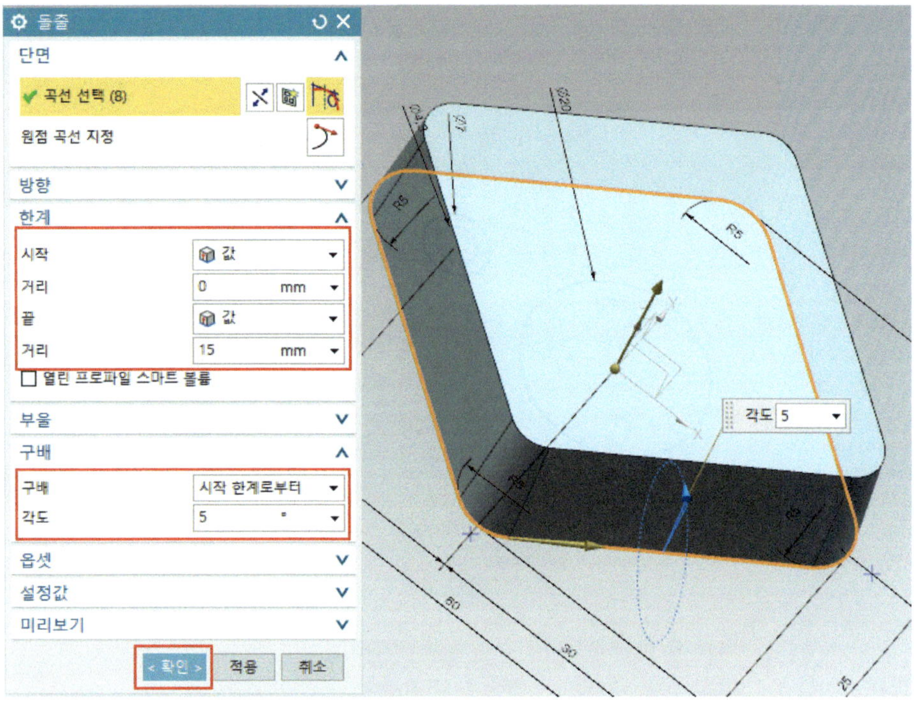

10) 생성된 스케치를 등각 투상도로 전환한다. (단축키 → Home)

11) 외곽 모서리에 라운드 형상을 만들기 위해 모서리 블렌드 아이콘을 이용하여 아래와 같이 정의한 후 '확인' 클릭한다.

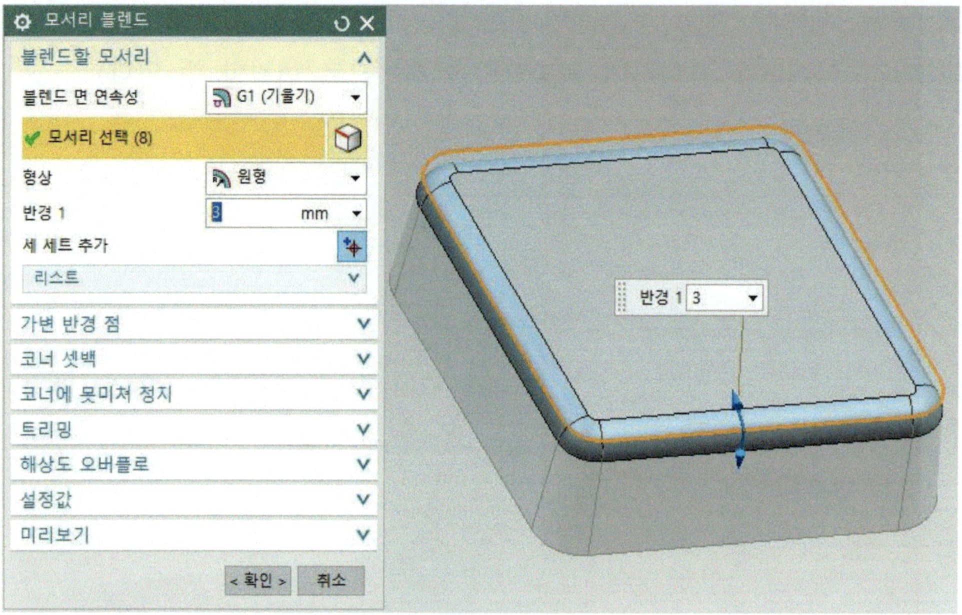

12) 외측 기준으로 일정한 두께만 남겨놓고 안쪽을 파내기 위해 셸 아이콘을 선택하고 파낼 면을 클릭한 다음, 아래와 같이 두께 값 1.5mm를 입력하고 '확인' 클릭한다.

13) 보스 형상을 만들어주기 위해 돌출 아이콘을 클릭한 후 선택조건으로 '영역 경계 곡선' 선택한 다음 스케치 원 사이의 빈 공간을 클릭하고, 아래와 같이 정의한 후 '확인' 클릭한다.

(보스형상 돌출 시 빼기구배 5° 적용하여 취출성 고려)

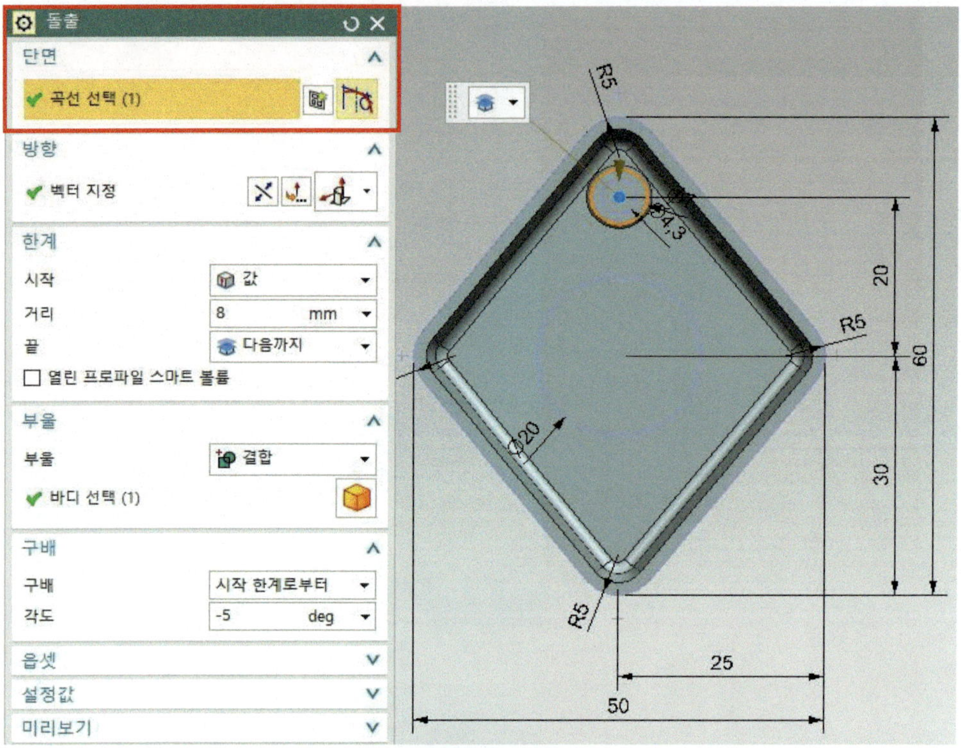

14) 보스에 살빼기를 해주기 위해 돌출 아이콘을 클릭한 후 선택조건으로 '영역 경계 곡선'을 선택한 다음, 스케치 원 사이의 빈 공간을 클릭하고 아래와 같이 정의한 후 '확인' 클릭한다.

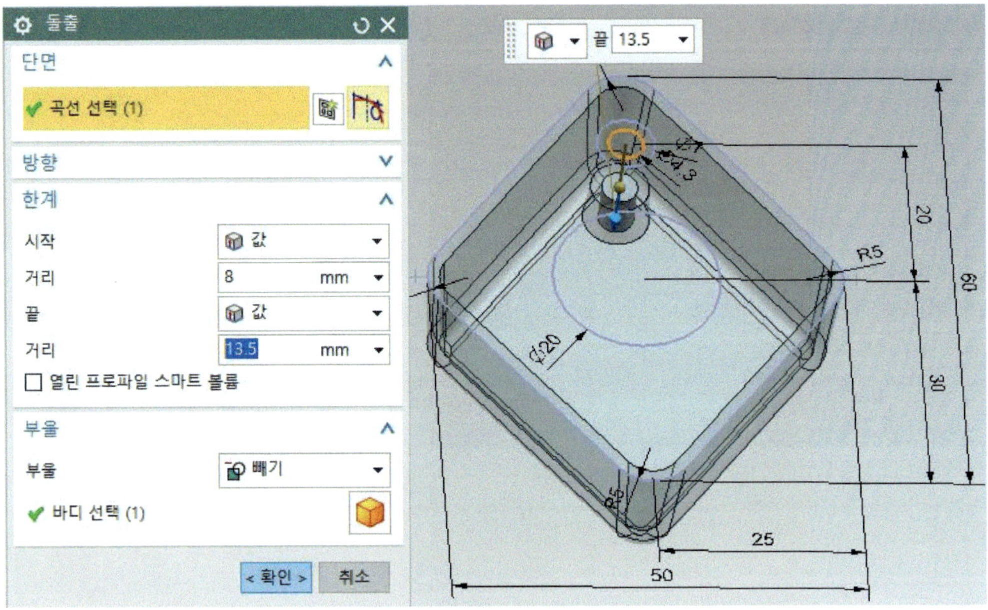

15) 완성된 보스 형상을 반대편에 대칭 복사하기 위해 패턴 특징형상 아이콘을 클릭한 후 레이아웃을 '선형', 벡터는 'X축', 간격은 '개수 및 범위'에서 개수는 '2', 피치는 '40' 입력한 다음, 보스 형상 2개소를 모두 클릭하고, 아래와 같이 정의한 후 '확인' 클릭한다.

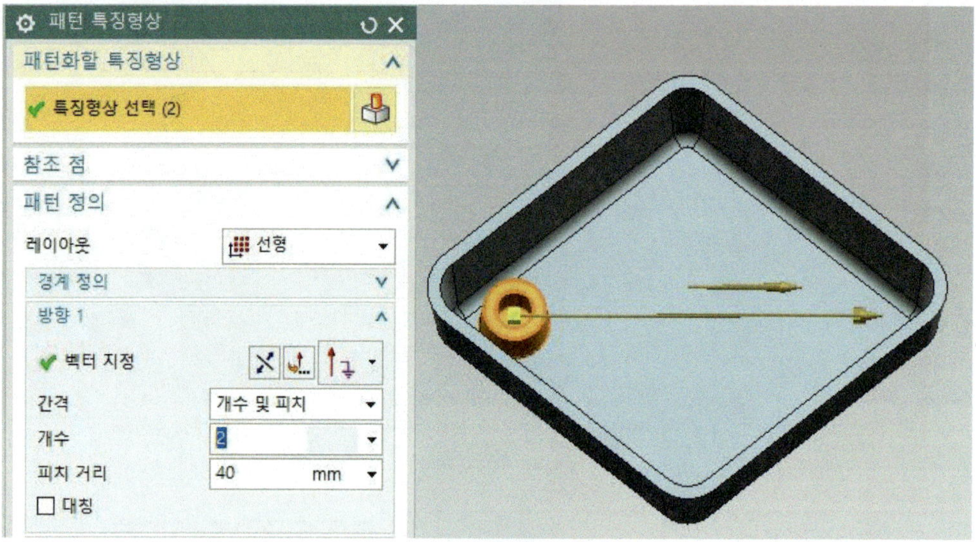

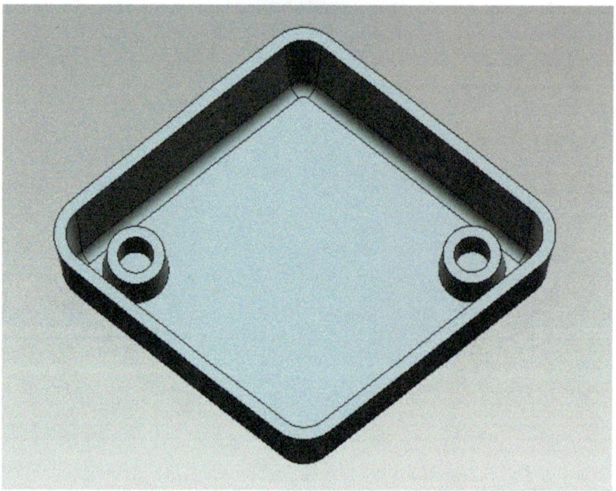

16) 가운데 구멍 형상을 만들어주기 위해 돌출 아이콘을 클릭한 후 선택조건으로 '단일 곡선' 클릭한 후 스케치 원을 선택하고, 아래와 같이 정의한 후 '확인' 클릭한다.

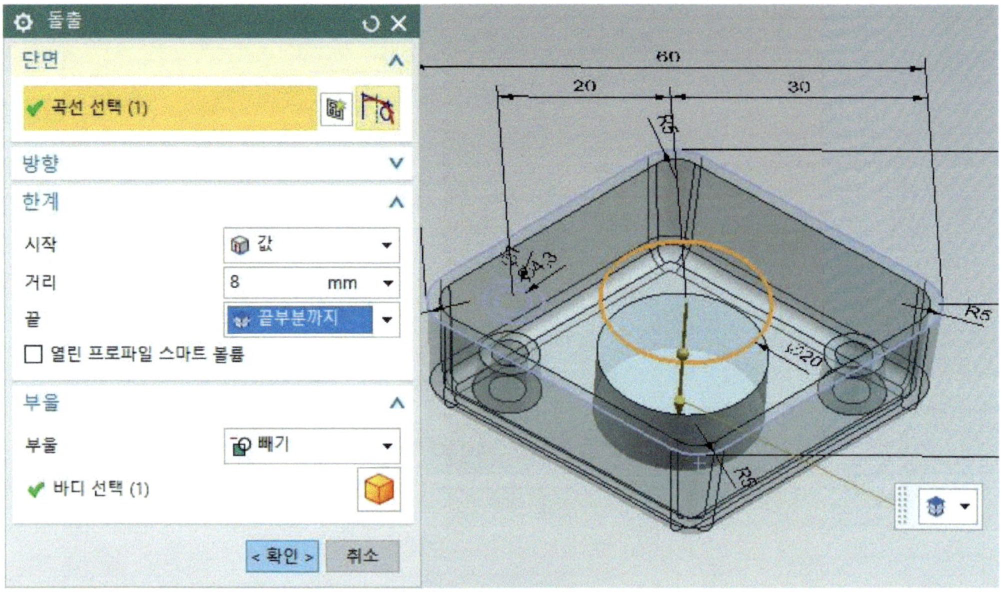

17) 보스 형상 안쪽 모서리에 모따기 형상을 만들기 위해 아이콘을 이용하여 아래와 같이 정의한 후 '확인' 클릭한다.

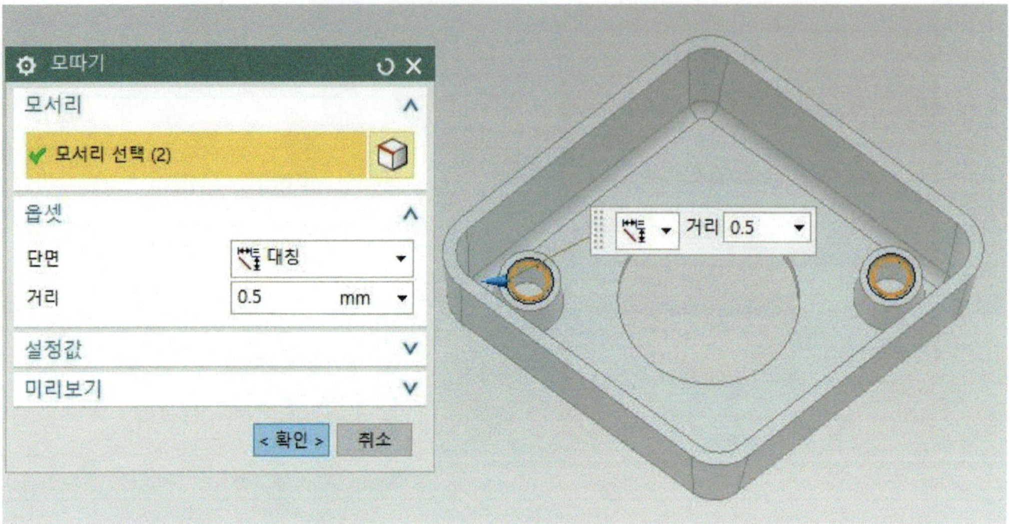

18) 최종 완성된 Cover #2 사출 부품 형상 모델링

평면도

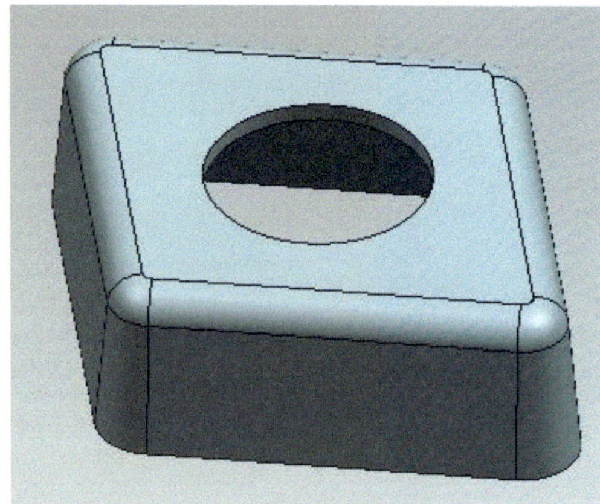

등각도

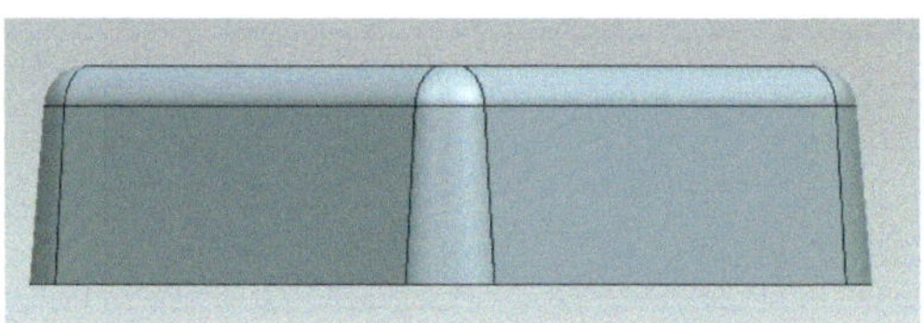

정면도

저면도

3.3 Cover #3 사출 부품 형상 모델링 따라하기

■ 품명 : Cover #3

*** 주기**

- 도시되고 지시 없는 라운드는 R1.5 적용.
- 도시되고 지시 없는 모서리는 C0.5 적용.

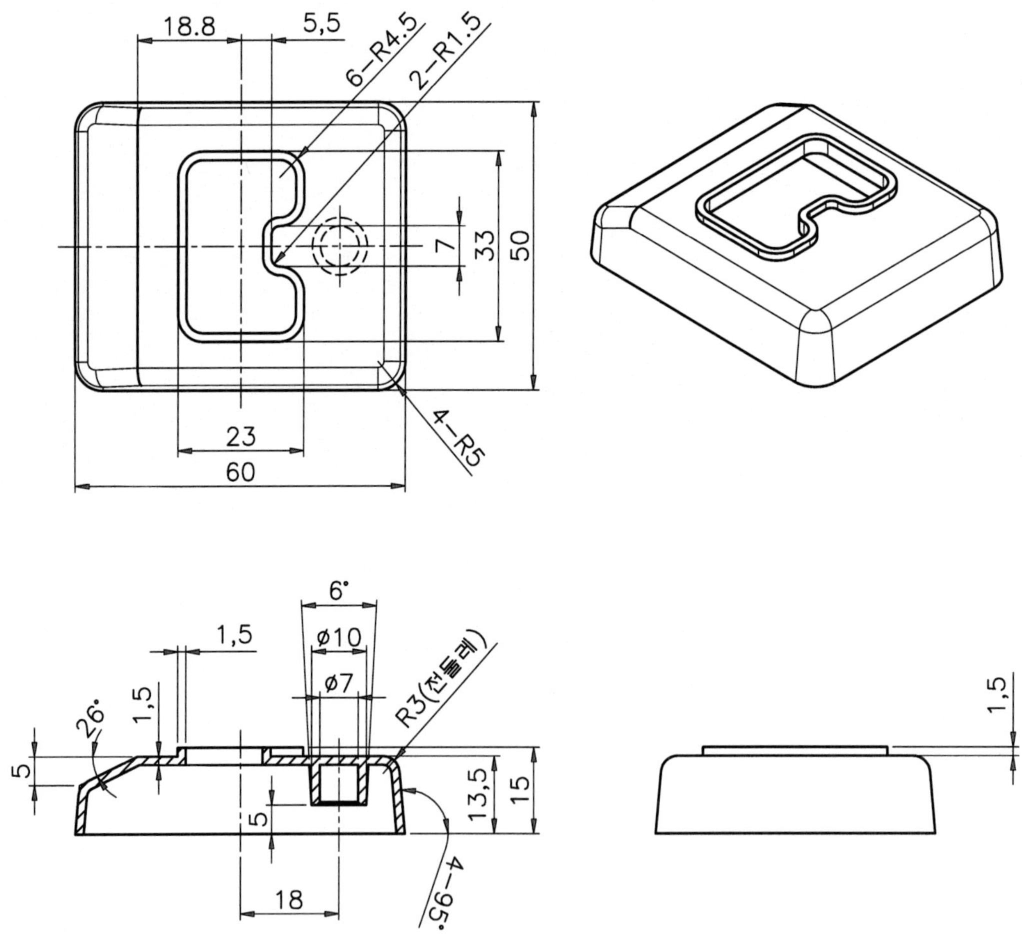

1) 바탕화면에 있는 NX 12.0 아이콘을 더블 클릭해서 실행시킨다.

※ 시작프로그램에서 NX 12.0을 실행할 수 있다.

2) NX 12.0이 실행된 모습

3) 새로운 파일을 생성하기 위해 '새로 만들기' 아이콘을 클릭한다.

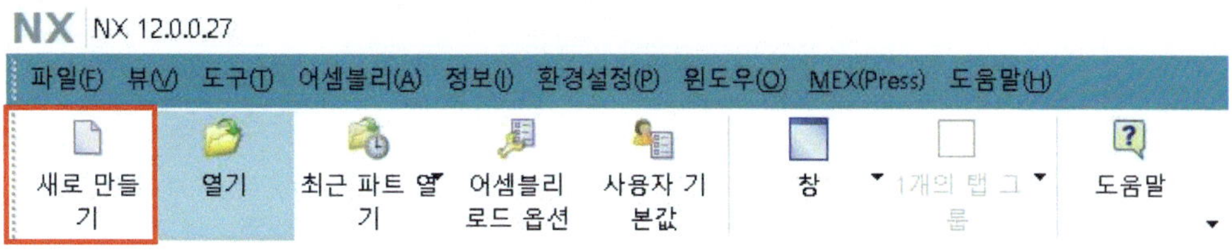

4) 새로 생성될 파일 이름과 저장될 경로를 선택한 후 '확인' 클릭한다.

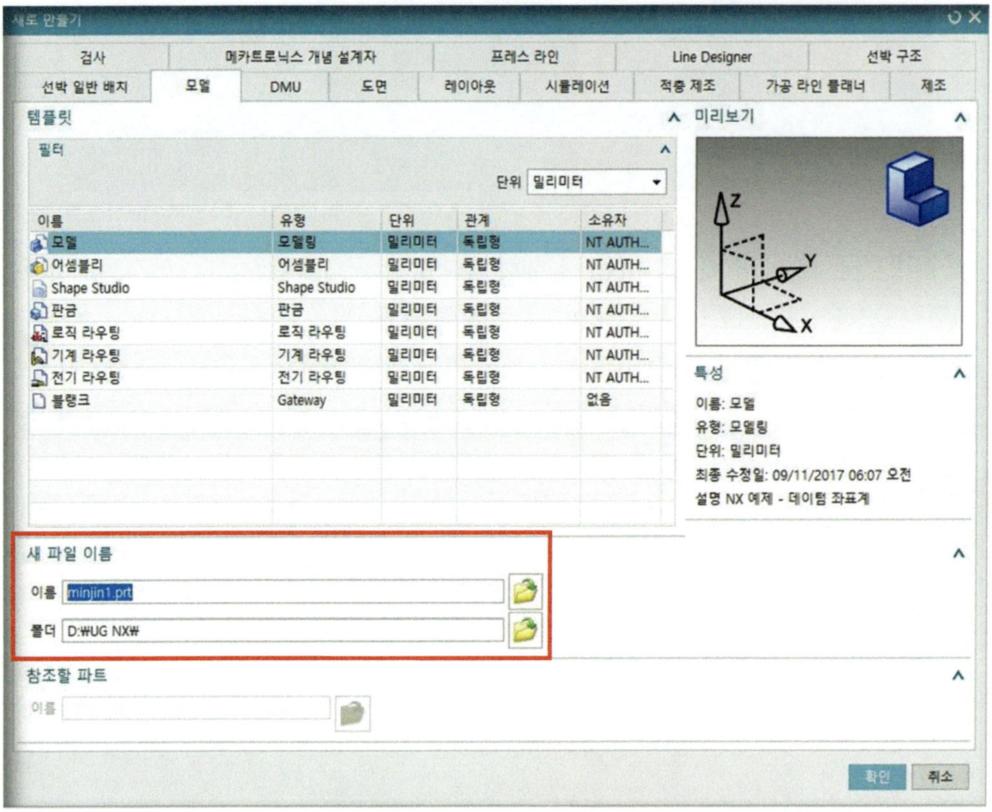

5) Cover #3의 외곽 크기를 결정해주기 위해 '스케치' 아이콘을 선택하고 '확인' 클릭한다. (X-Y 평면 자동으로 설정됨)

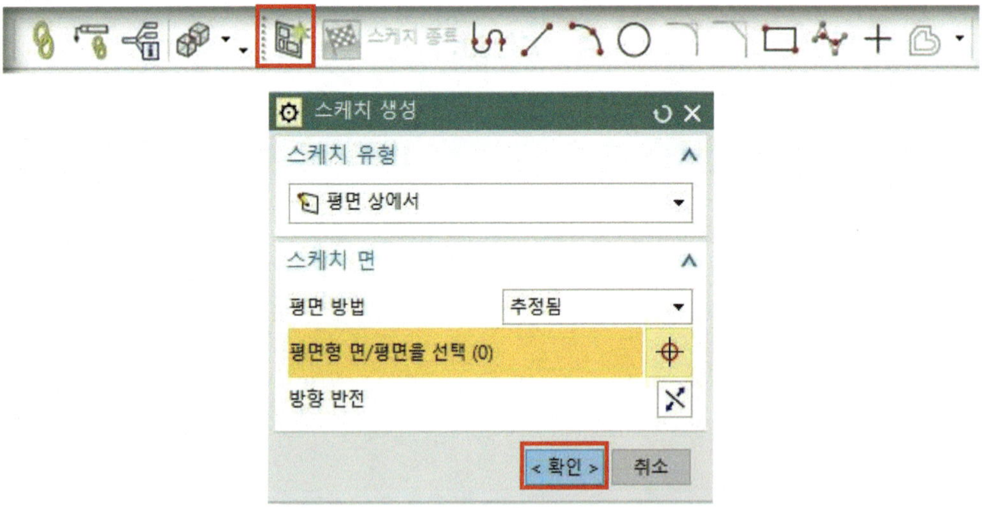

6) 아래와 같이 모델링 형상을 스케치하고 '지오메트리 구속조건' 및 '급속 치수' 아이콘을 이용하여 형상과 치수로 구속한다.

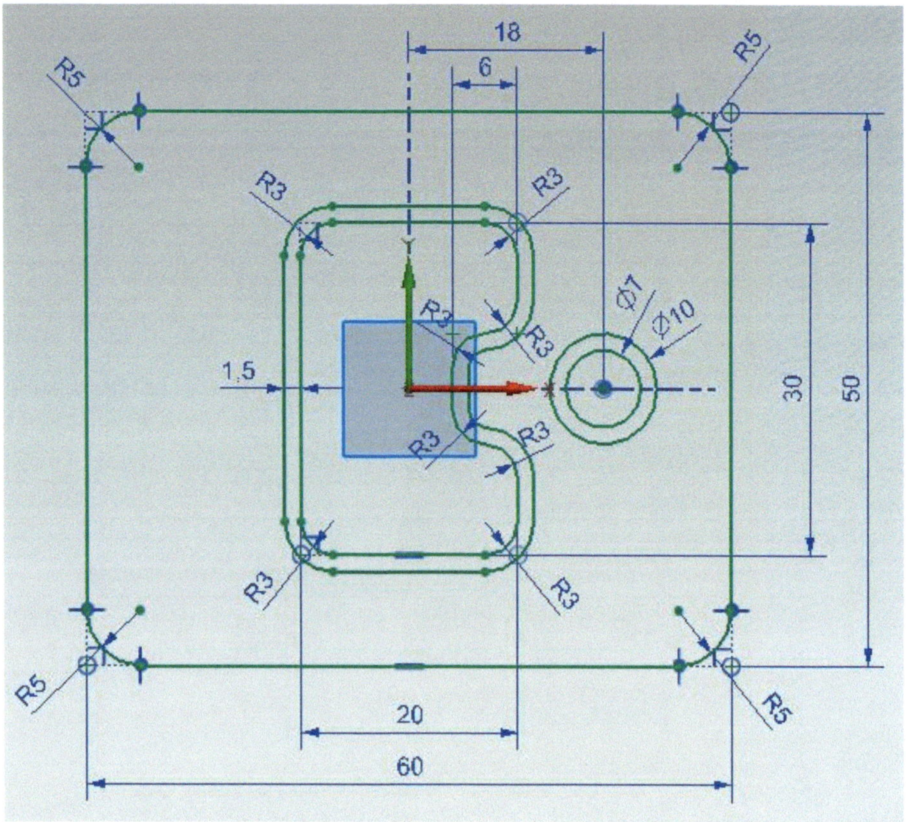

7) '스케치 종료' 아이콘을 클릭하여 스케치를 종료한다.

8) 생성된 스케치를 등각 투상도로 전환한다. (단축키 → Home)

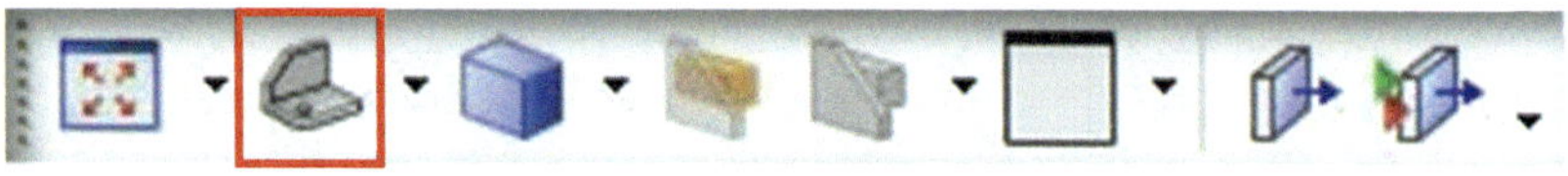

9) 외곽 형상을 만들어주기 위해  돌출 아이콘을 클릭한 후 선택조건으로 '연결된 곡선' 선택한 후 사각 형상의 스케치를 클릭하고, 아래와 같이 정의한 후 '확인' 클릭한다.
('방향반전' 아이콘을 클릭하여 돌출방향을 하면으로 변경할 수 있다)

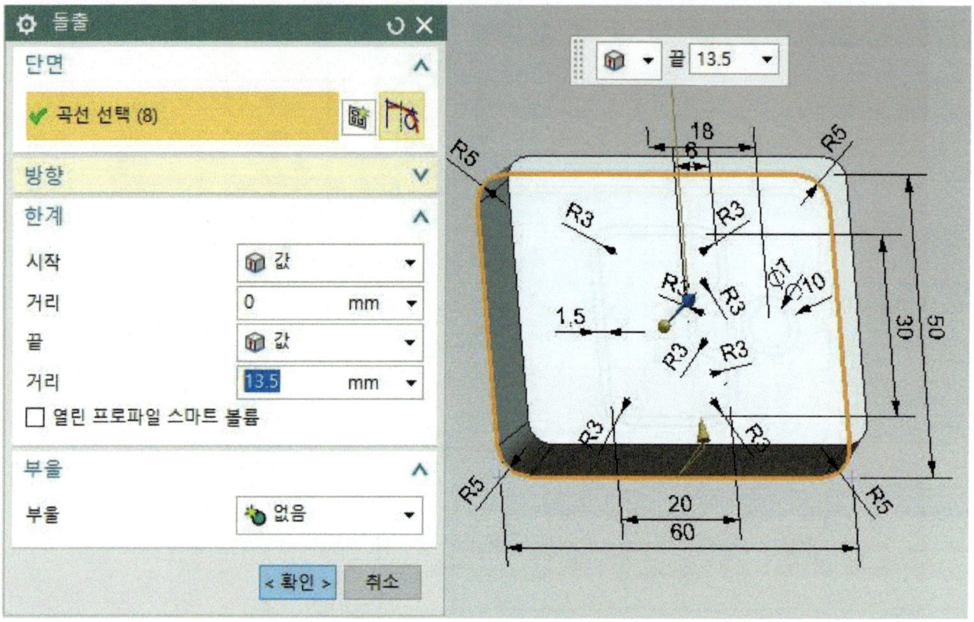

10) 생성된 스케치를 등각 투상도로 전환한다. (단축키 → Home)

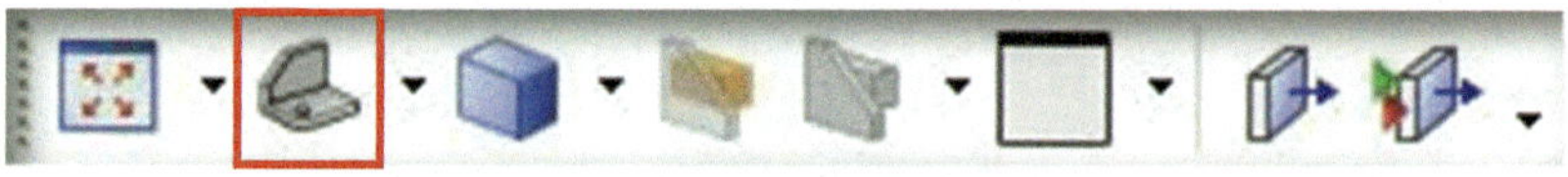

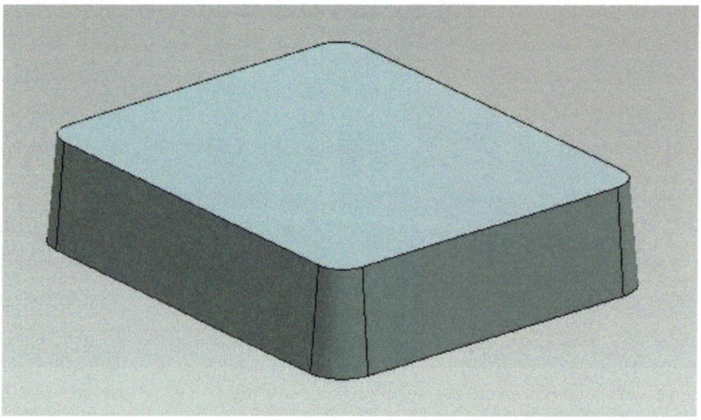

11) 커버 상면 왼쪽 모서리에 구배 형상을 만들어주기 위해 아이콘을 이용하여, 아래와 같이 정의한 후 '확인' 클릭한다.
(모따기 거리 값이 비대칭이므로 '방향 반전' 아이콘을 클릭하여 방향을 반대로 변경한다)

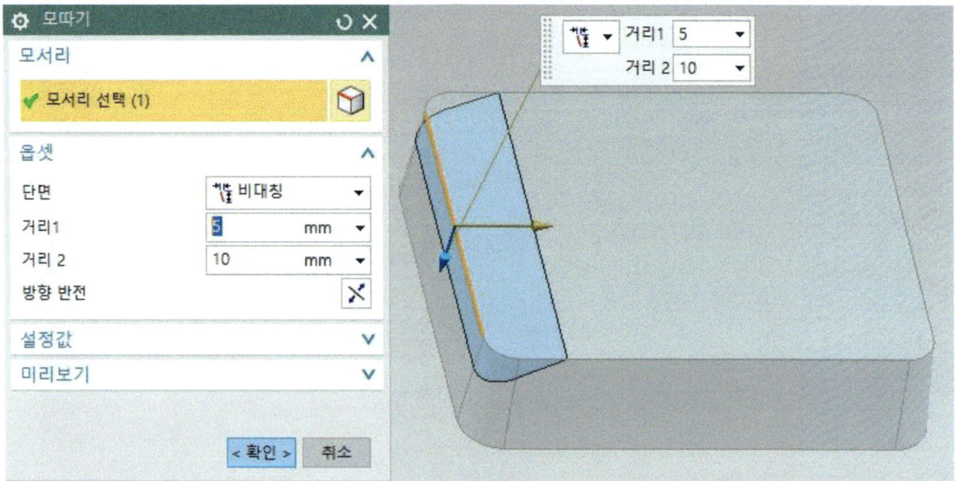

12) 외곽 모서리에 라운드 형상을 만들기 위해 모서리 블렌드 아이콘을 이용하여 아래와 같이 정의한 후 '확인' 클릭한다.

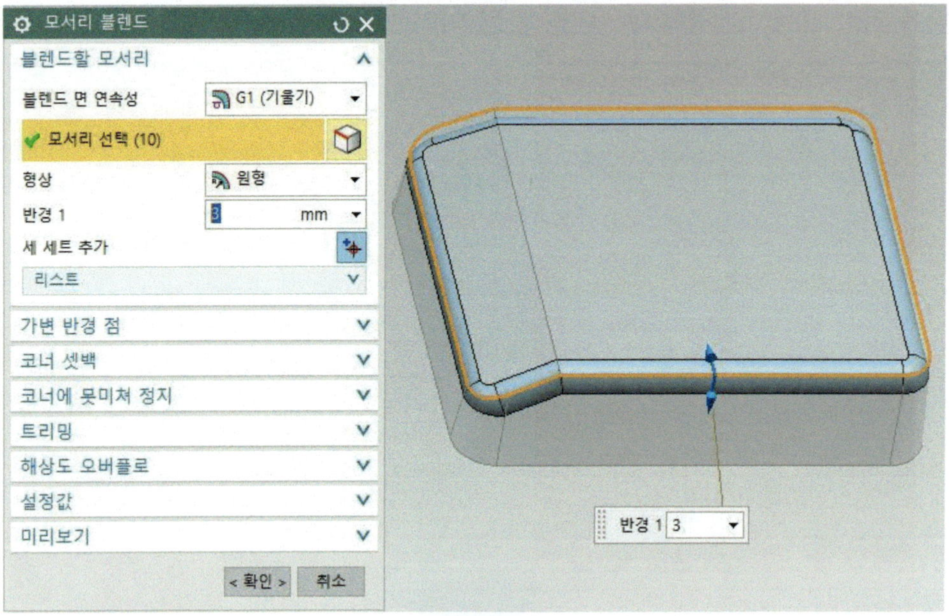

13) 외측 기준으로 일정한 두께만 남겨놓고 안쪽을 파내기 위해 셸 아이콘을 이용해 파낼 면을 선택한 다음 아래와 같이 두께 값 1.5mm 입력하고 '확인' 클릭한다.

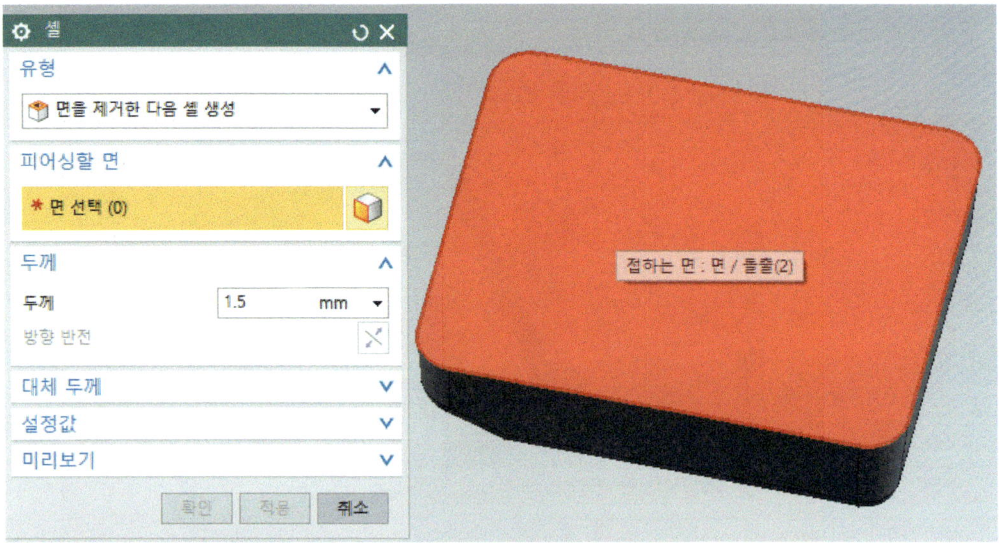

14) 커버 외측 상면에 단 형상을 만들어주기 위해 돌출 아이콘을 클릭한 후 선택조건으로 '영역 경계 곡선' 선택한 다음, 스케치 원 사이의 빈 공간을 선택하고, 아래와 같이 정의한 후 '확인' 클릭한다.

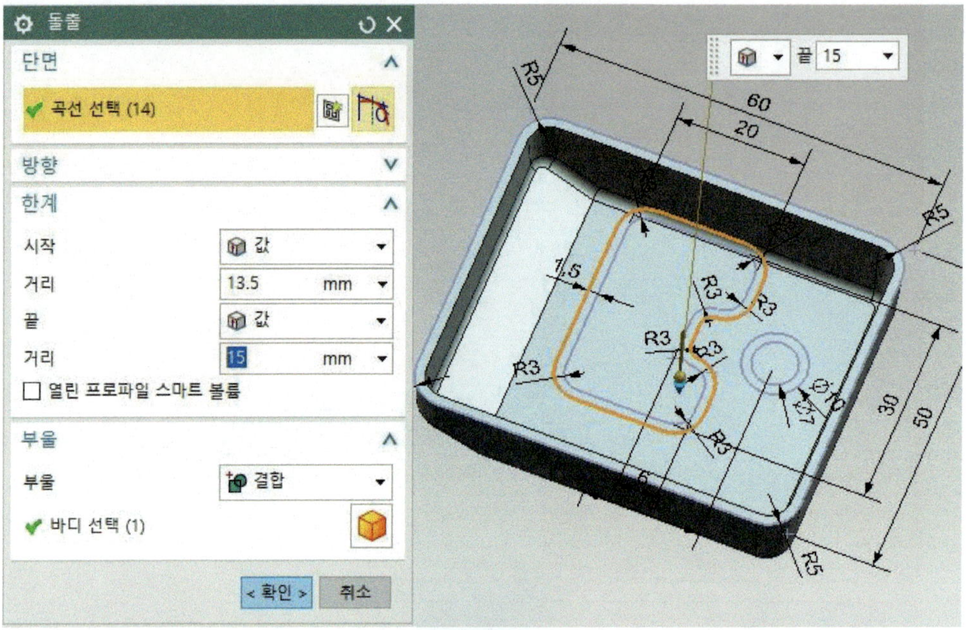

15) 가운데 이형 구멍 형상을 만들어주기 위해 돌출 아이콘을 클릭한 후 선택조건으로 '연결된 곡선' 선택한 다음 스케치 선을 클릭하고, 아래와 같이 정의한 후 '확인' 클릭한다.

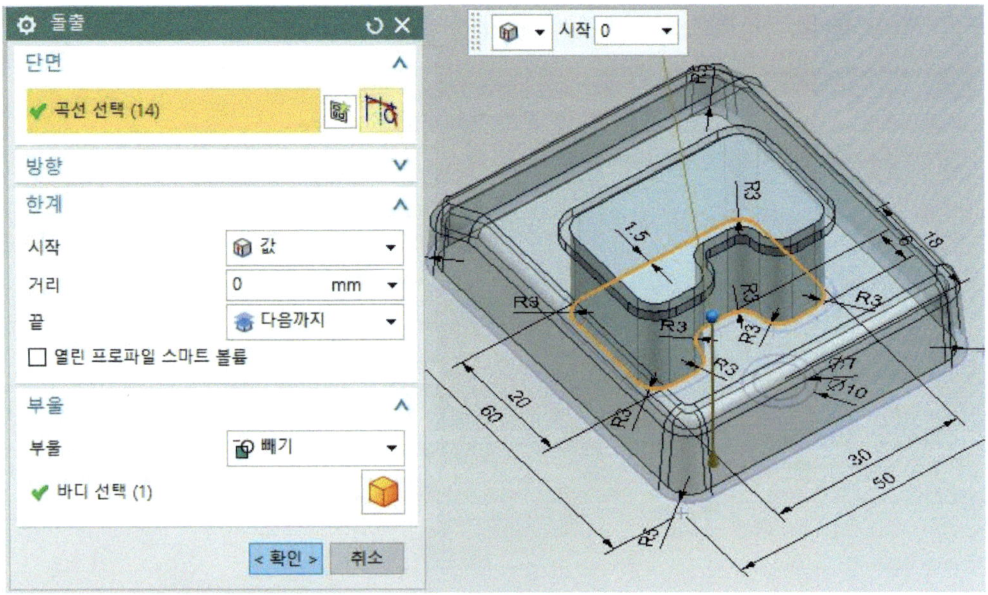

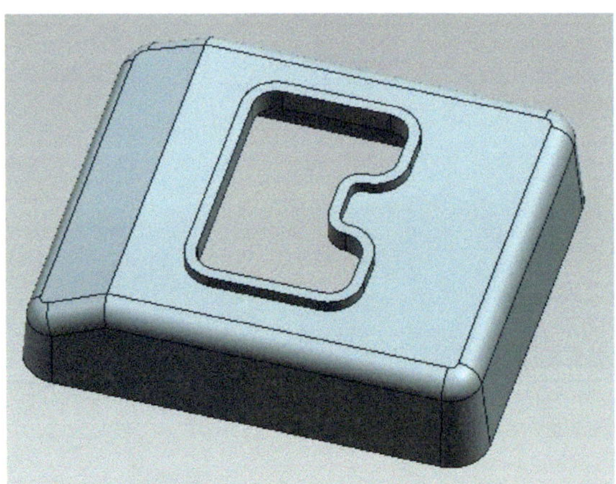

16) 커버 안쪽에 보스 형상을 만들어주기 위해 돌출 아이콘을 클릭한 후 선택조건으로 '영역 경계 곡선' 선택한 다음 스케치 원 사이의 빈 공간을 클릭하고, 아래와 같이 정의한 후 '확인' 클릭한다.

(보스 형상 돌출 시 빼기구배 3° 적용하여 취출성 고려)

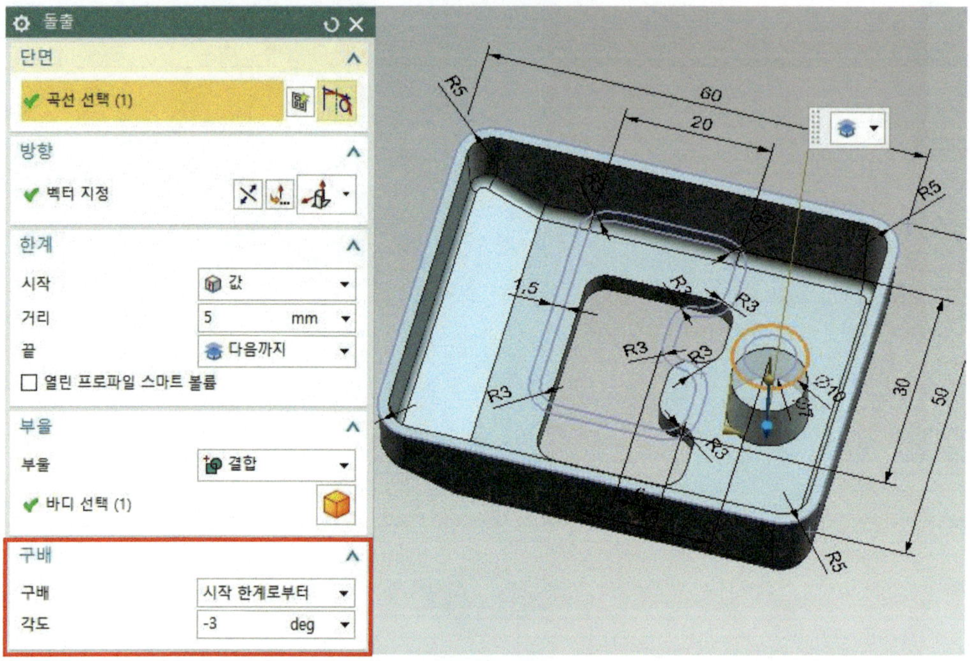

17) 보스에 살빼기를 해주기 위해 돌출 아이콘을 클릭한 후 선택조건으로 '영역 경계 곡선' 선택한 다음 스케치 원 사이의 빈 공간을 클릭하고, 아래와 같이 정의한 후 '확인' 클릭한다.

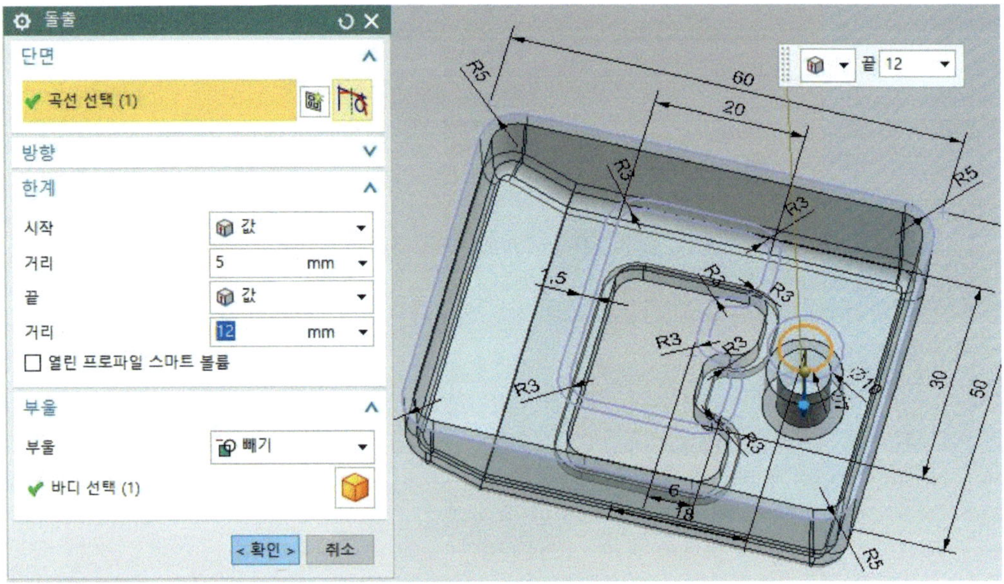

18) 보스 형상 안쪽 모서리에 모따기 형상을 만들기 위해 아이콘을 이용하여 아래와 같이 정의한 후 '확인' 클릭한다.

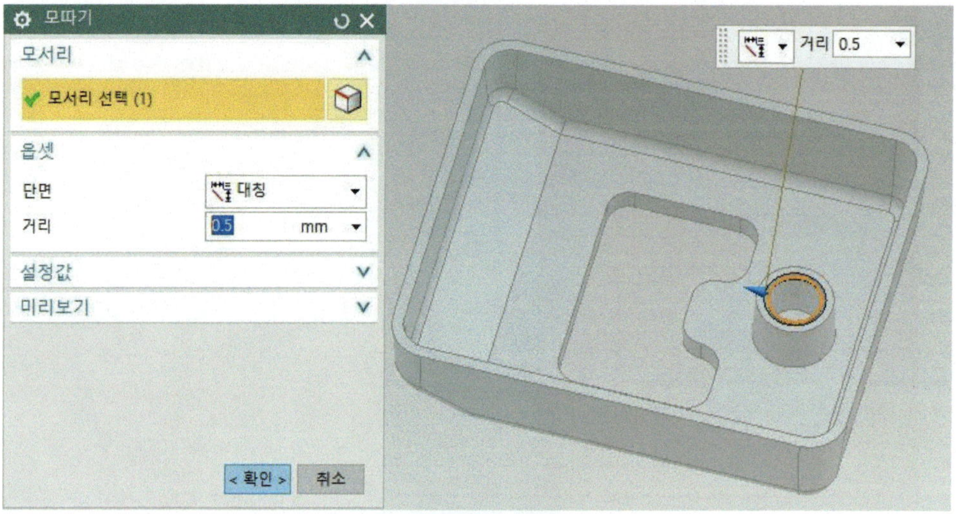

19) 최종 완성된 Cover #3 사출 부품 형상 모델링

평면도

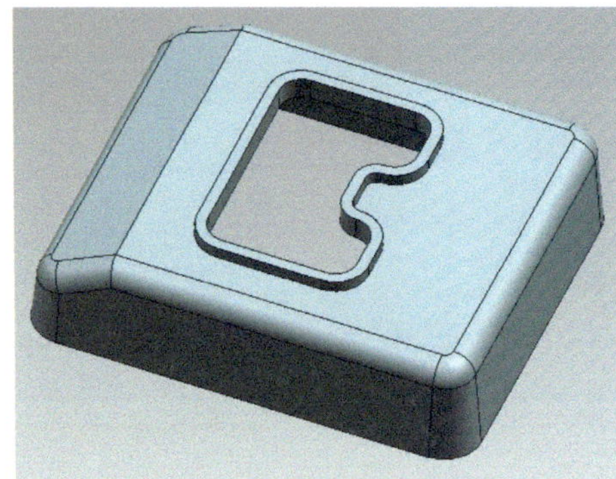

등각도

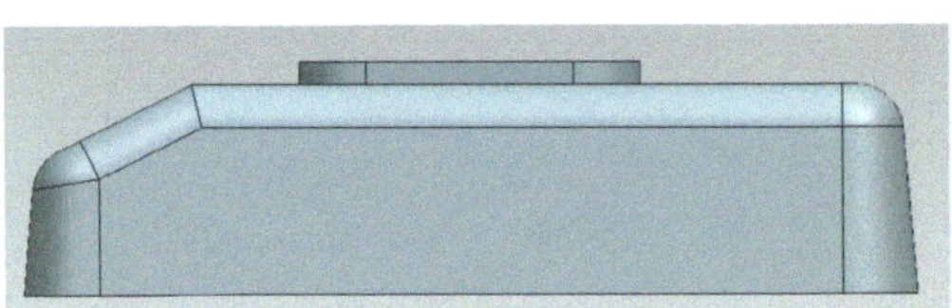

정면도

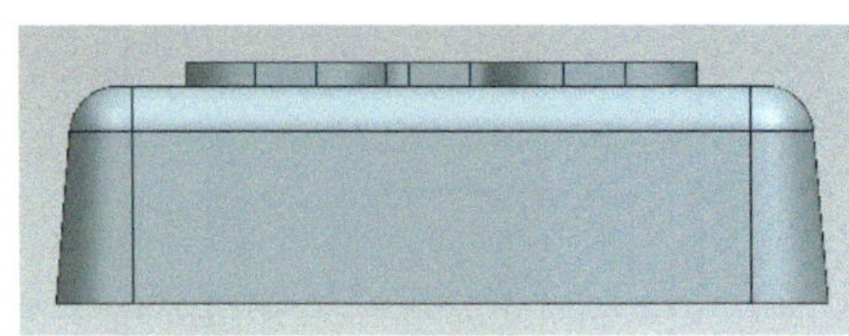

우측면도

저면도

3.4 Cover #4 사출 부품 형상 모델링 연습하기

■ 품명 : Cover #4

*** 주기**

- 도시되고 지시 없는 라운드는 R1.5 적용.
- 도시되고 지시 없는 모서리는 C1.0 적용.

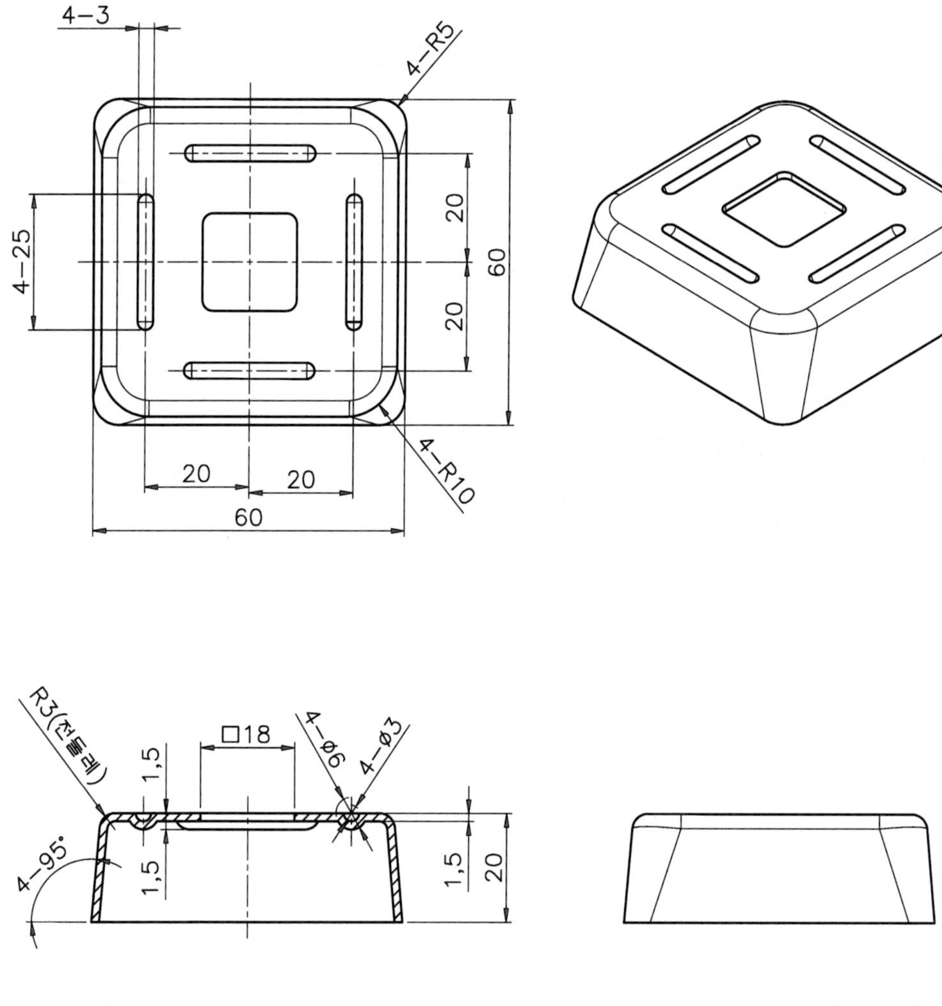

3.5 Cover #5 사출 부품 형상 모델링 연습하기

■ **품명** : Cover #5

*** 주기**

- 도시되고 지시 없는 라운드는 R2.0 적용.
- 도시되고 지시 없는 모서리는 C1.0 적용.

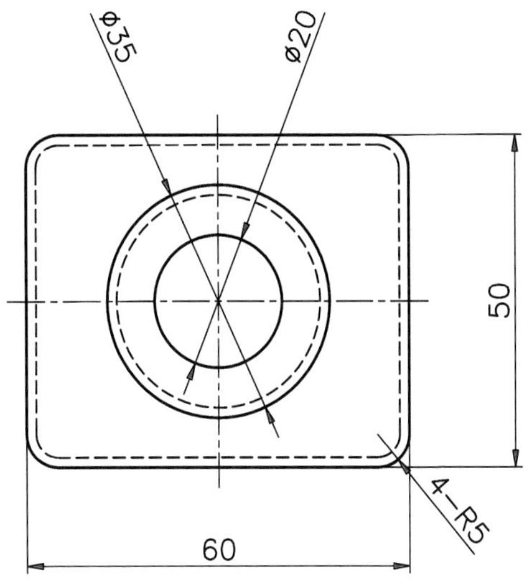

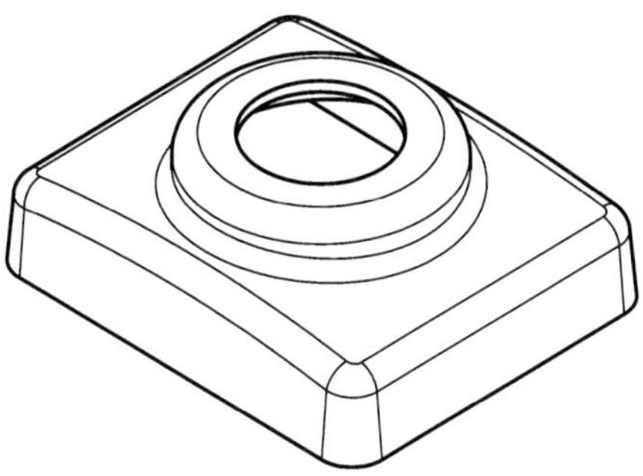

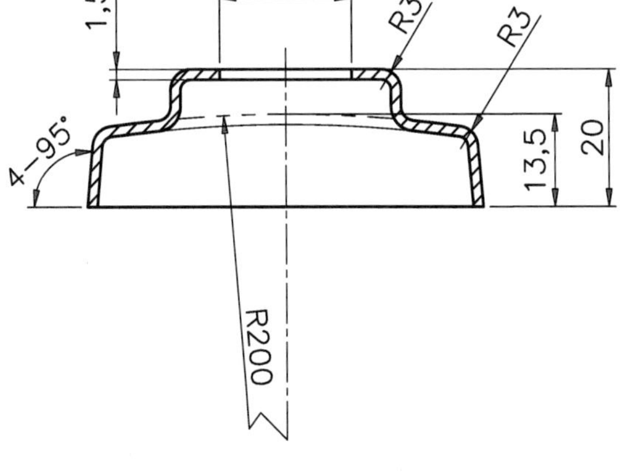

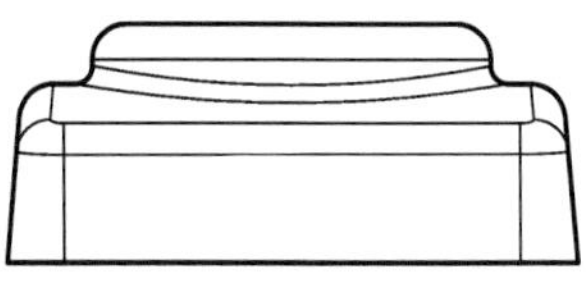

3.6 Cover #6 사출 부품 형상 모델링 연습하기

■ 품명 : Cover #6

*** 주기**

- 도시되고 지시 없는 라운드는 R1 적용.
- 도시되고 지시 없는 모서리는 C1 적용.

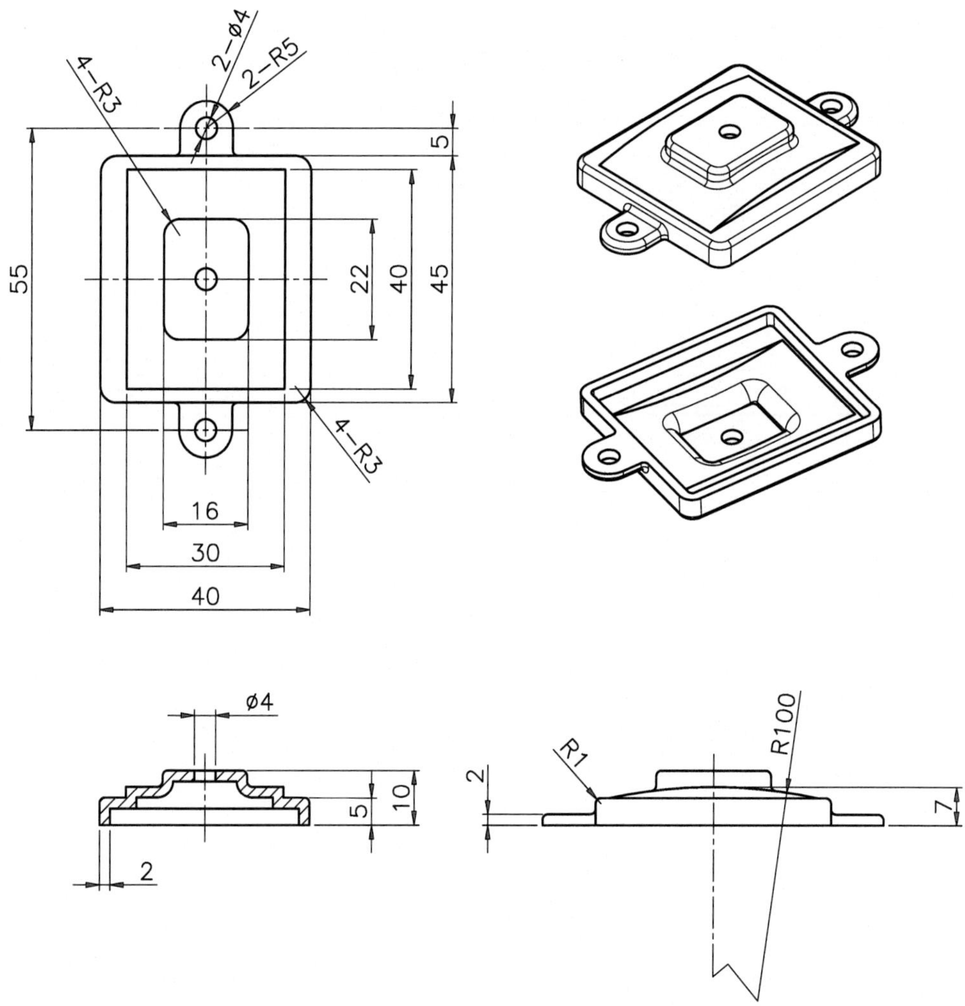

3.7 Cover #7 사출 부품 형상 모델링 연습하기

■ **품명** : Cover #7

*** 주기**

- 도시되고 지시 없는 라운드는 R2 적용.
- 도시되고 지시 없는 모서리는 C1 적용.

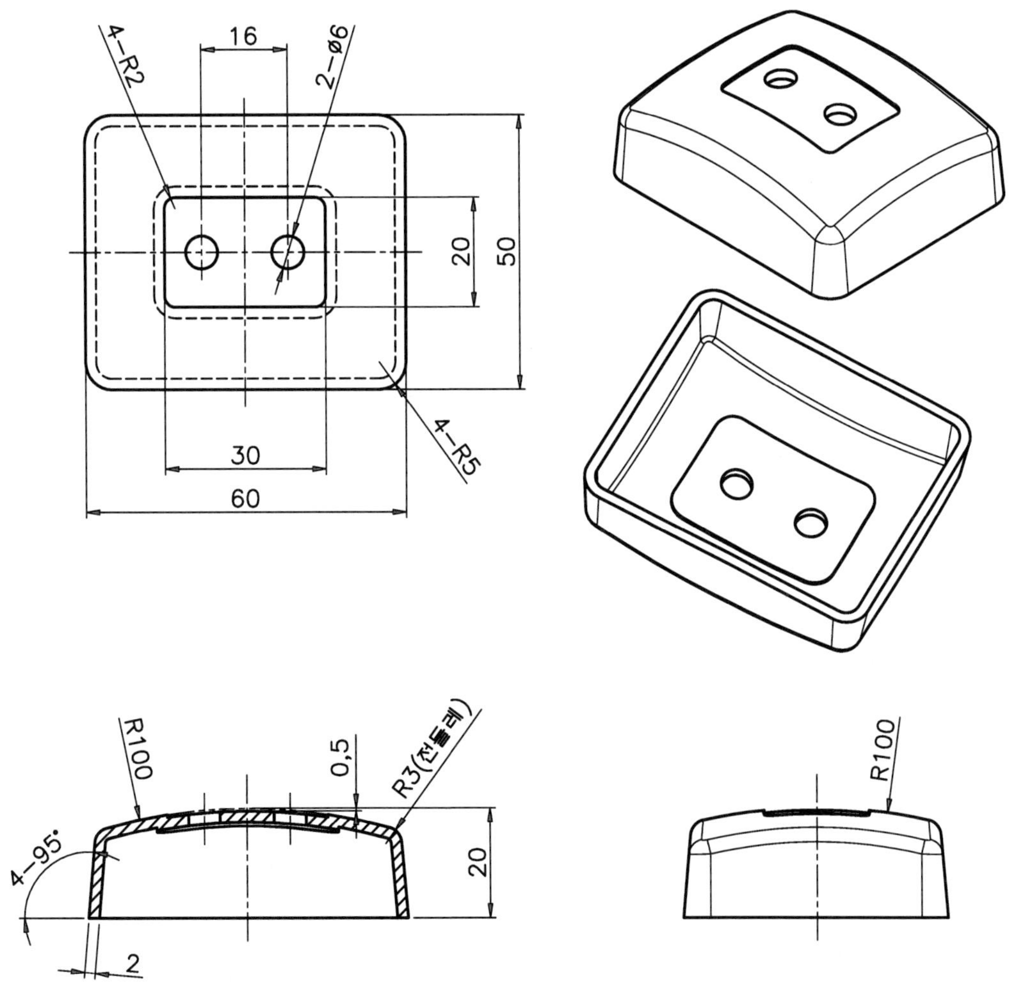

CHAPTER

4

UG NX 12.0 3D CAD 판금 부품 설계

4.1 Holder 판금 부품 형상 모델링 따라하기

■ 품명 : Holder

*** 주기**

- 원재료는 SPCC t3.0 적용할 것.
- 도시되고 지시 없는 라운드는 R3 적용할 것.

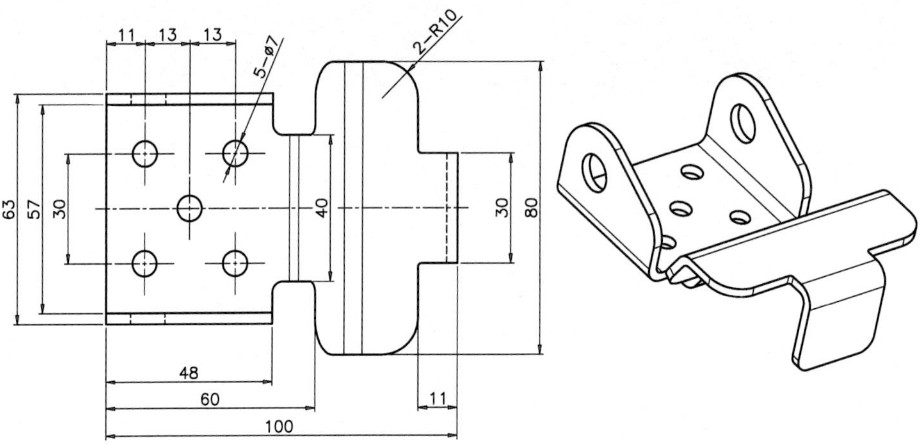

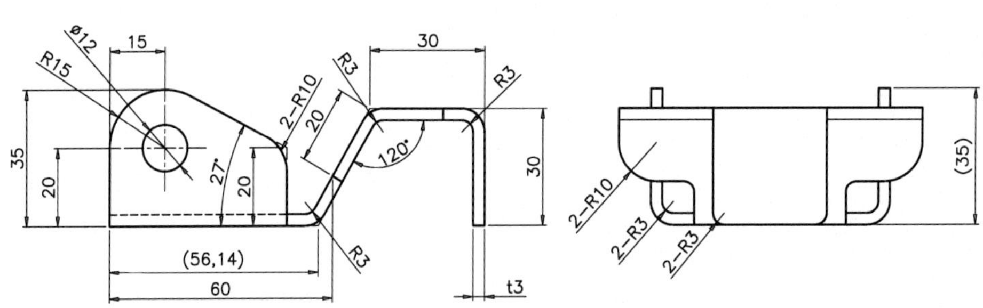

1) 바탕화면에 있는 NX 12.0 아이콘을 더블 클릭해서 실행시킨다.

※ 시작프로그램에서 NX 12.0을 실행할 수 있다.

2) NX 12.0이 실행된 모습

3) 새로운 파일을 생성하기 위해 '새로 만들기' 아이콘을 클릭한다.

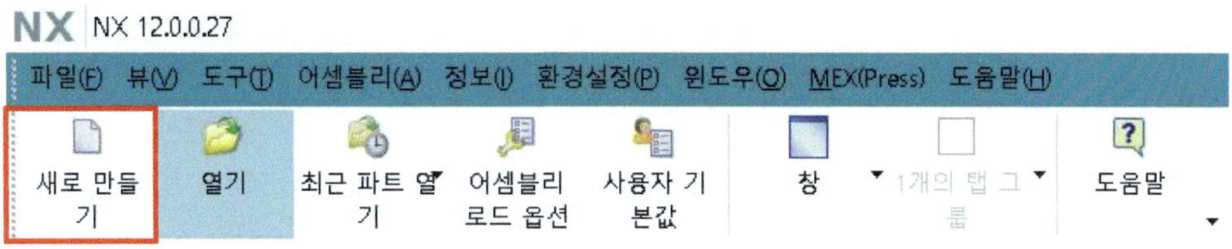

4) 새로 만들기 모델 탭에서 '판금' 선택한 후 생성될 파일 이름과 저장될 경로를 확인한 다음 '확인' 클릭한다.

※ 단위가 밀리미터로 되어있는지 확인한다.

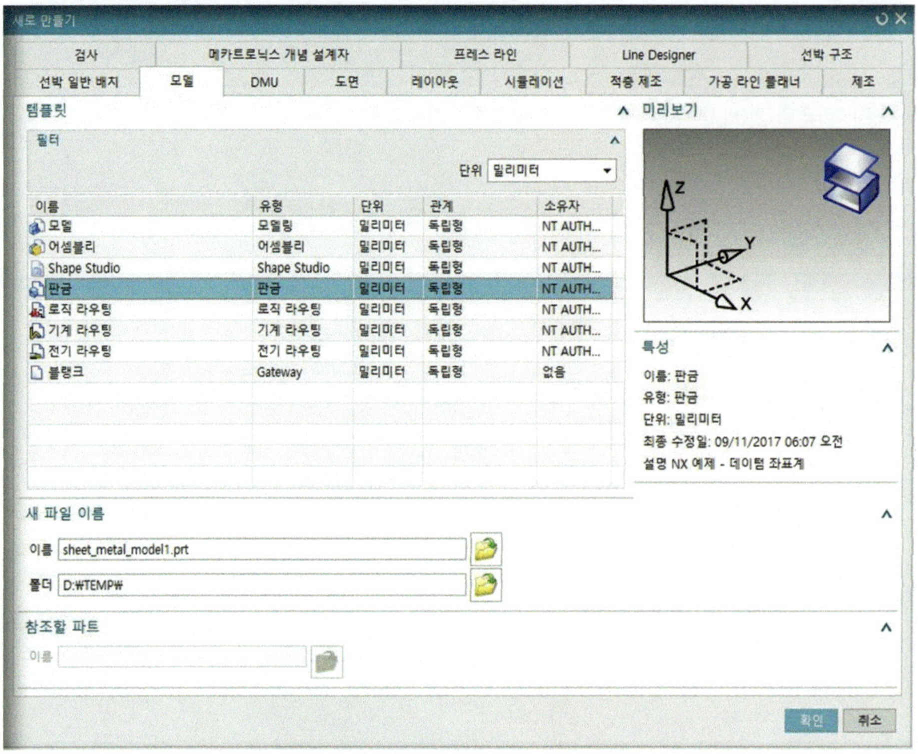

5) 기본 BASE 형상을 만들기 위해 상단에 위치한 클래식 메뉴의 '탭' 아이콘을 선택한다.

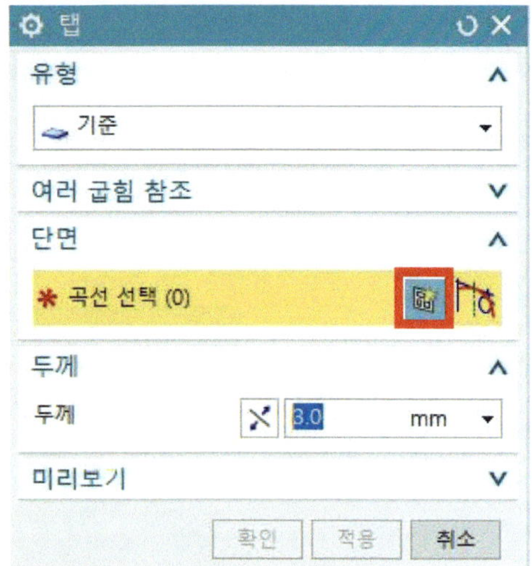

6) '='을 선택하여 두께 값 '3.0' 입력한 후 스케치 아이콘을 클릭하면 X-Y 평면을 자동으로 설정할 수 있다.

7) 아래와 같이 직접스케치 도구바의 선, 직사각형, 급속치수, 지오메트리 구속조건 등의 명령어를 이용하여 사각 형상을 스케치한다.

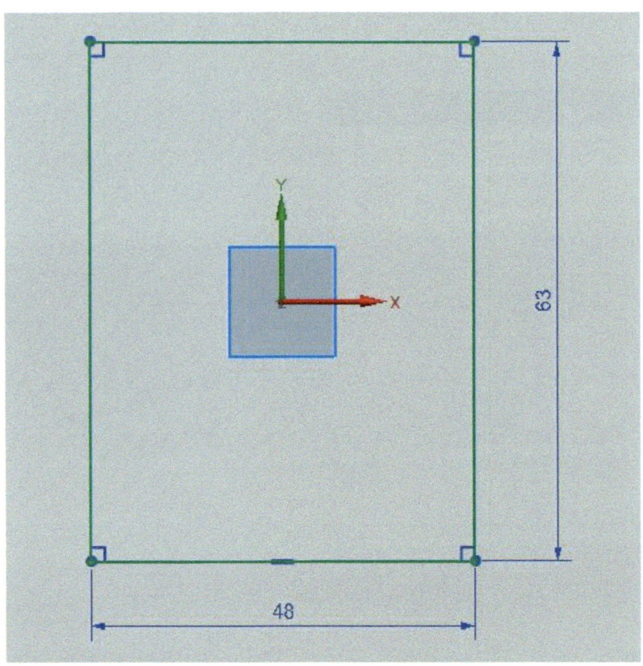

8) '스케치 종료' 아이콘을 선택하여 스케치를 종료한다.

9) '방향 반전' 아이콘을 클릭하여 돌출방향을 하면으로 변경한다.

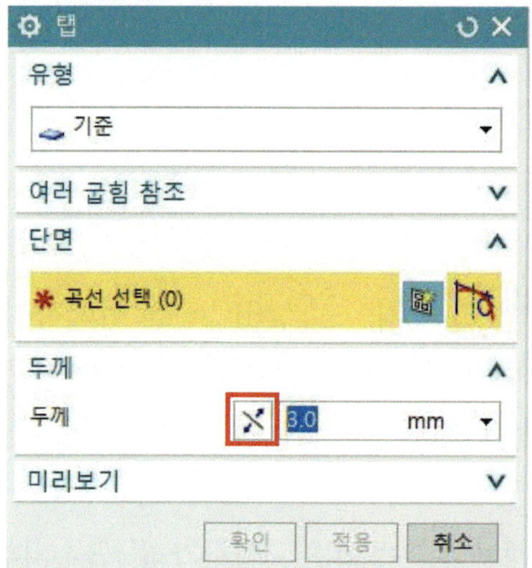

10) 돌출방향과 프레스 원재료 두께 3.0 mm 입력(확인) 후 '확인' 클릭한다.

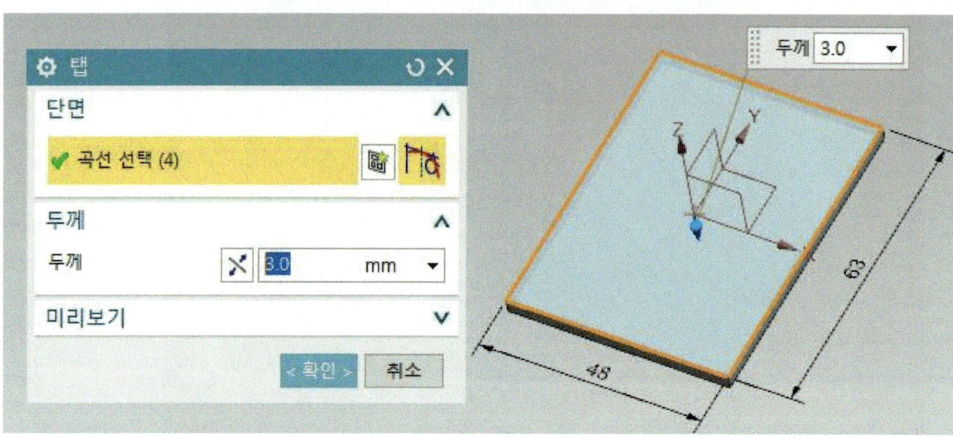

11) 보이는 화면을 등각 투상도로 전환한다. (단축키 → Home)

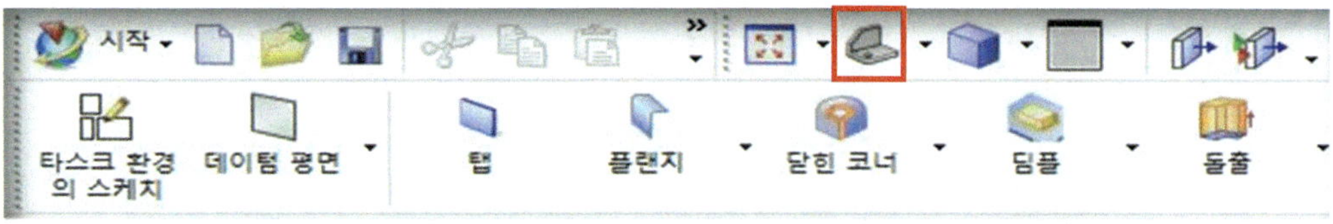

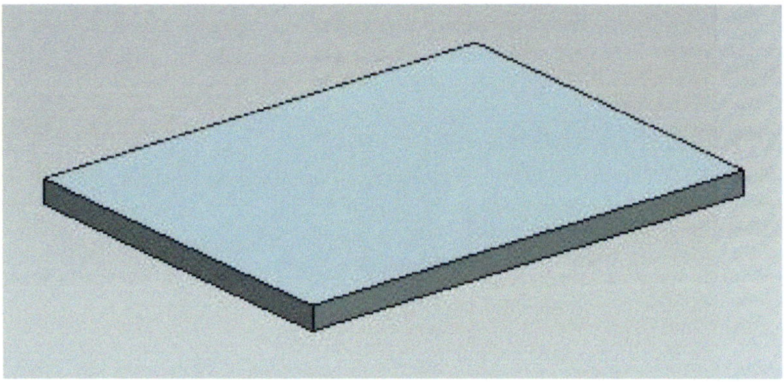

12) L굽힘 형상을 만들기 위해 '플랜지' 아이콘을 클릭한다.

굽힘 길이는 '35', 각도는 '90', 길이참조는 '외부', 인세트는 '재료내부', 굽힘 반경은 '3.0', 중립 계수는 '0.33' 입력한 후 '상측 모서리' 선택한 다음 '적용' 클릭한다.

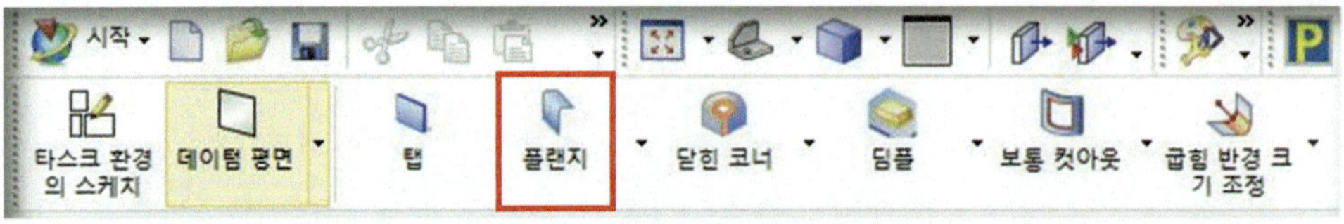

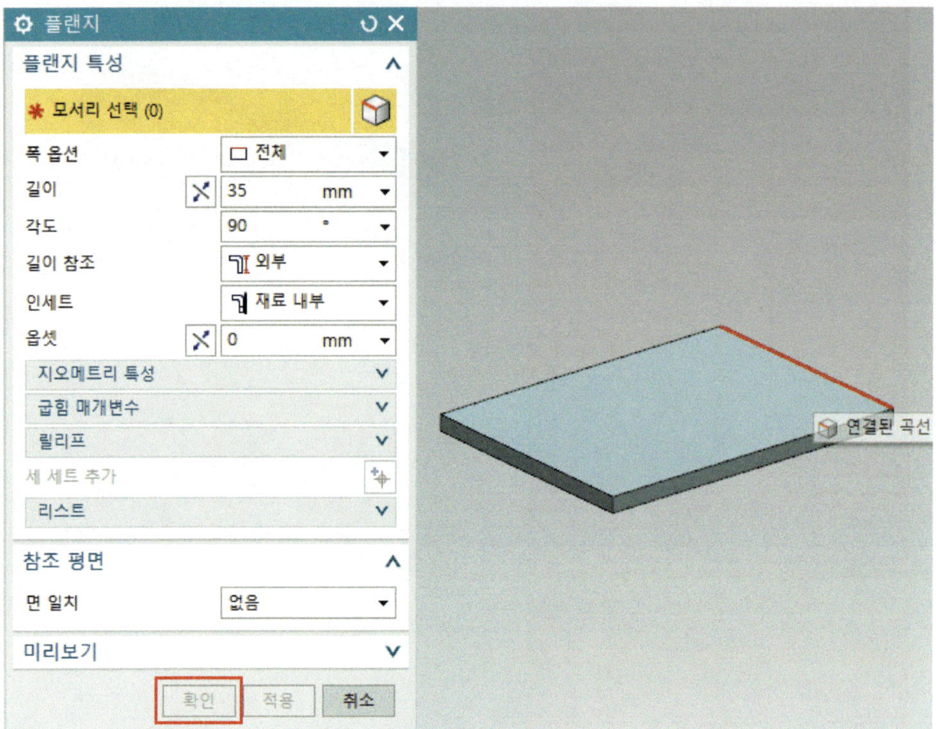

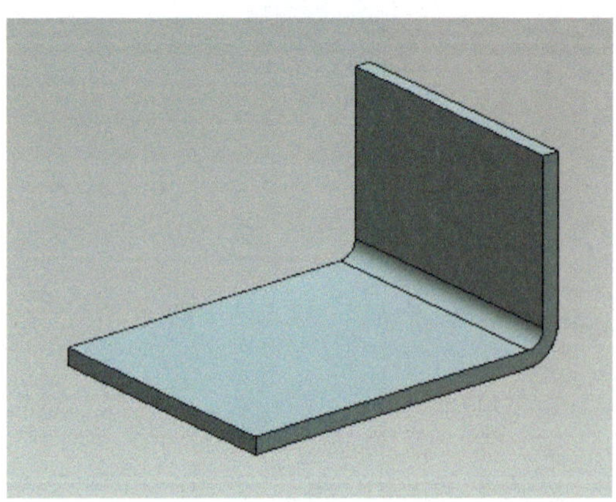

13) 반대편 굽힘 형상도 동일하게 만들어준다.

굽힘 길이, 길이 참조, 굽힘 반경 등 모두 동일하므로 반대편 상측 모서리를 선택한 다음 '확인' 클릭한다.

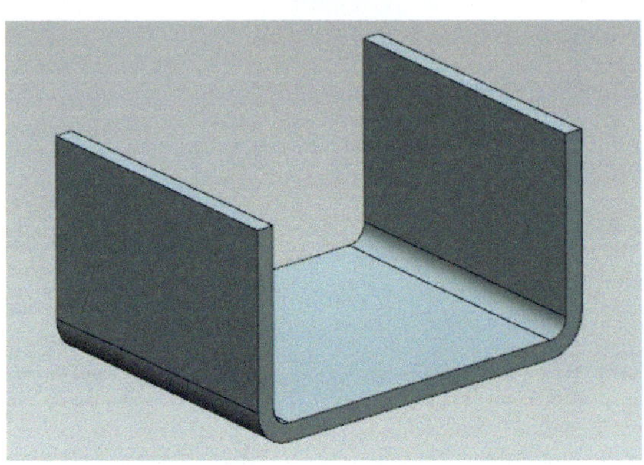

14) 외곽 형상을 만들기 위해 '보통 컷아웃' 아이콘을 클릭한다.
(보통 컷아웃 아이콘이 보이지 않을 경우 돌출아이콘 옆의 역삼각형을 클릭한다)

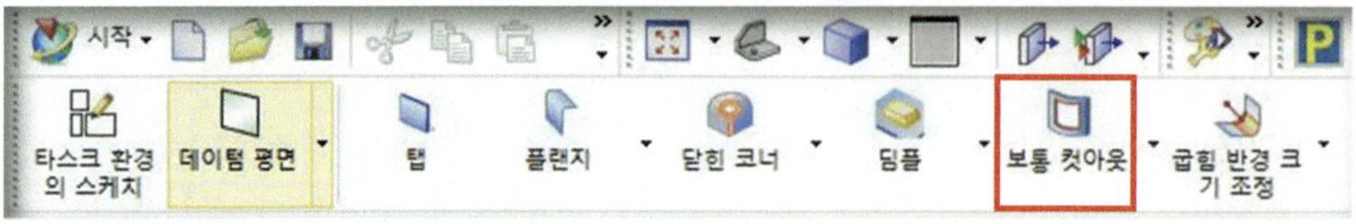

15) 외곽 형상을 만들어주기 위해 아래와 같이 스케치할 평면을 선택하면 X-Y 평면이 자동으로 설정되어 스케치를 바로 진행할 수 있다.

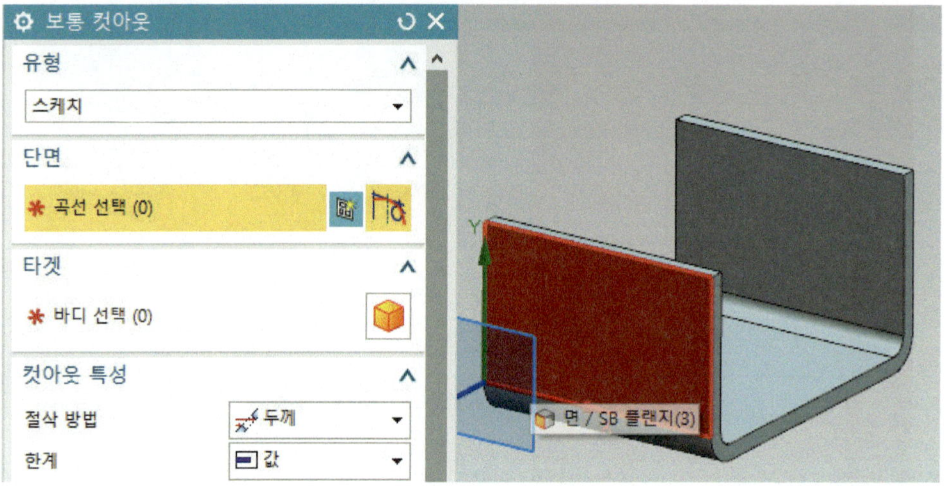

16) 아래와 같이 직접스케치 도구바의 선, 원, 급속치수, 지오메트리 구속조건 등의 명령어를 이용하여 외곽 형상을 스케치한 다음 '스케치 종료' 클릭한다.

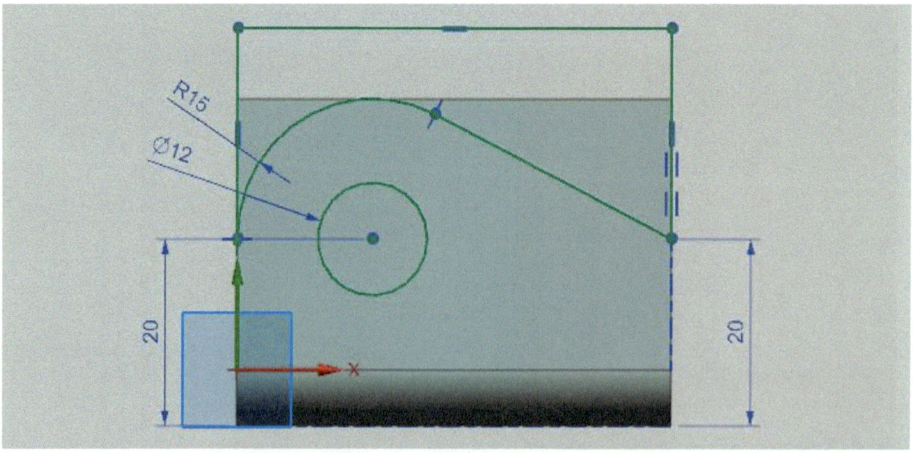

17) 컷아웃 특성의 한계에서 '끝부분까지' 선택한 후 '확인' 클릭한다.

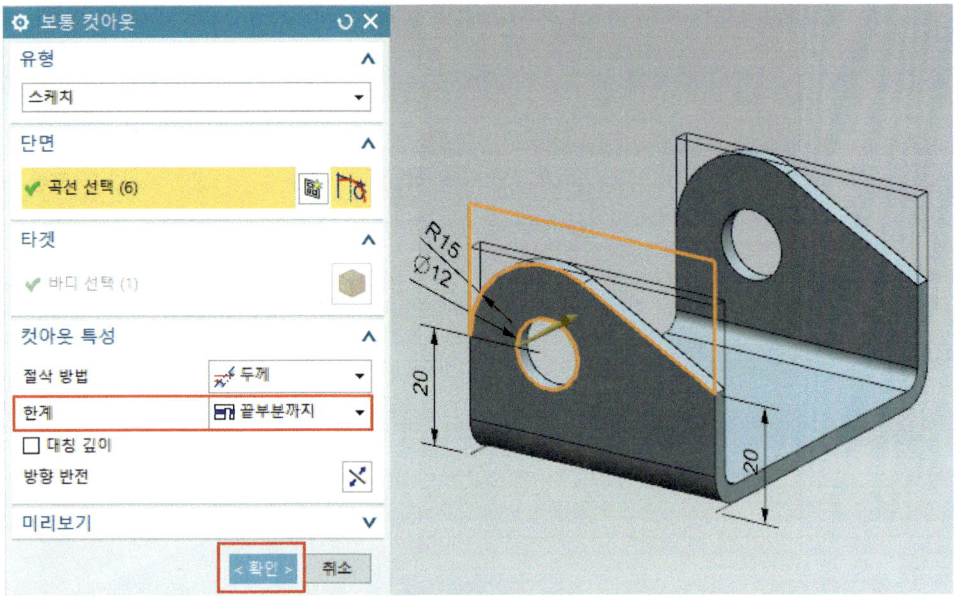

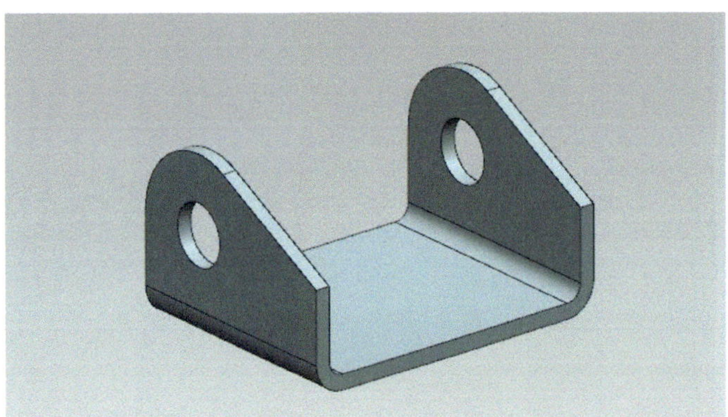

18) 홀 형상 5개소를 만들어주기 위해 '보통 컷아웃' 아이콘을 클릭한다.
(보통 컷아웃 아이콘이 보이지 않을 경우 돌출아이콘 옆의 역삼각형을 클릭한다)

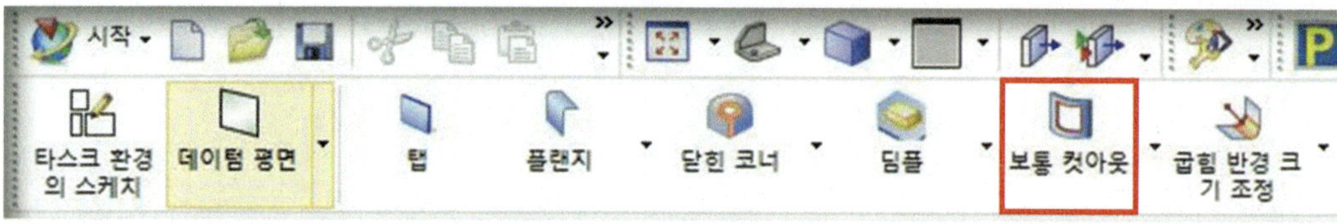

19) 홀 형상을 만들어주기 위해 아래와 같이 스케치할 평면을 선택하면 X-Y 평면이 자동으로 설정되어 스케치를 바로 진행할 수 있다.

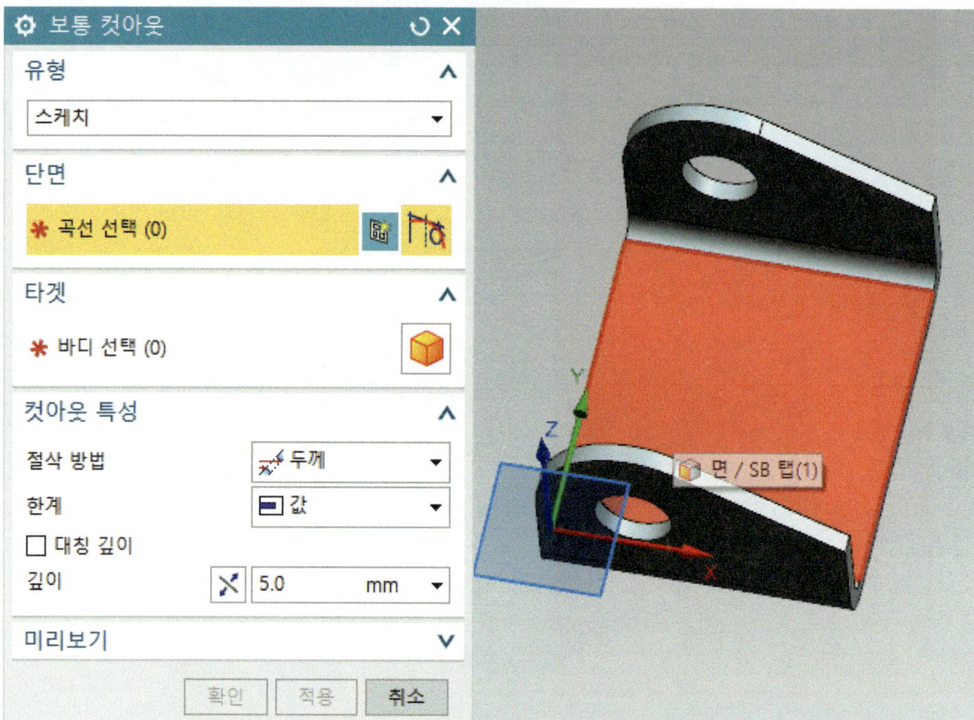

20) 아래와 같이 직접스케치 도구바의 원, 대칭, 급속치수, 지오메트리 구속조건 등의 명령어를 이용하여 형상을 스케치한 다음 '스케치 종료' 클릭한다.

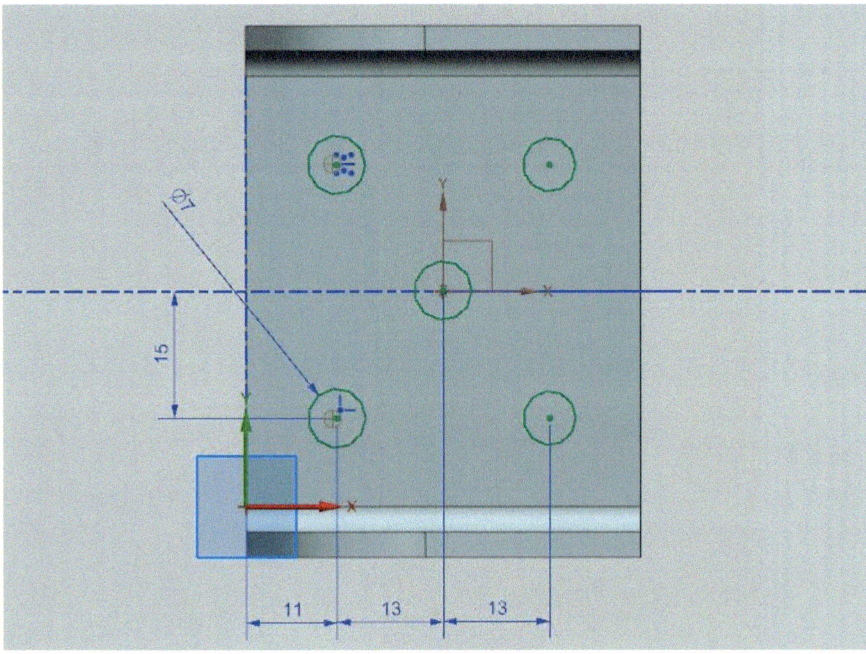

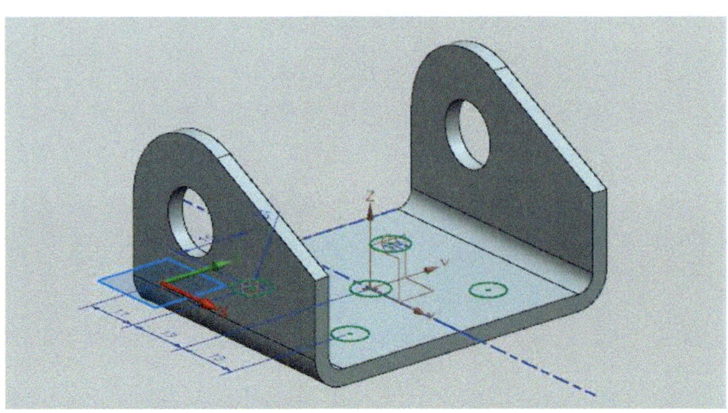

21) 컷아웃 특성의 한계에서 '끝부분까지' 선택한 후 '확인' 클릭한다.

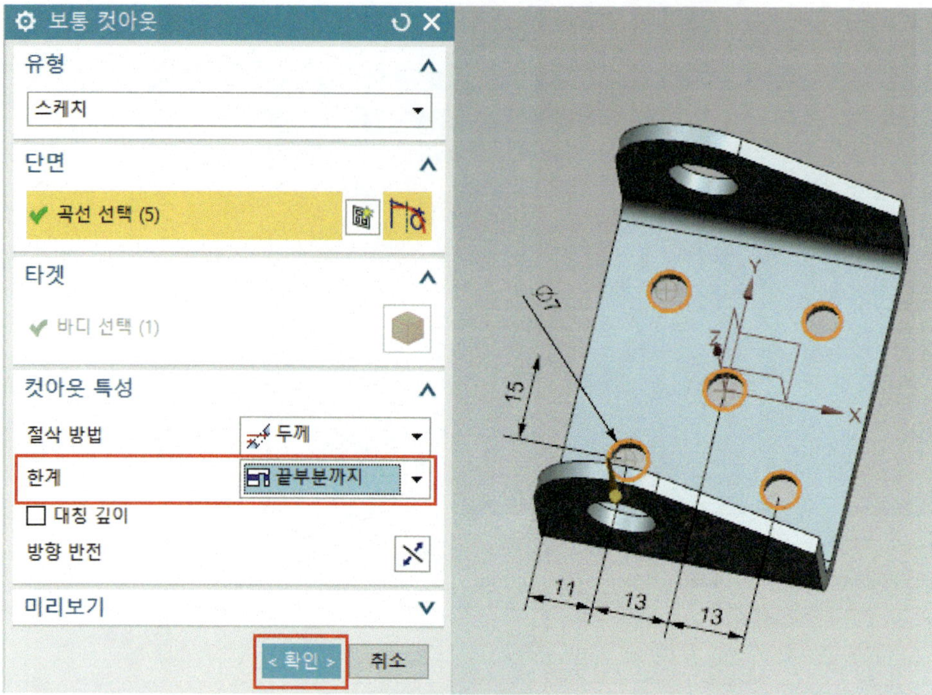

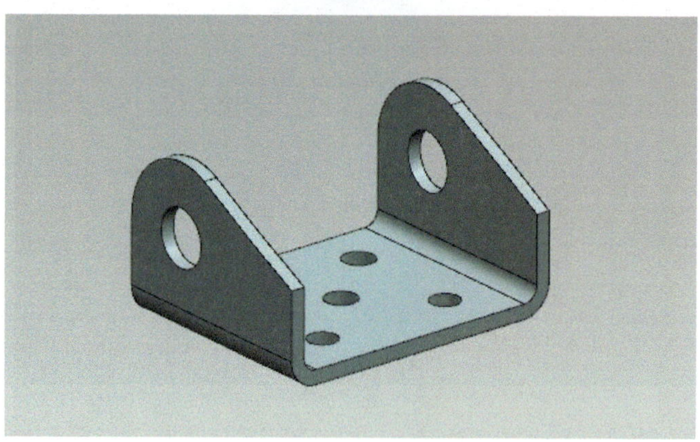

22) 나머지 굽힘 형상을 만들어주기 위해 '스케치 아이콘' 클릭한 후 데이텀 좌표계의 'X-Z 평면' 선택한 다음 '확인' 클릭하면 스케치를 바로 진행할 수 있다.

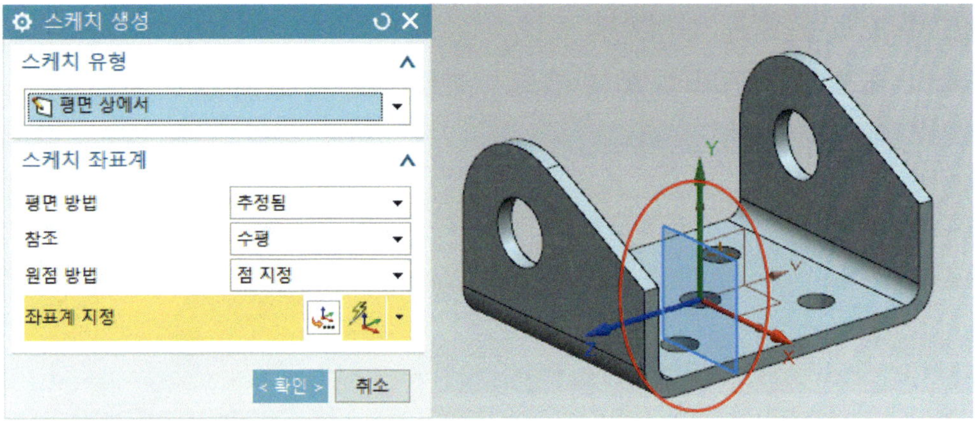

23) 아래와 같이 직접스케치 도구바의 원, 선, 급속치수, 지오메트리 구속조건 등의 명령어를 이용하여 굽힘 형상을 스케치한 후 '스케치 종료' 클릭한다.

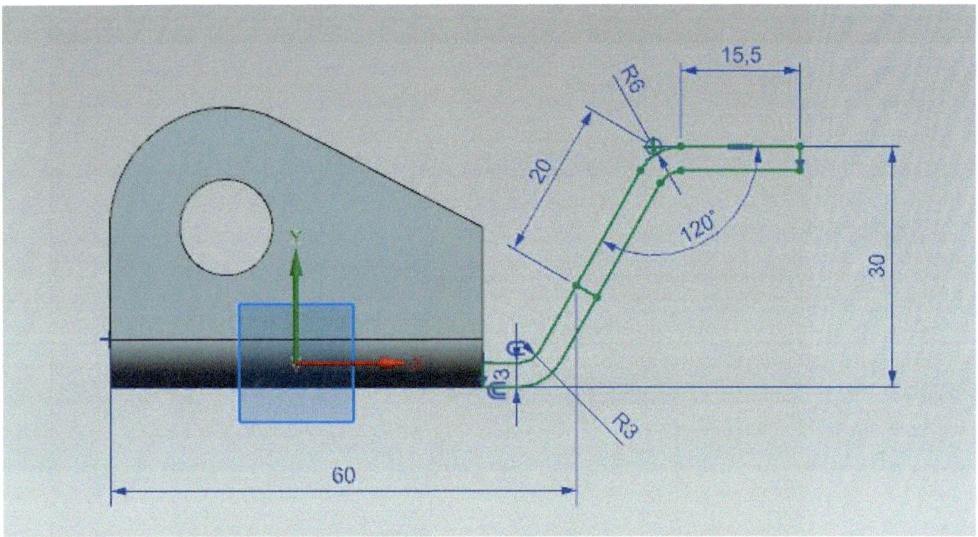

24) 굽힘 형상을 돌출해주기 위해 '돌출 아이콘' 클릭하고 선택조건으로 '영역 경계 곡선' 선택한 후 스케치한 부분 중 먼저 돌출할 부분을 선택한 다음 아래와 같이 정의한 후 '적용' 클릭한다.

- 끝 : 대칭 값 / 거리 : 20 / 부울 : 결합

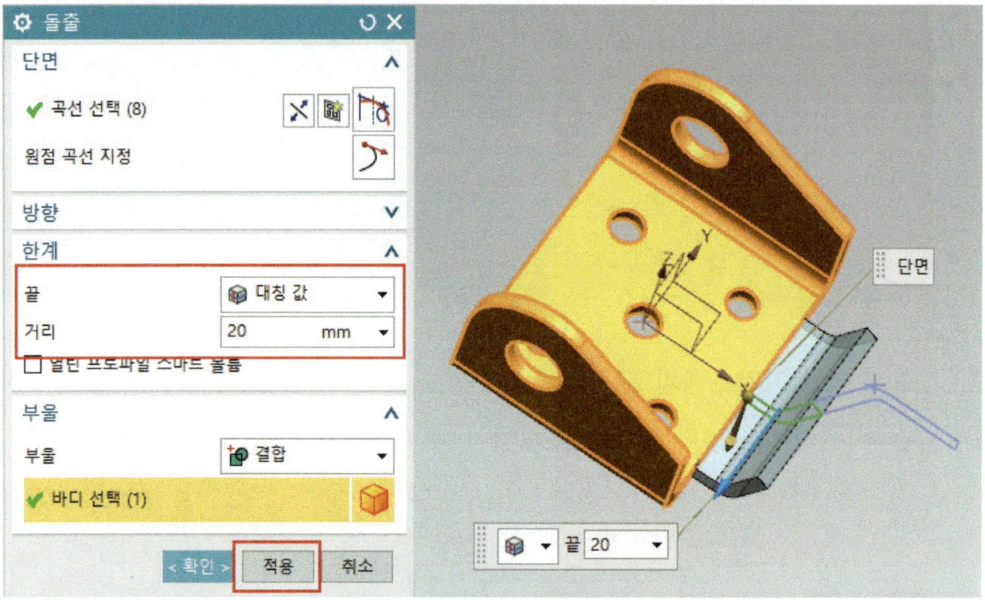

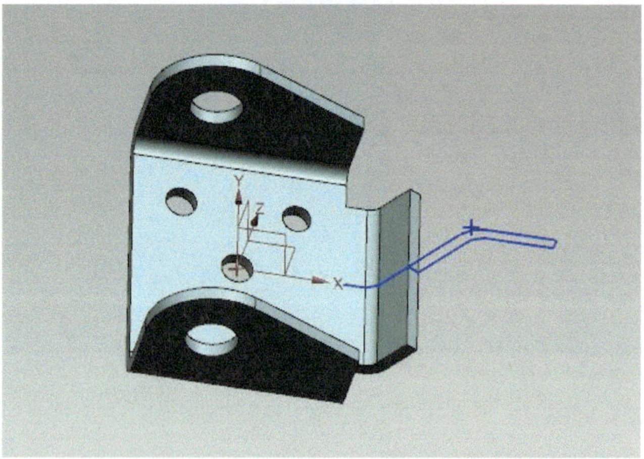

25) 나머지 굽힘 형상도 돌출해주기 위해 스케치한 부분 중 나머지 부분의 면을 '영역 경계 곡선'으로 선택한 다음 아래와 같이 정의한 후 '확인' 클릭한다.

- 끝 : 대칭 값 / 거리 : 40 / 부울 : 결합

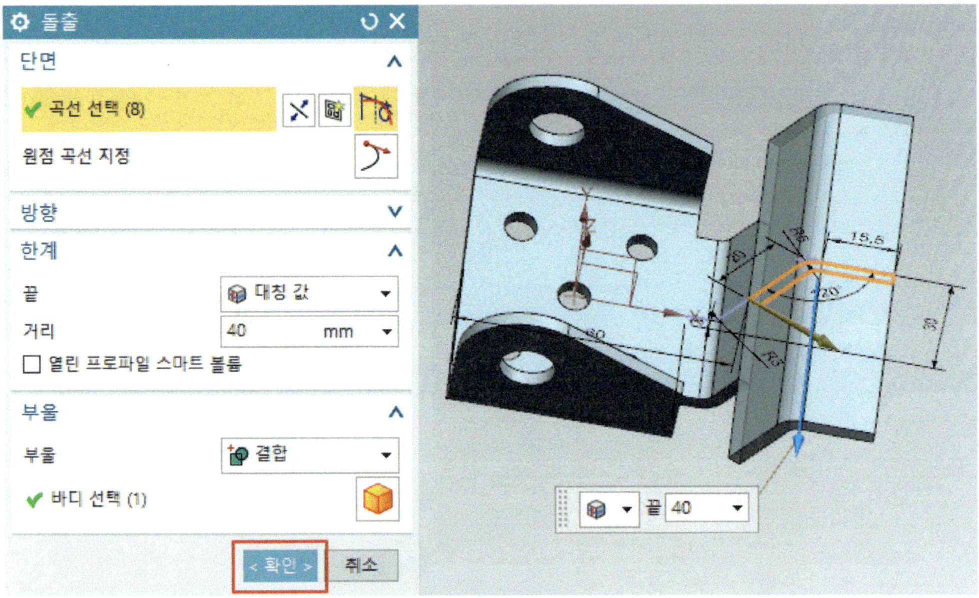

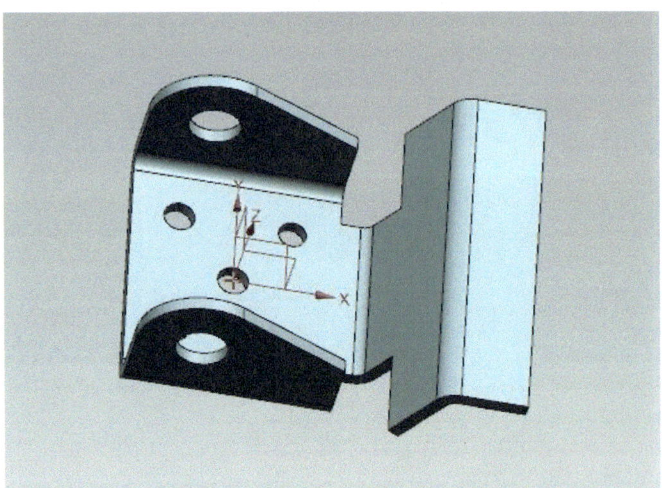

26) 우측에 위치한 L굽힘 형상을 만들어주기 위해 플랜지 아이콘 클릭한다. 폭 옵션은 '중심에서', 폭은 '30', 길이는 '30', 각도는 '90', 길이 참조는 '외부', 인세트는 '바깥쪽 굽히기', 옵셋 '5', 굽힘 반경은 '3.0', 중립 계수는 '0.33' 입력한 후 '하측 모서리' 선택한 다음 '확인' 클릭한다.

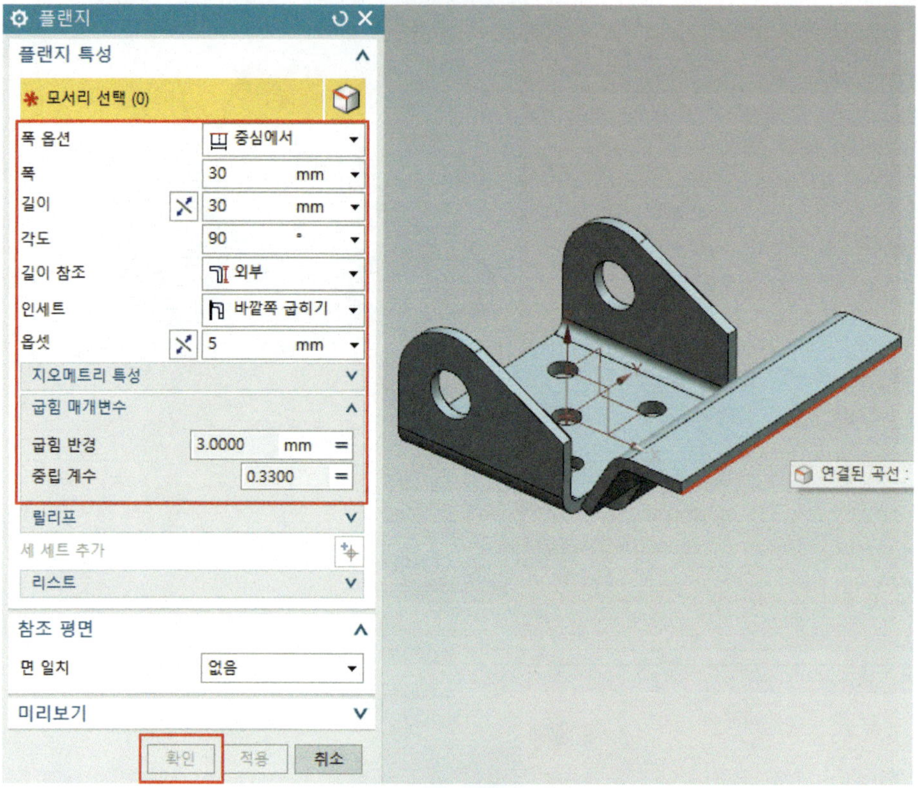

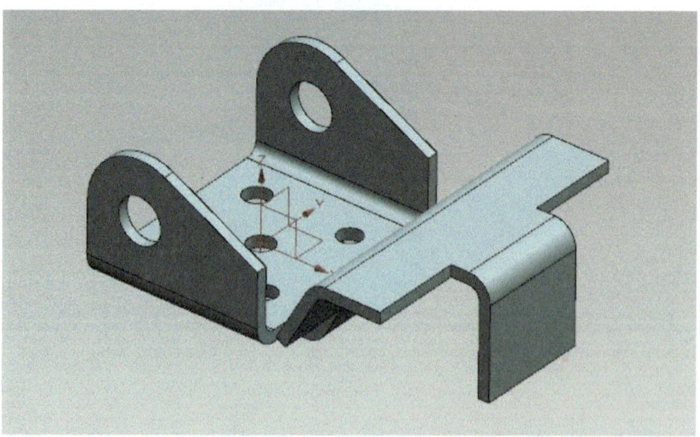

27) 굽힘 형상의 모서리에 R10, R3을 적용하기 위해 '분할 코너' 아이콘 클릭한다.
(분할 코너 아이콘이 보이지 않을 경우 닫힌 코너 아이콘 옆의 역삼각형을 클릭한다)

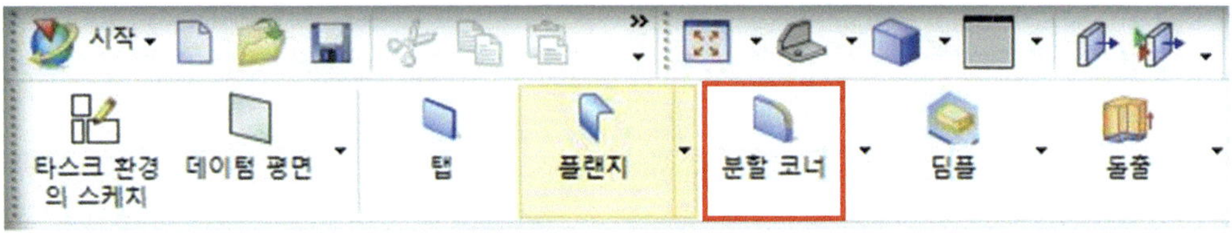

* 반경 값 '10' 입력한 후 아래와 같이 모서리 6개소를 클릭한 다음 '적용' 클릭한다.

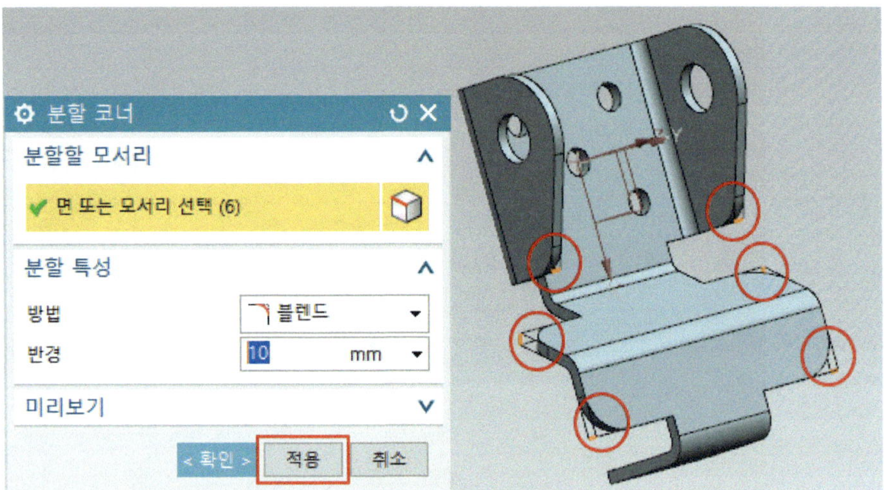

* 반경 값 '3' 입력한 후 아래와 같이 모서리 6개소를 클릭한 다음 '확인' 클릭한다.

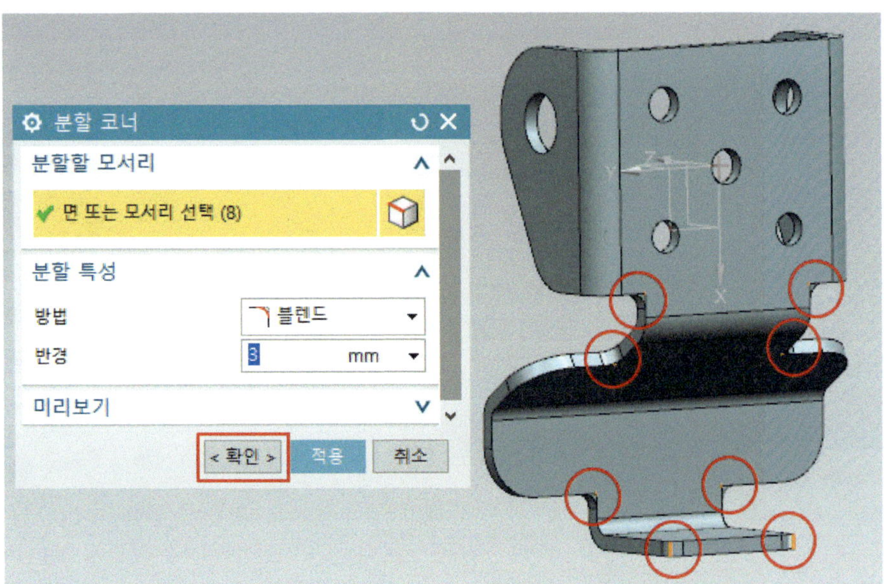

28) 최종 완성된 Holder 판금 형상 모델링

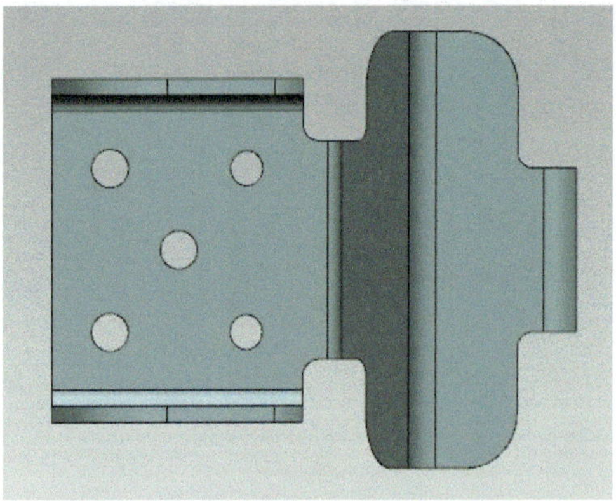

평면도

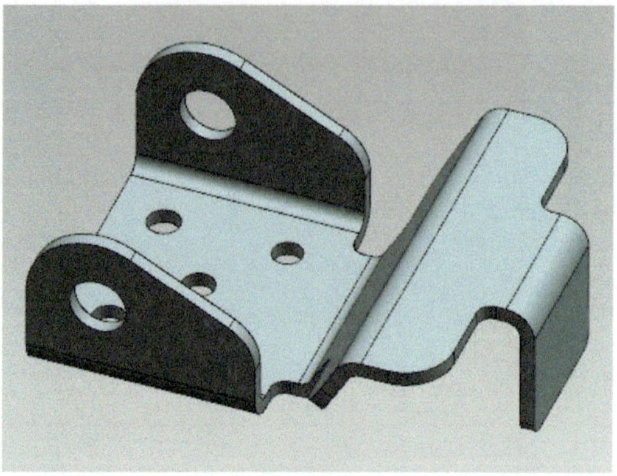

등각도

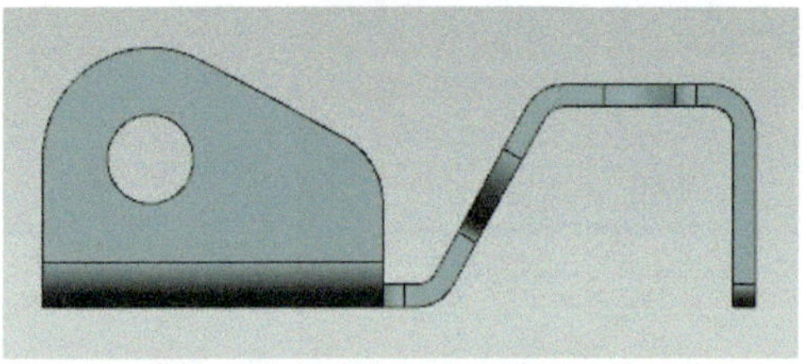

정면도

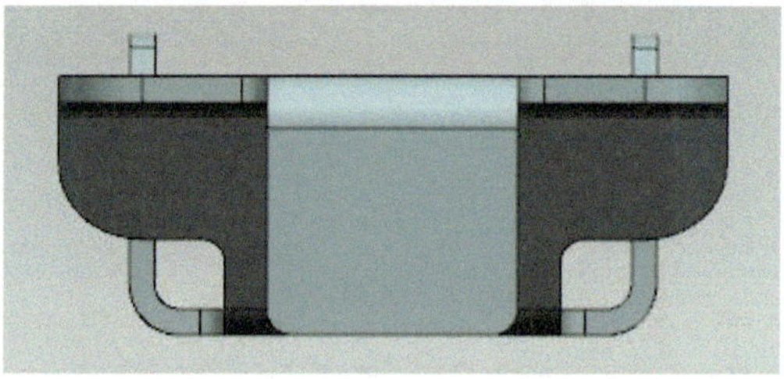

우측면도

4.2 Frame 판금 부품 형상 모델링 따라하기

■ **품명** : Frame

*** 주기**

- 원재료는 SPCC t1.5 적용할 것.
- 도시되고 지시 없는 라운드는 R1 적용할 것.

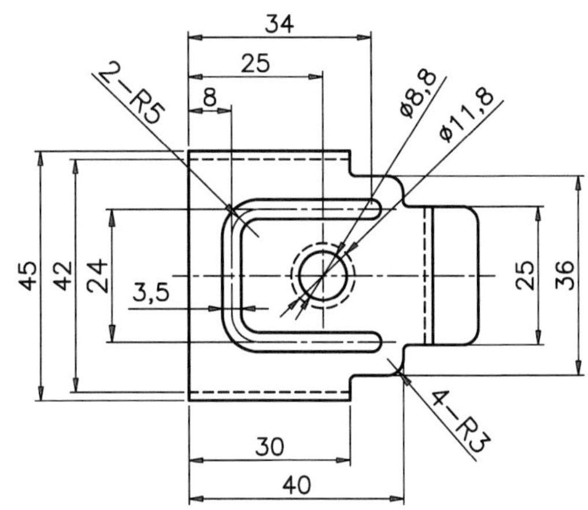

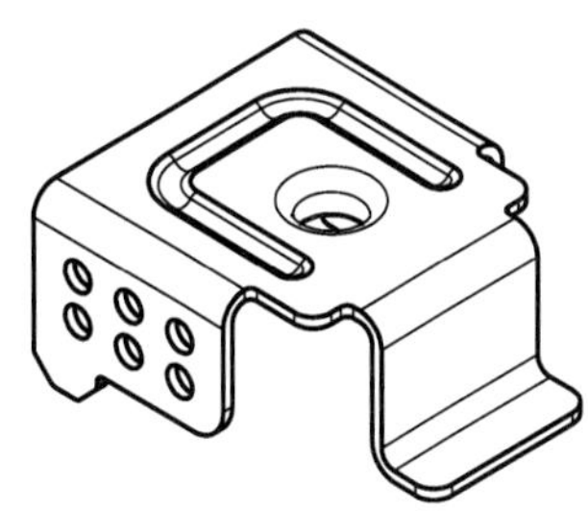

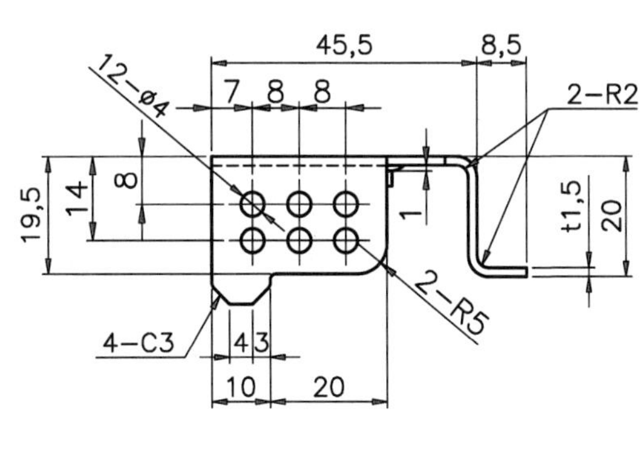

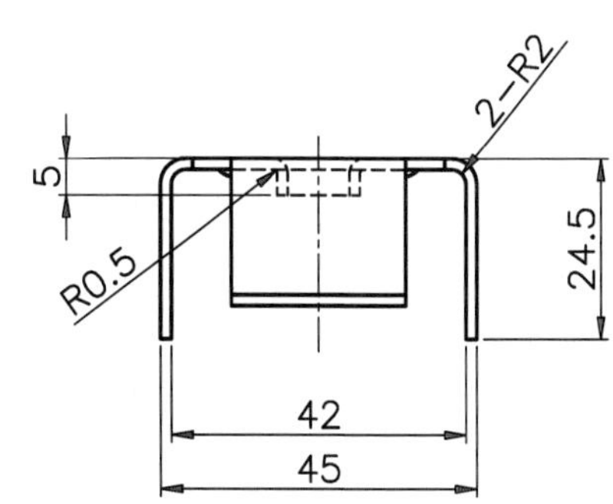

1) 바탕화면에 있는 NX 12.0 아이콘을 더블 클릭해서 실행시킨다.

※ 시작프로그램에서 NX 12.0을 실행할 수 있다.

2) NX 12.0이 실행된 모습

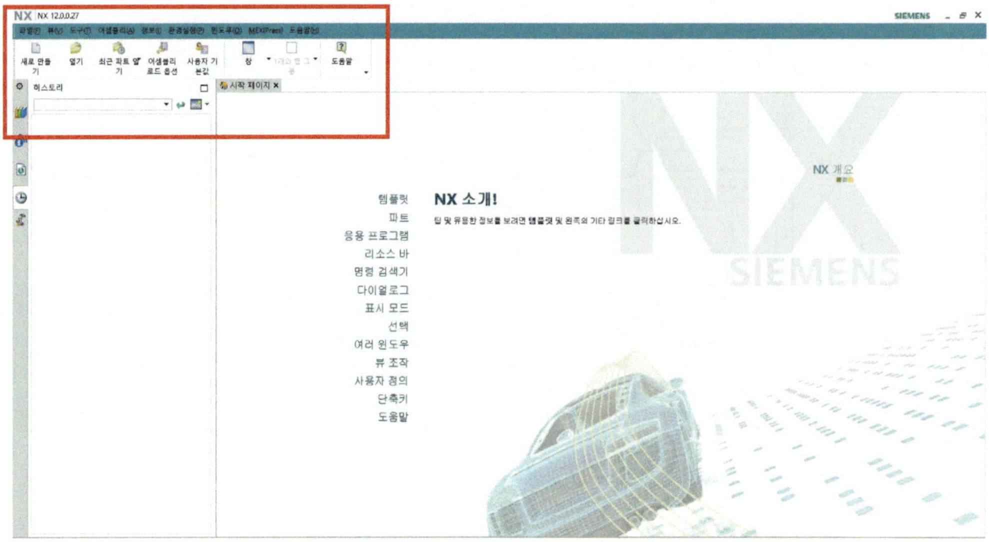

3) 새로운 파일을 생성하기 위해 '새로 만들기' 아이콘을 클릭한다.

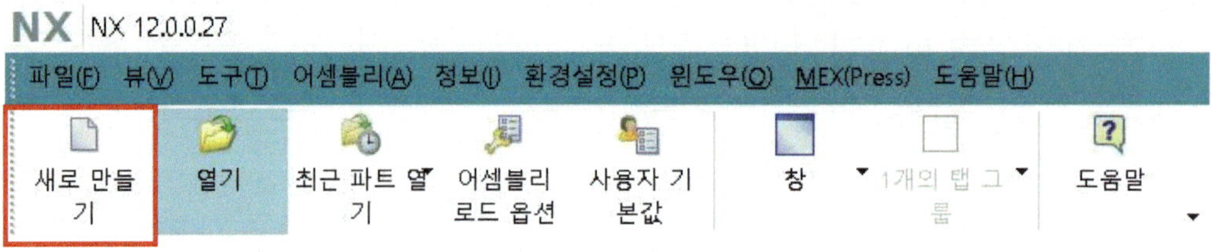

4) 새로 만들기 모델 탭에서 '**판금**' 선택한 후 생성될 파일 이름과 저장될 경로를 확인한 다음 '**확인**' 클릭한다.

※ 단위가 밀리미터로 되어있는지 확인한다.

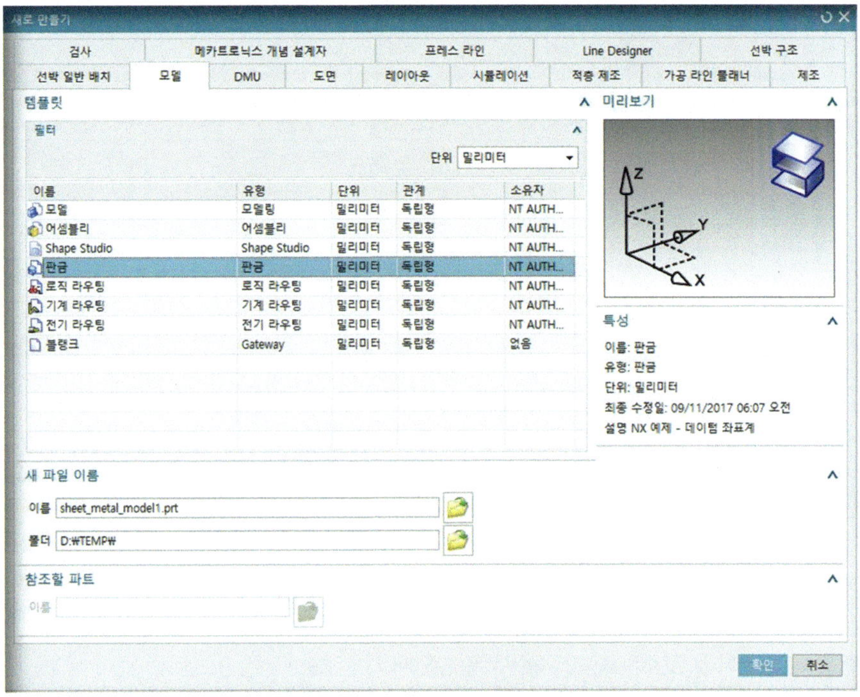

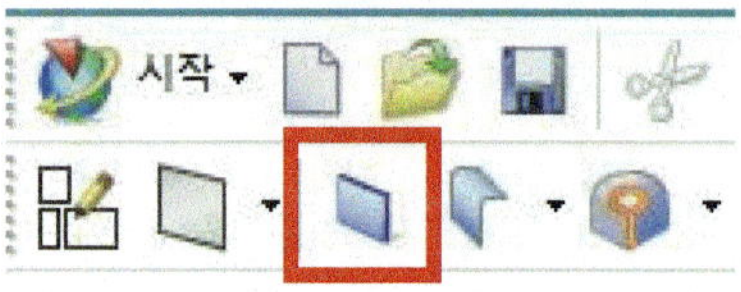

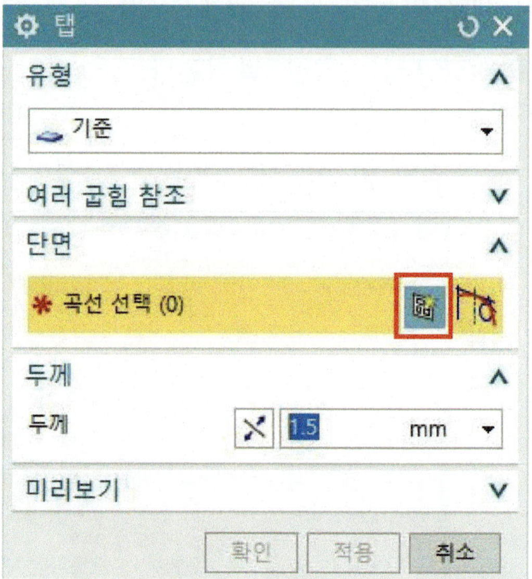

5) 기본 BASE 형상을 만들기 위해 상단에 위치한 클래식 메뉴의 '탭' 아이콘을 선택한다.

6) '≡'를 선택하여 두께 값 '1.5' 입력한 후 스케치 아이콘을 클릭하면 X-Y 평면을 자동으로 설정할 수 있다.

7) 아래와 같이 직접스케치 도구바의 선, 직사각형, 급속치수, 지오메트리 구속조건 등의 명령어를 이용하여 사각 형상을 스케치한다.

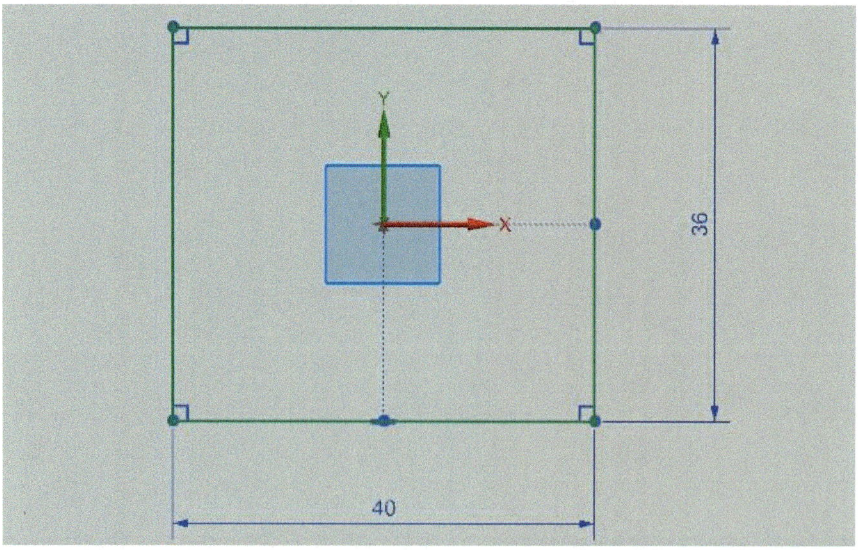

8) '스케치 종료' 아이콘을 선택하여 스케치를 종료한다.

9) '방향 반전' 아이콘을 클릭하여 돌출방향을 하면으로 변경한다.

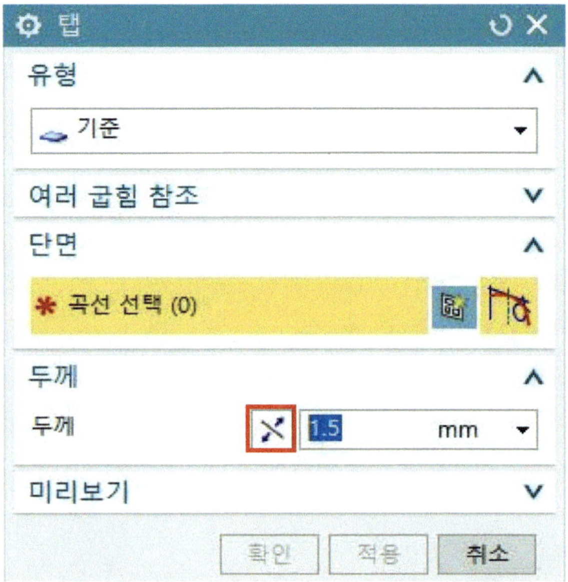

10) 돌출방향과 프레스 원재료 두께 '1.5mm' 확인한 후 '확인' 클릭한다.

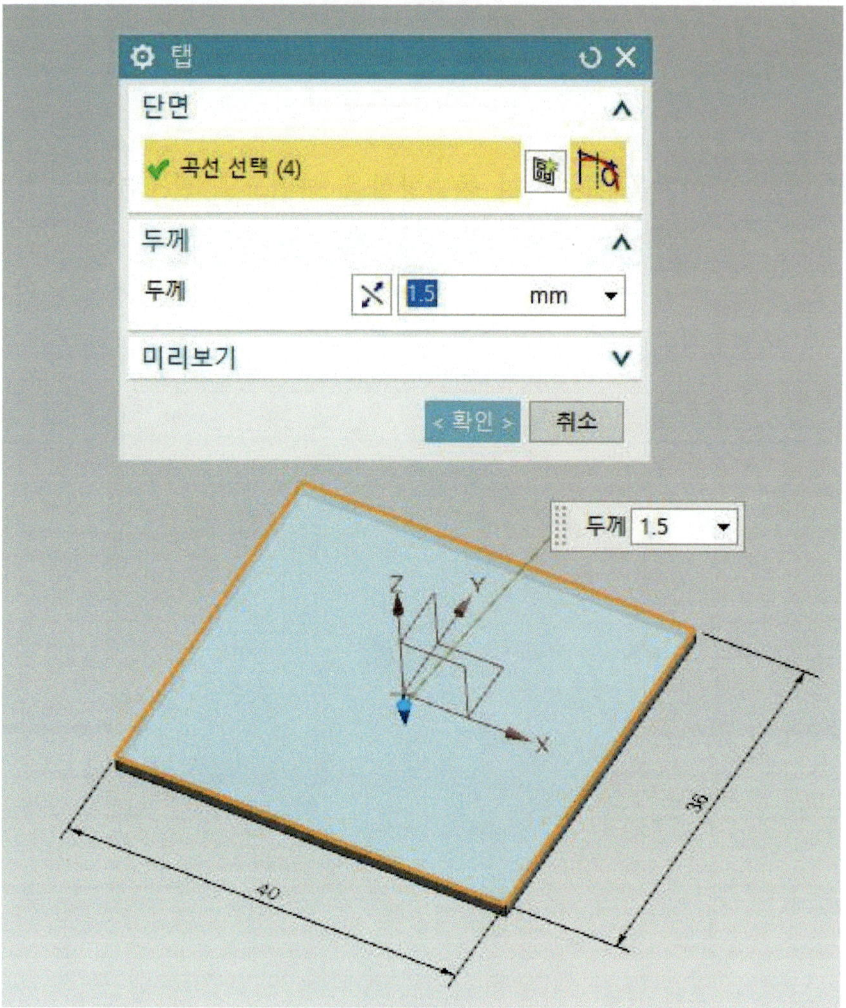

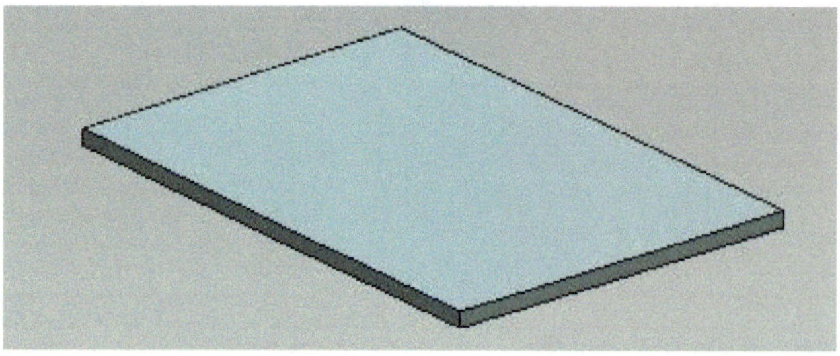

11) 굽힘 형상을 만들어주기 위해 '플랜지' 아이콘을 클릭한다.
폭 옵션은 '끝에서' 선택한 후 *모서리 선택은 아래 이미지와 같이 '하측 모서리' 선택하고 *점 지정은 하측 모서리의 '끝점' 클릭한다.

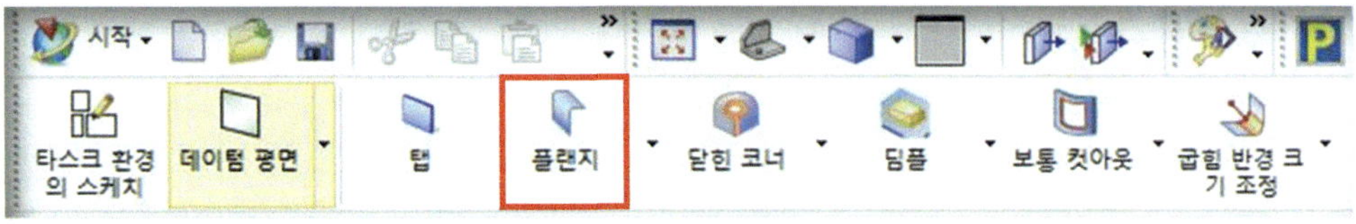

* 굽힘 면의 '하측 모서리' 클릭한다.

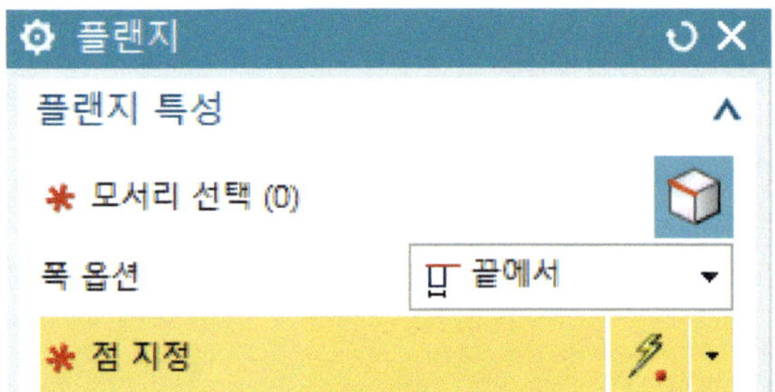

* 하측 모서리의 '끝점' 클릭한다.

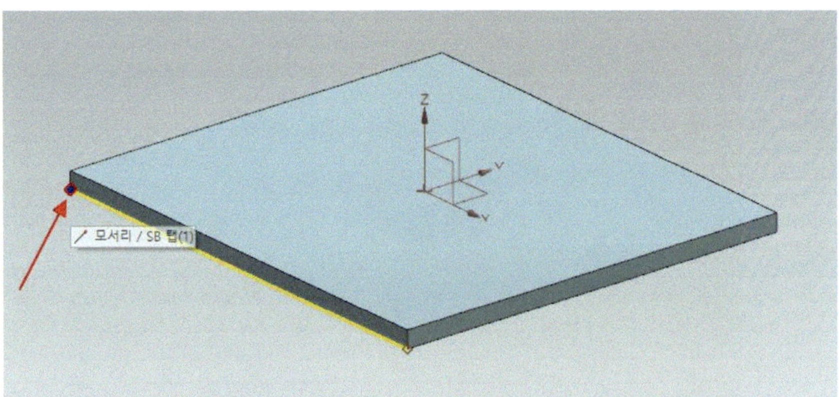

12) 나머지 굽힘 관련 옵션을 입력한다.

폭은 '30', 길이는 '19.5', 각도는 '90', 길이 참조는 '외부', 인세트는 '바깥쪽 굽히기', 옵셋은 '1', 굽힘 반경은 '2', 중립 계수는 '0.33' 입력한 후 다음 '적용' 클릭한다.

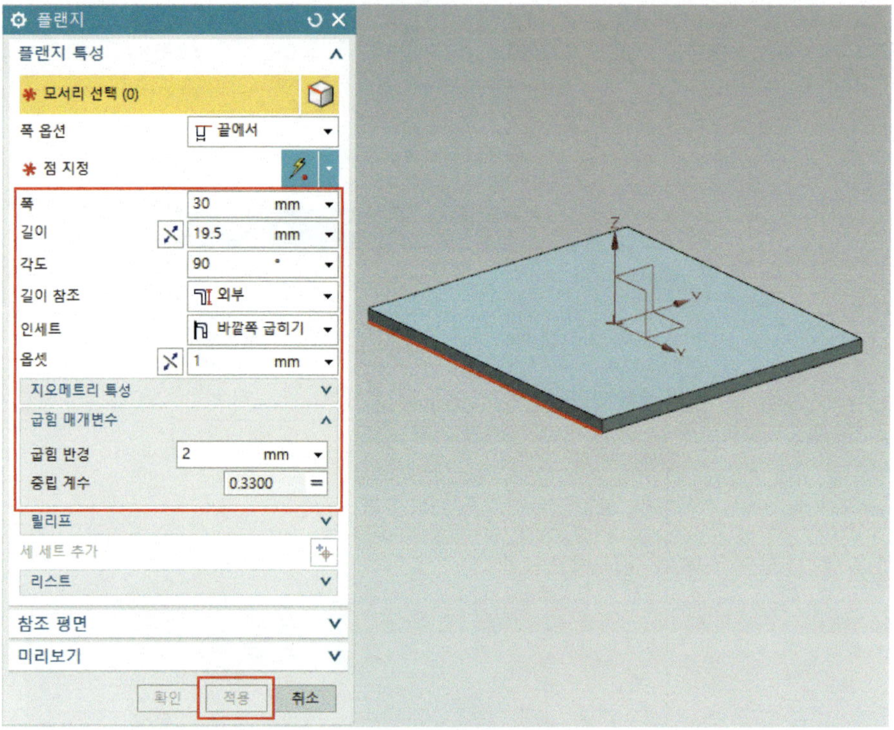

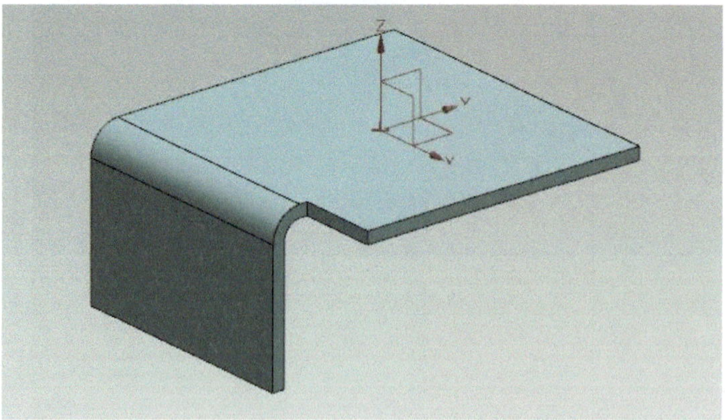

13) 굽힘 부위에 형상을 추가하기 위해 '탭' 선택한다.
스케치할 면을 선택하면 X-Y 평면이 자동으로 설정되어 바로 스케치를 진행할 수 있다.

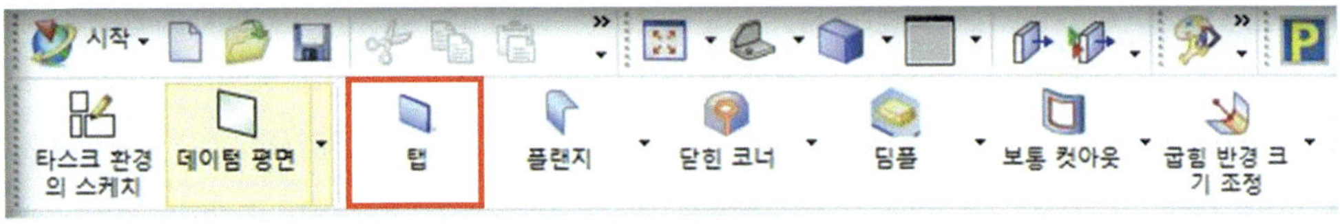

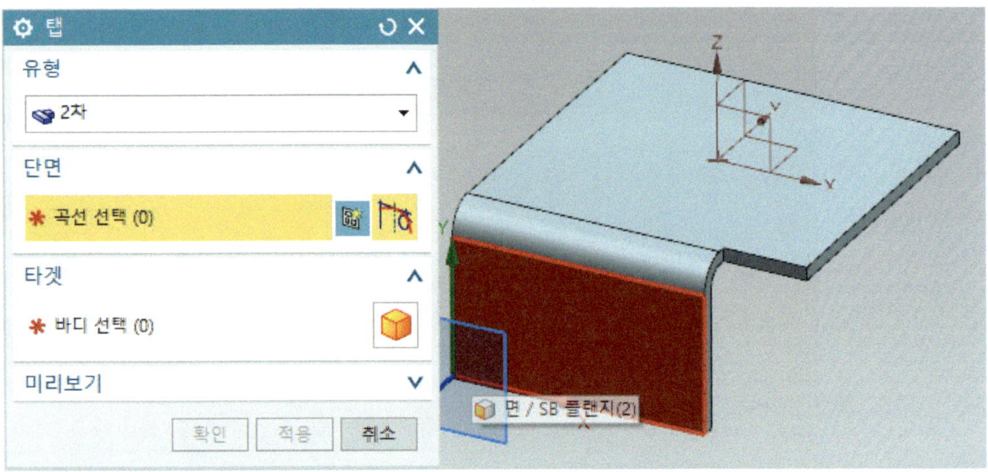

14) 아래와 같이 직접스케치 도구바의 선, 직사각형, 급속치수, 지오메트리 구속조건 등의 명령어를 이용하여 사각 형상을 스케치한 다음 '스케치 종료' 클릭한다.

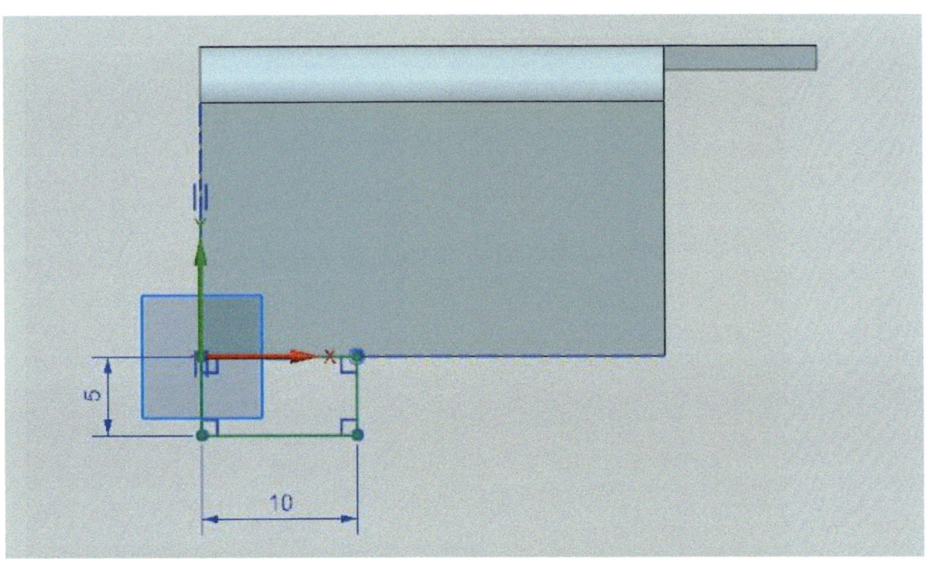

15) 형상 및 돌출방향을 확인한 후 '**확인**' 클릭한다.

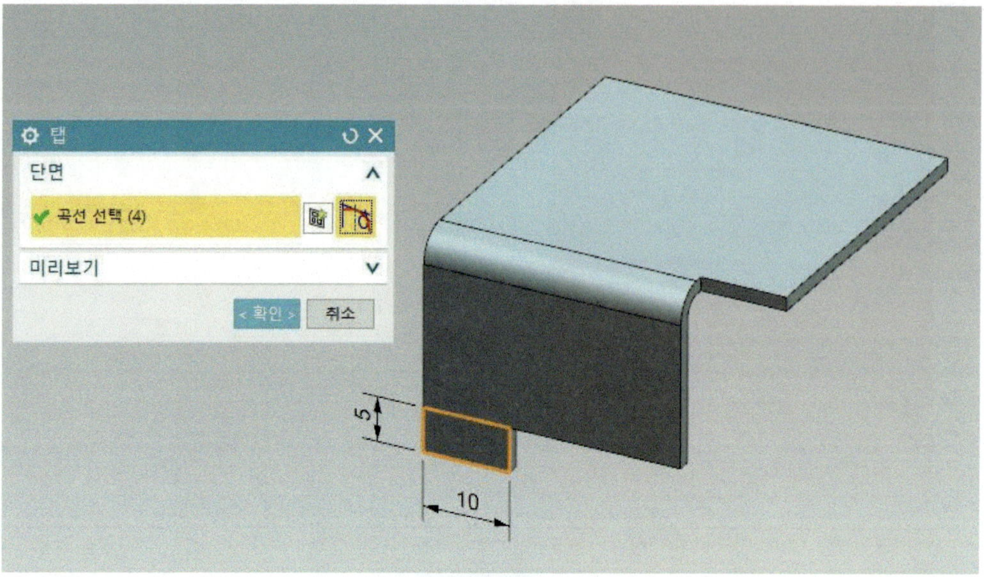

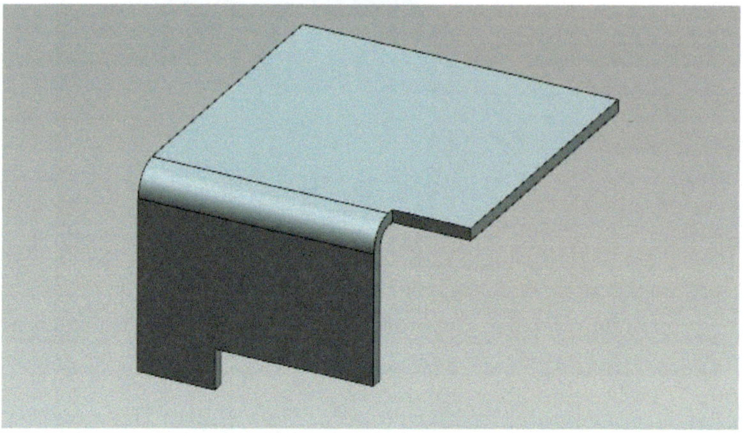

16) 굽힘 형상의 모서리에 C3 면취 형상을 적용하기 위해 '모따기' 아이콘을 클릭한다.
(모따기 아이콘이 보이지 않을 경우 닫힌 코너 아이콘 옆의 역삼각형을 클릭한다)

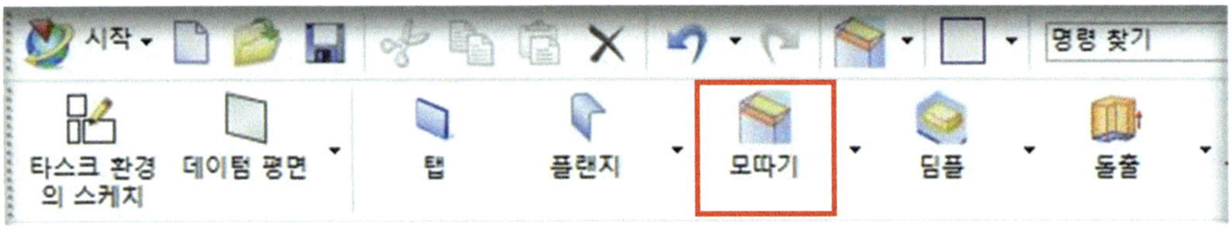

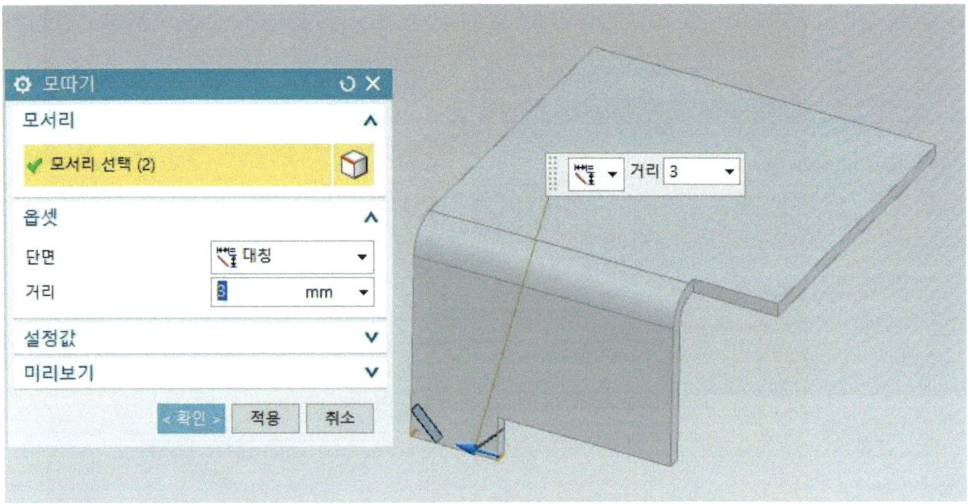

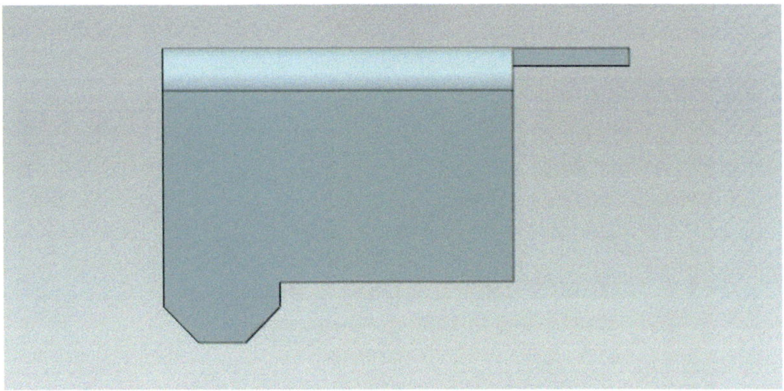

17) 굽힘 형상의 모서리에 R1, R5 적용하기 위해 '분할 코너' 아이콘을 클릭한다.
(분할 코너 아이콘이 보이지 않을 경우 닫힌 코너 아이콘 옆의 역삼각형을 클릭한다)

* 반경 값 '1' 입력한 후 아래와 같이 모서리 5개소를 클릭한 다음 '적용' 클릭한다.

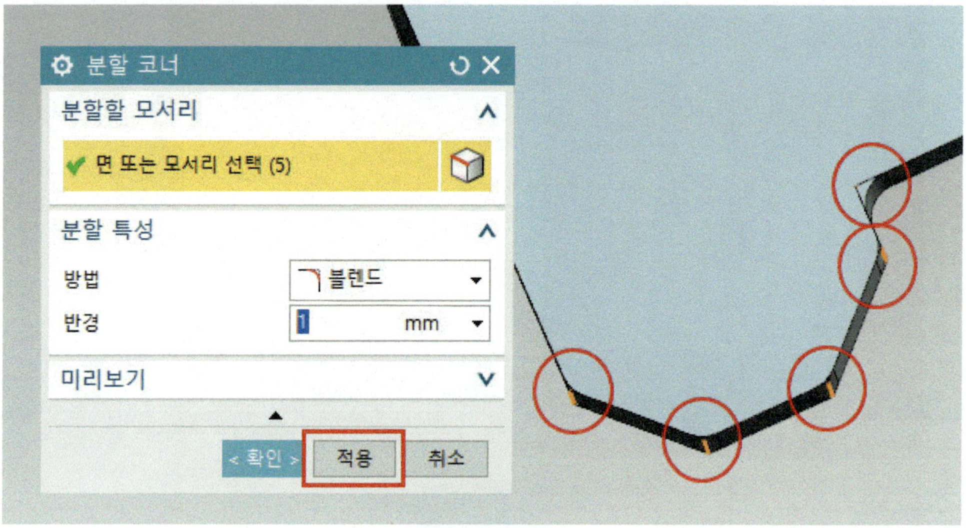

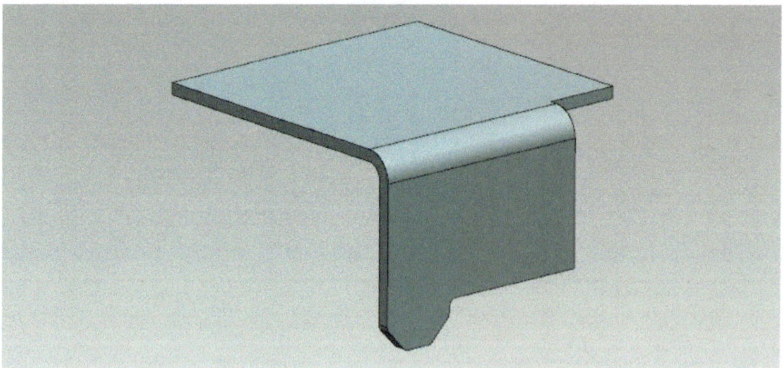

* 반경 값 '5' 입력한 후 아래와 같이 모서리 1개소를 클릭한 다음 '확인' 클릭한다.

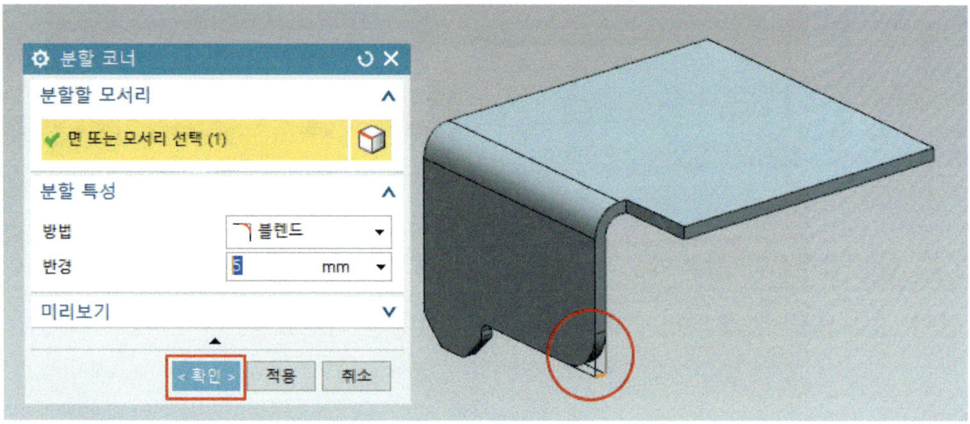

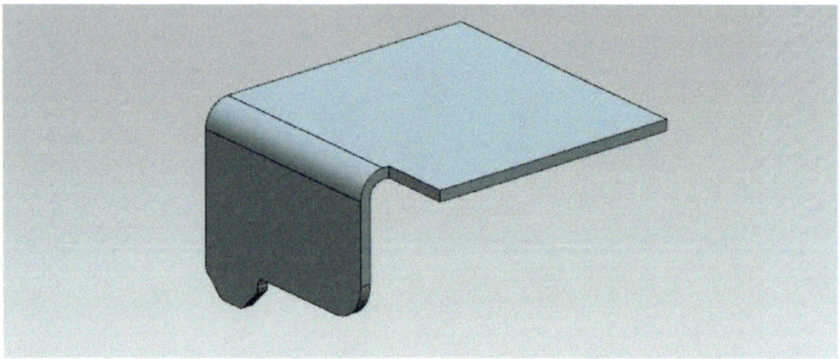

18) 굽힘부에 홀 형상을 만들어주기 위해 '보통 컷아웃' 아이콘을 클릭한다.

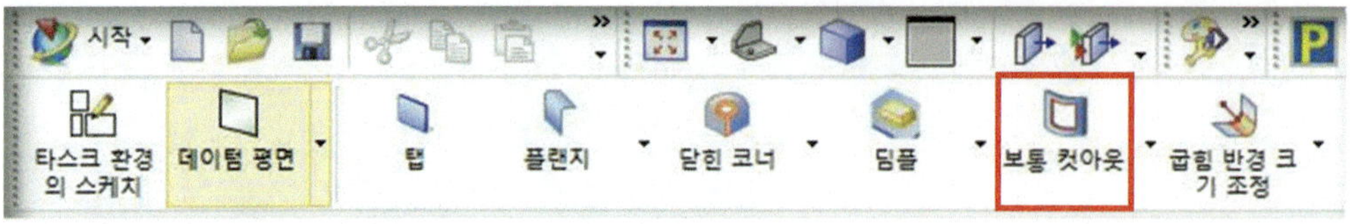

19) 홀 형상 6개소를 만들어주기 위해 아래와 같이 스케치할 평면을 선택하면 X-Y 평면이 자동으로 설정되어 스케치를 바로 진행할 수 있다.

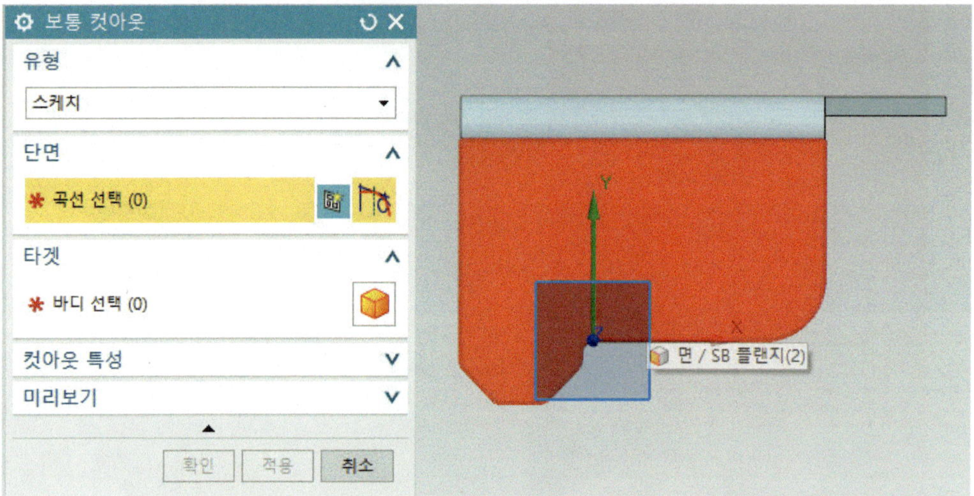

20) 아래와 같이 직접스케치 도구바의 원, 패턴 곡선, 급속치수, 지오메트리 구속조건 등의 명령어를 이용하여 형상을 스케치한 다음 '스케치 종료' 클릭한다.

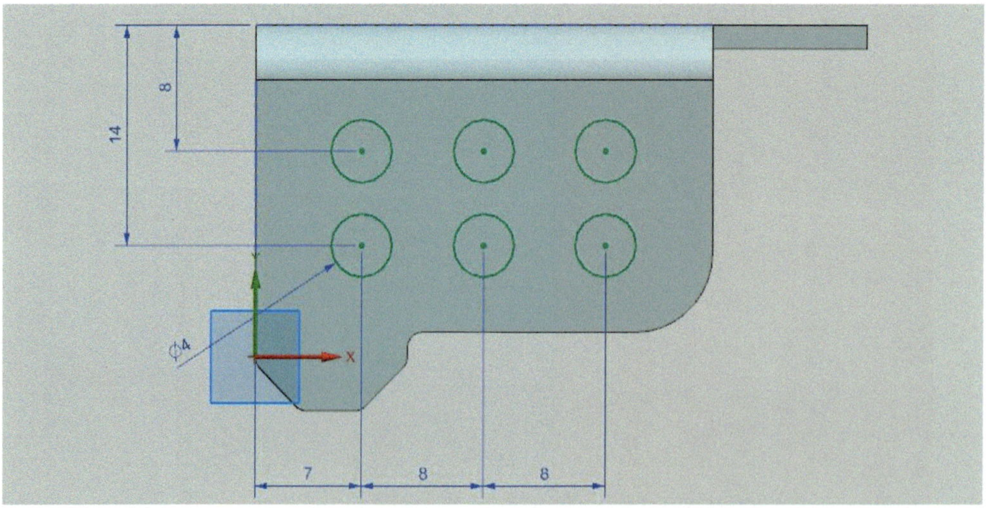

21) 컷아웃 특성의 한계에서 '다음까지' 선택한 후 '확인' 클릭한다.

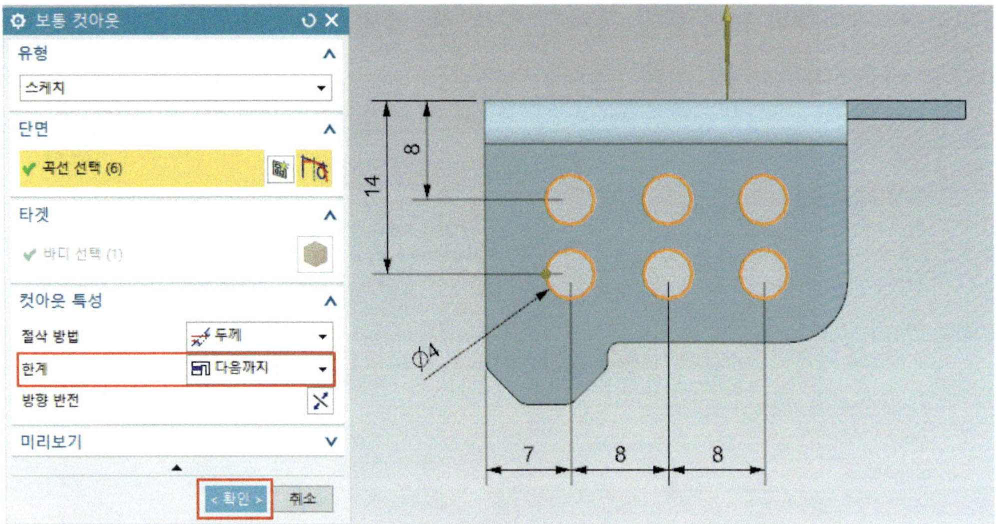

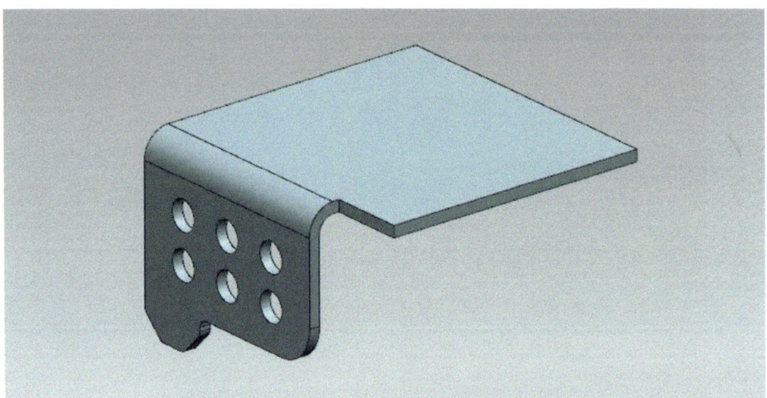

22) 반대편 굽힘 형상을 만들어주기 위해 삽입 → 연관복사 → '대칭 특징형상' 클릭한다. 팝업창이 뜨면 대칭 복사할 형상(원, 굽힘, 코너 라운드)을 아래와 같이 선택한 다음 '마우스 휠 버튼' 클릭한다.

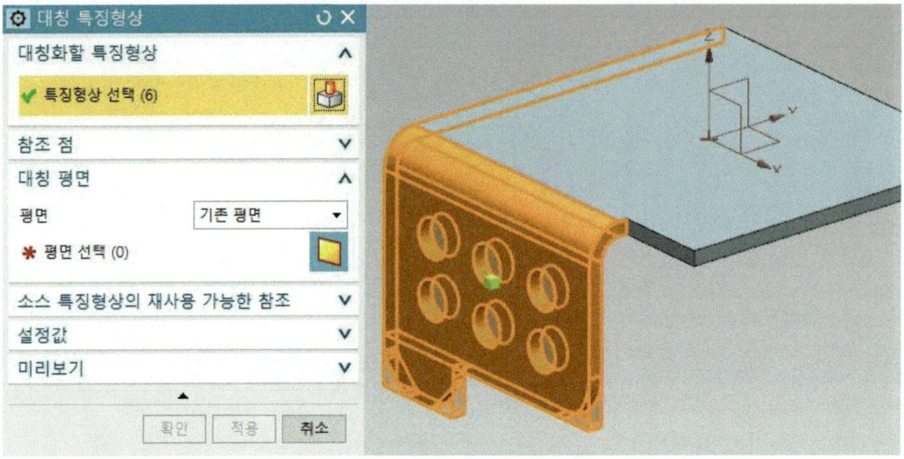

* 대칭 평면의 평면지정에서 'X-Z평면' 선택한 다음 '확인' 클릭한다.

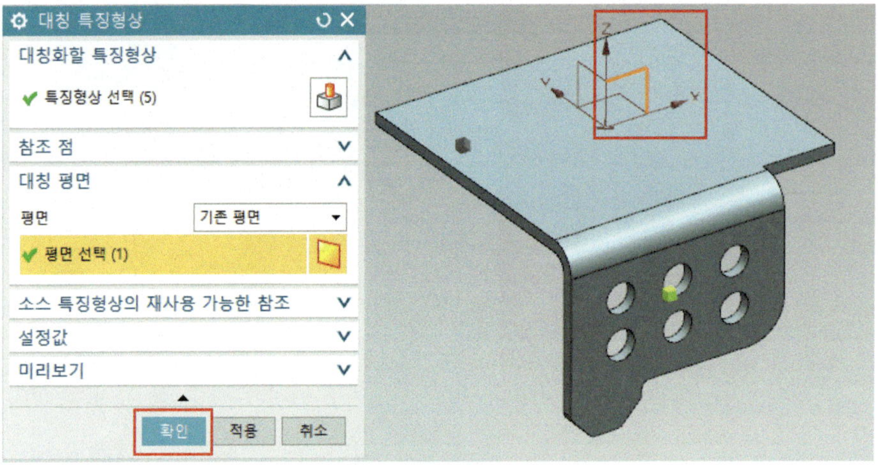

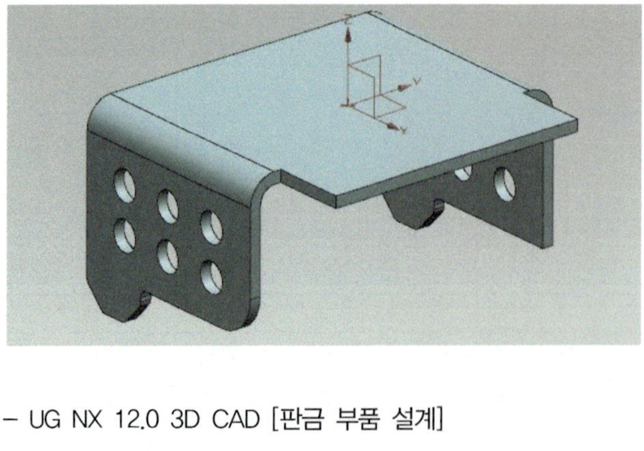

23) 우측에 L굽힘 형상을 추가로 만들어주기 위해 플랜지 아이콘을 클릭한다. 폭 옵션은 '중심에서', 폭은 '25', 길이는 '20', 각도는 '90', 길이 참조는 '외부', 인세트는 '바깥쪽 굽히기', 옵셋은 '2', 굽힘 반경은 '2', 중립 계수는 '0.33' 입력한 후 '하측 모서리' 선택하고 '확인' 클릭한다.

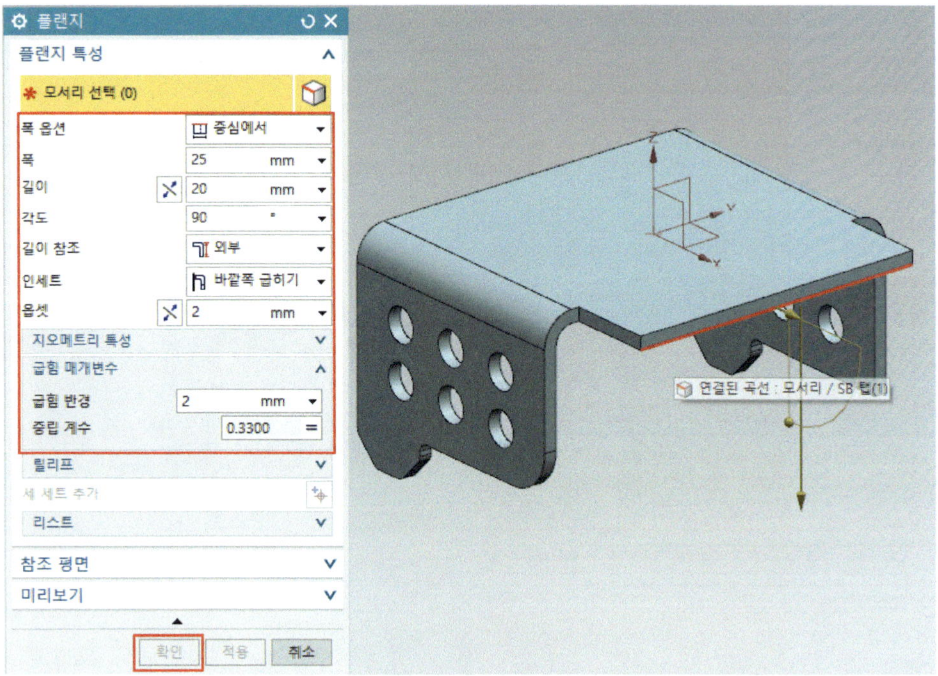

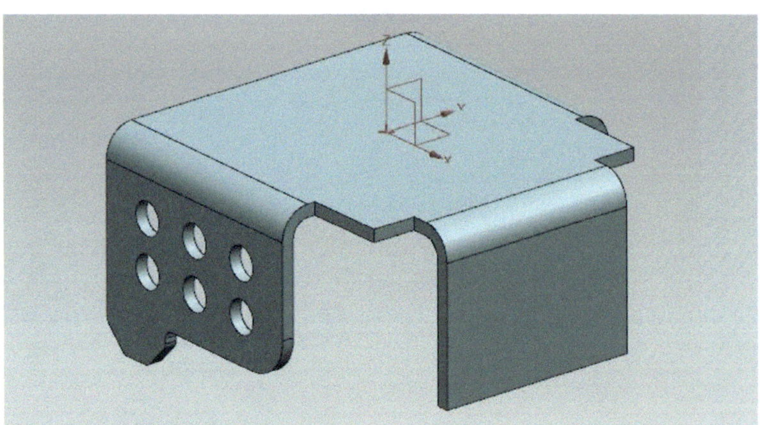

24) 나머지 L굽힘 형상을 추가로 만들어주기 위해 플랜지 아이콘을 클릭한다. 폭 옵션은 '전체', 길이는 '10', 각도는 '90', 길이 참조는 '외부', 인세트는 '재료 내부', 굽힘 반경은 '2', 중립 계수는 '0.33' 입력한 후 '상측 모서리' 선택한 다음 '확인' 클릭한다.

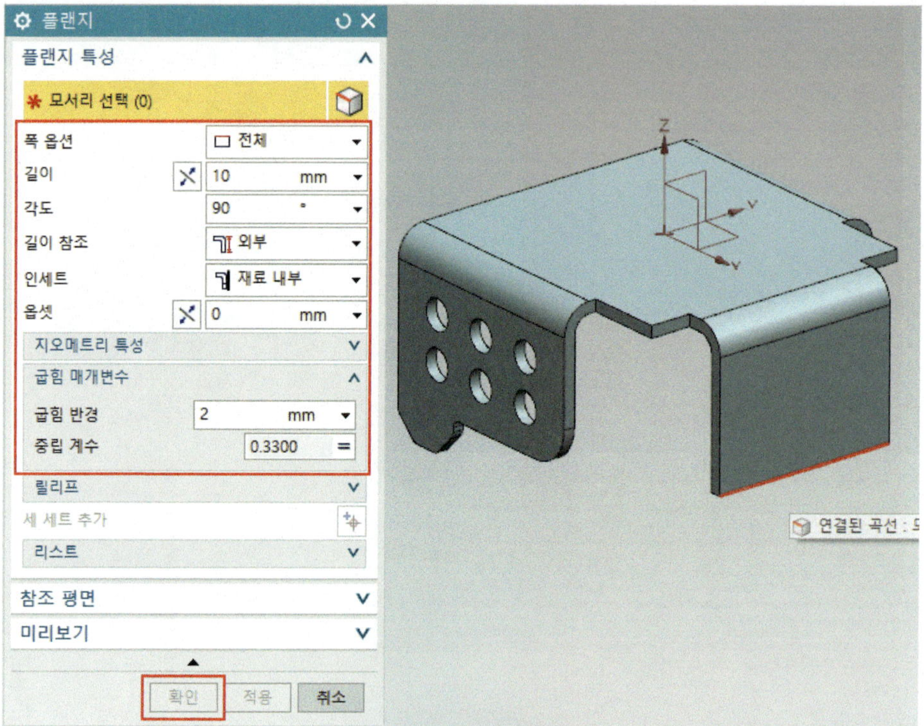

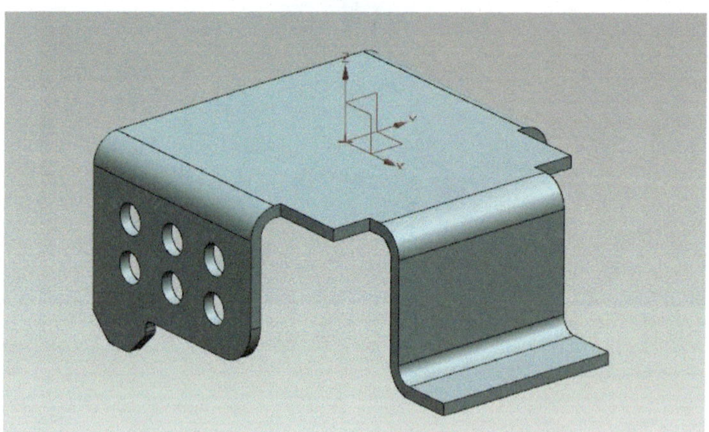

25) 버링 형상을 만들어주기 위해 '드로잉 컷아웃' 아이콘을 클릭한다.
(드로잉 컷아웃 아이콘이 보이지 않을 경우 딤플 아이콘 옆의 역삼각형을 클릭한다)

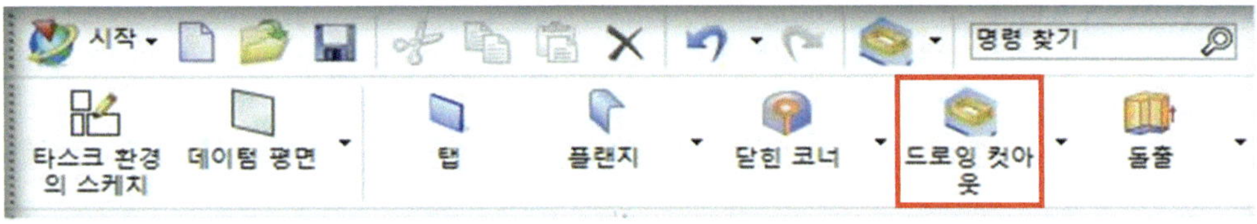

26) 상면에 버링 형상을 만들어주기 위해 아래와 같이 스케치할 평면을 선택하면 X-Y 평면이 자동으로 설정되어 스케치를 바로 진행할 수 있다.

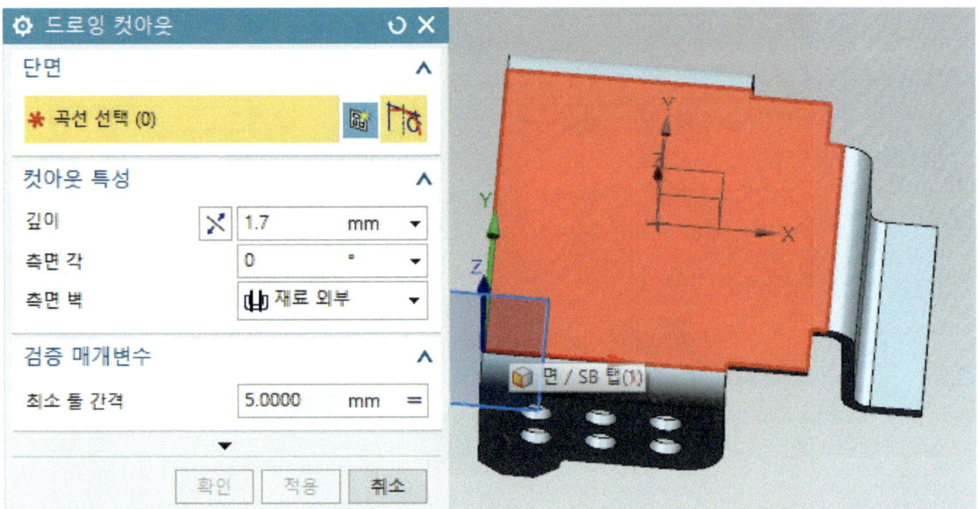

27) 아래와 같이 직접스케치 도구바의 원, 급속치수 등의 명령어를 이용하여 원 형상을 스케치한 다음 '스케치 종료' 클릭한다.

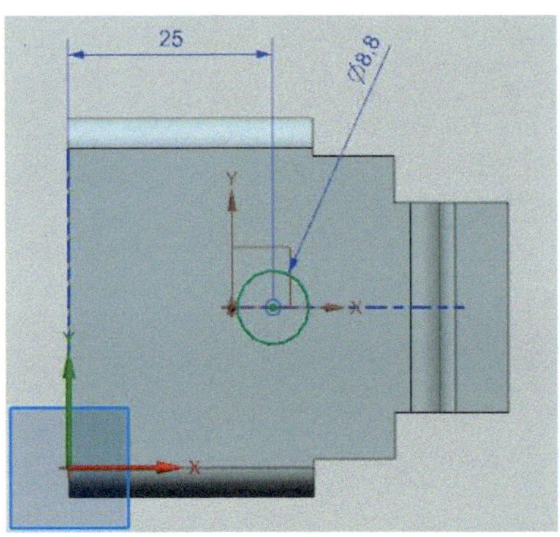

28) 컷아웃 특성의 한계에서 깊이는 '5.0', 측면 벽은 '재료 외부' 선택한 다음 '확인' 클릭한다.

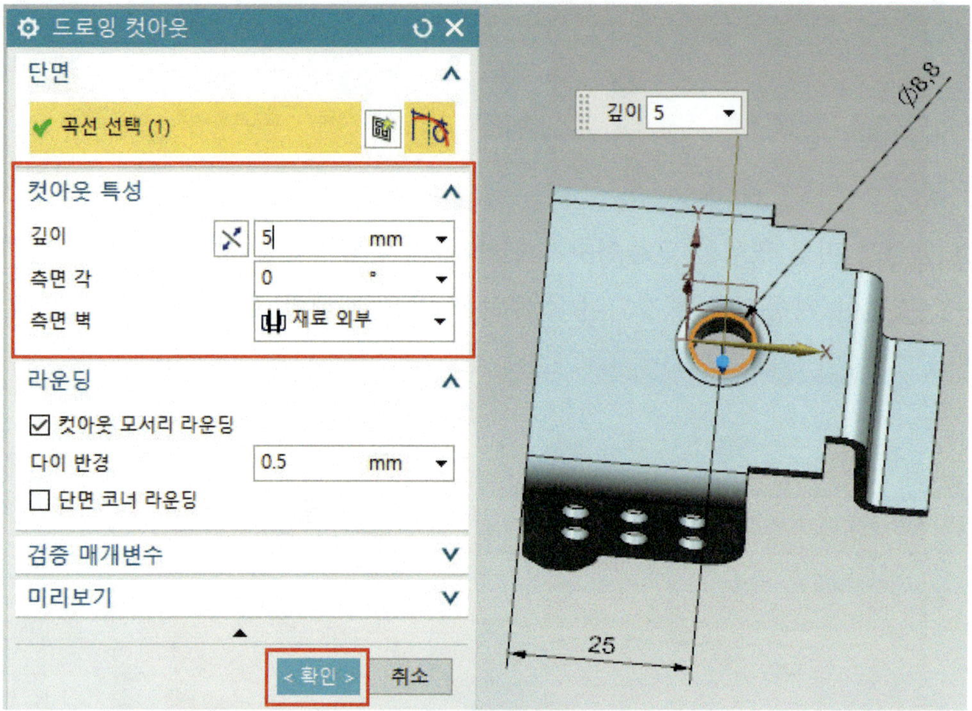

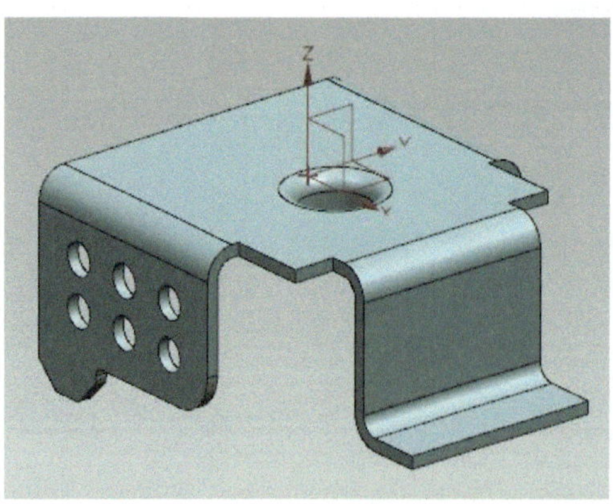

상면

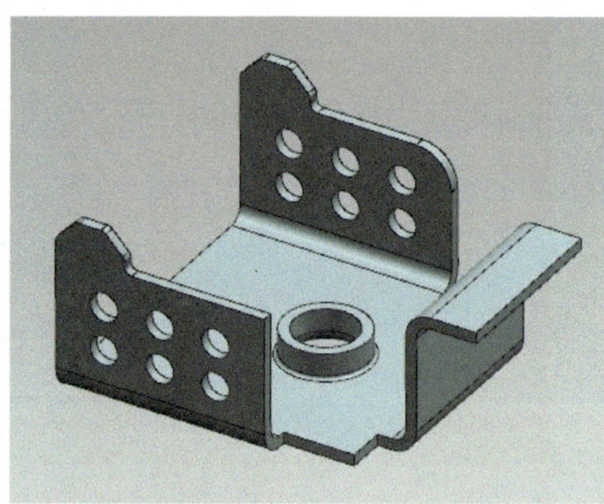

하면

29) 상면의 비드 형상을 만들어주기 위해 '비드' 아이콘을 클릭한다.

(비드 아이콘이 보이지 않을 경우 딤플 아이콘 옆의 역삼각형을 클릭한다)

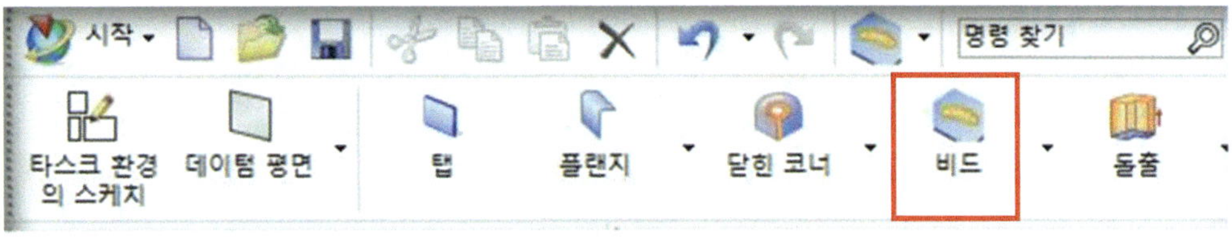

30) 상면에 비드 형상을 만들어주기 위해 아래와 같이 스케치할 평면을 선택하면 X-Y 평면이 자동으로 설정되어 스케치를 바로 진행할 수 있다.

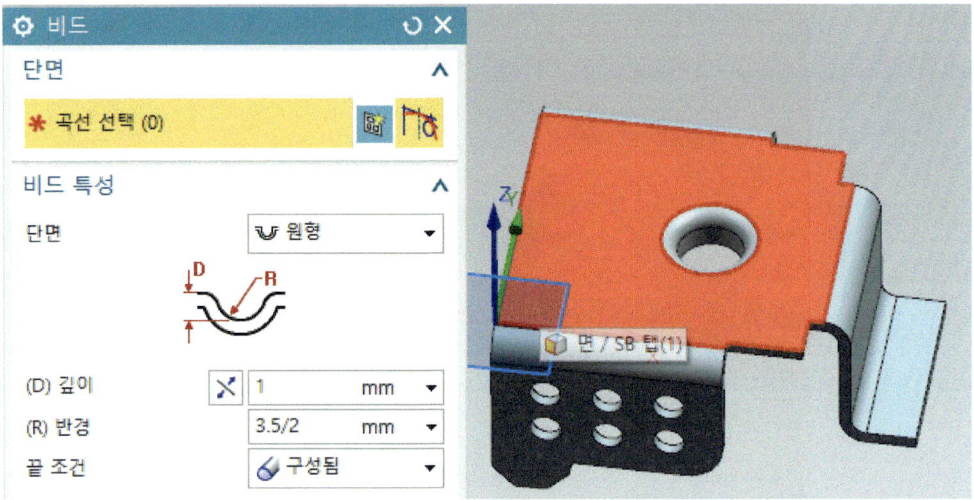

31) 아래와 같이 직접스케치 도구바의 선, 필렛, 급속치수 등의 명령어를 이용하여 비드 형상의 중심선을 스케치한 다음 '스케치 종료' 클릭한다.

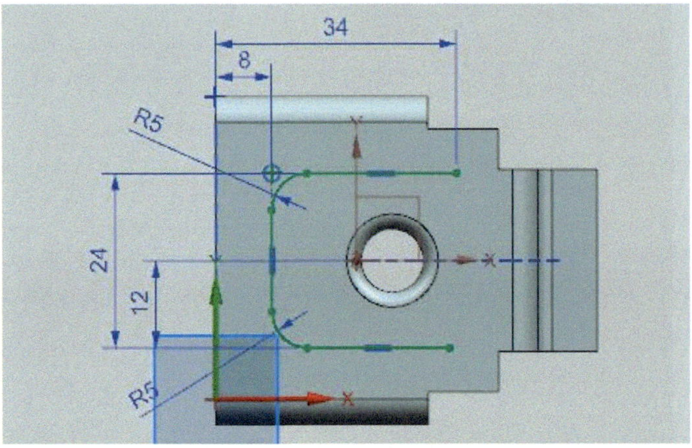

32) 비드 특성에서 깊이는 '1', 반경은 '3.5/2' 입력한 후 '확인' 클릭한다.

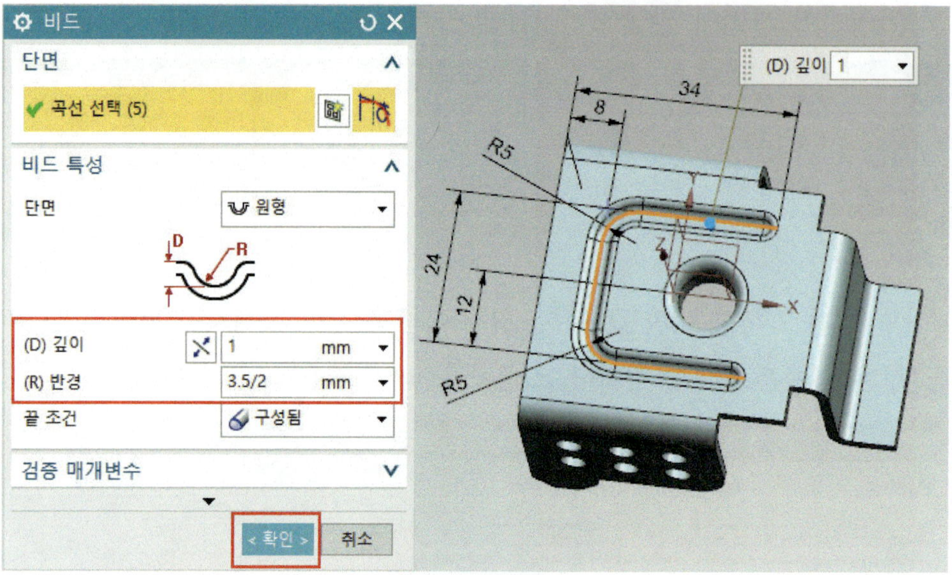

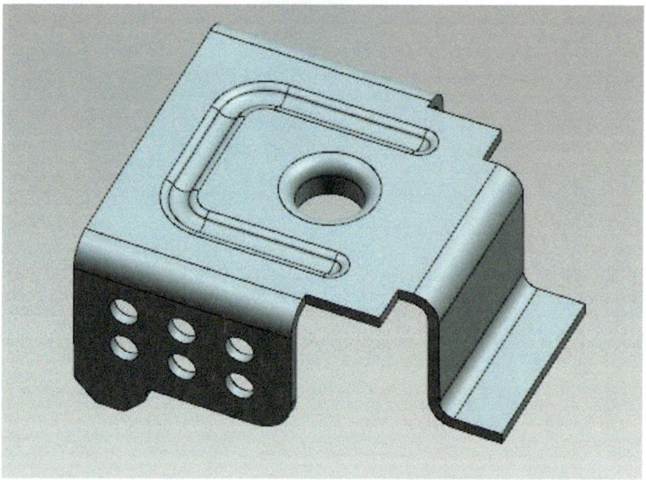

33) 굽힘 형상의 모서리에 R1, R3을 적용하기 위해 '분할 코너' 아이콘을 클릭한다. (분할 코너 아이콘이 보이지 않을 경우 닫힌 코너 아이콘 옆의 역삼각형을 클릭한다)

* 반경 값 '1' 입력한 후 아래와 같이 모서리 4개소를 클릭한 다음 '적용' 클릭한다.

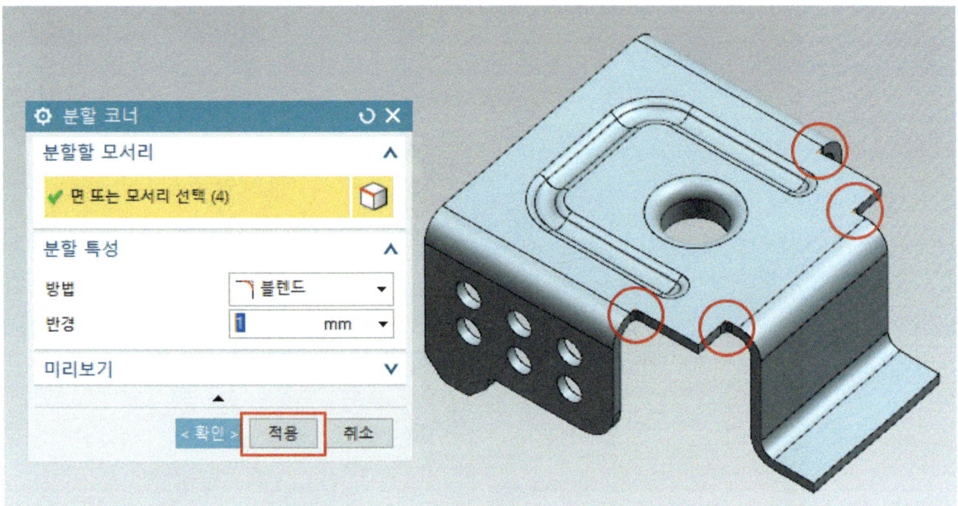

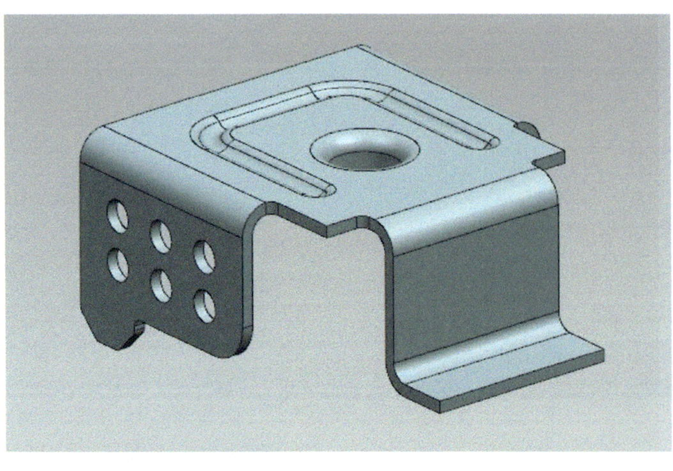

* 반경 값 '3' 입력한 후 아래와 같이 모서리 4개소를 클릭한 다음 '**확인**' 클릭한다.

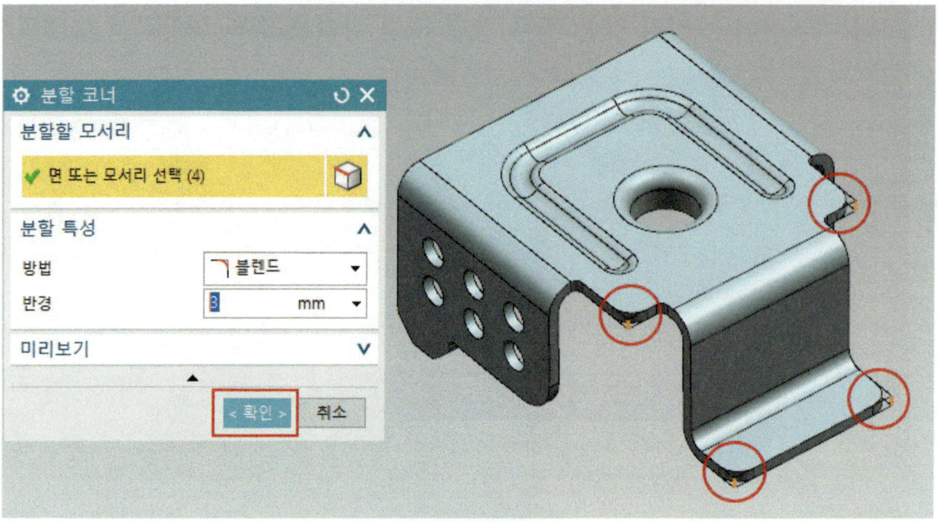

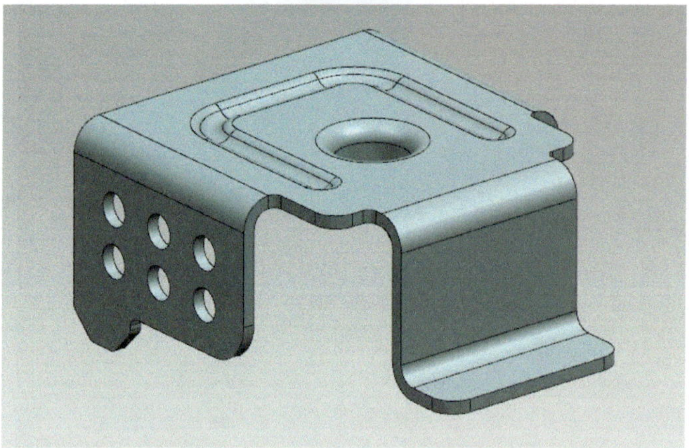

34) 최종 완성된 Frame 판금 형상 모델링

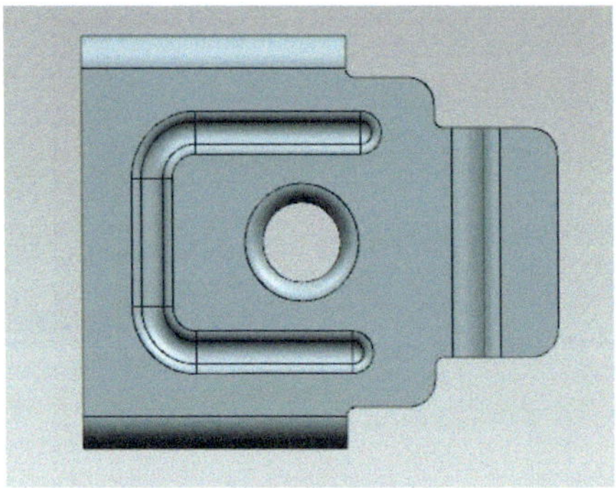

평면도

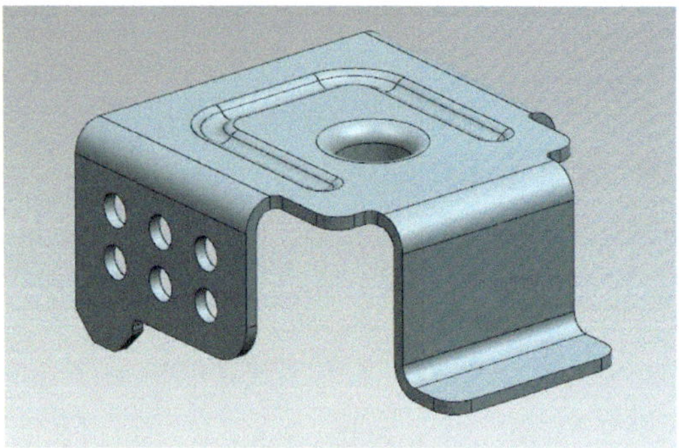

등각도

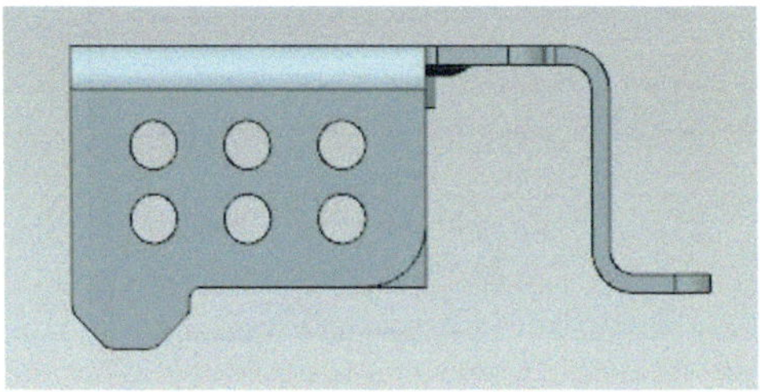

정면도

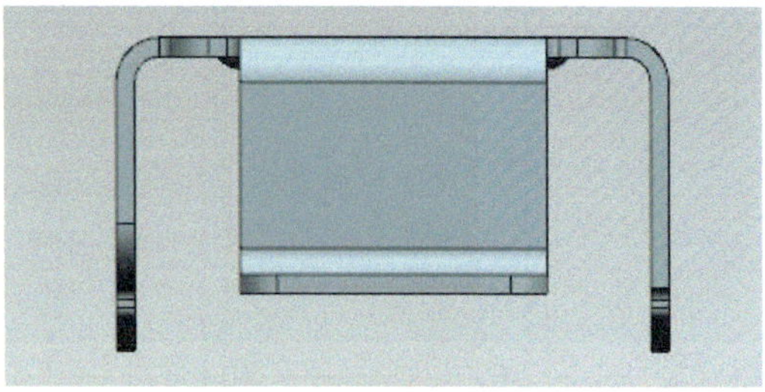

우측면도

4.3 Bracket 판금 부품 형상 모델링 따라하기

■ **품명** : Bracket

*** 주기**

- 원재료는 SPCC t2.0 적용할 것.
- 도시되고 지시 없는 라운드는 R1 적용할 것.

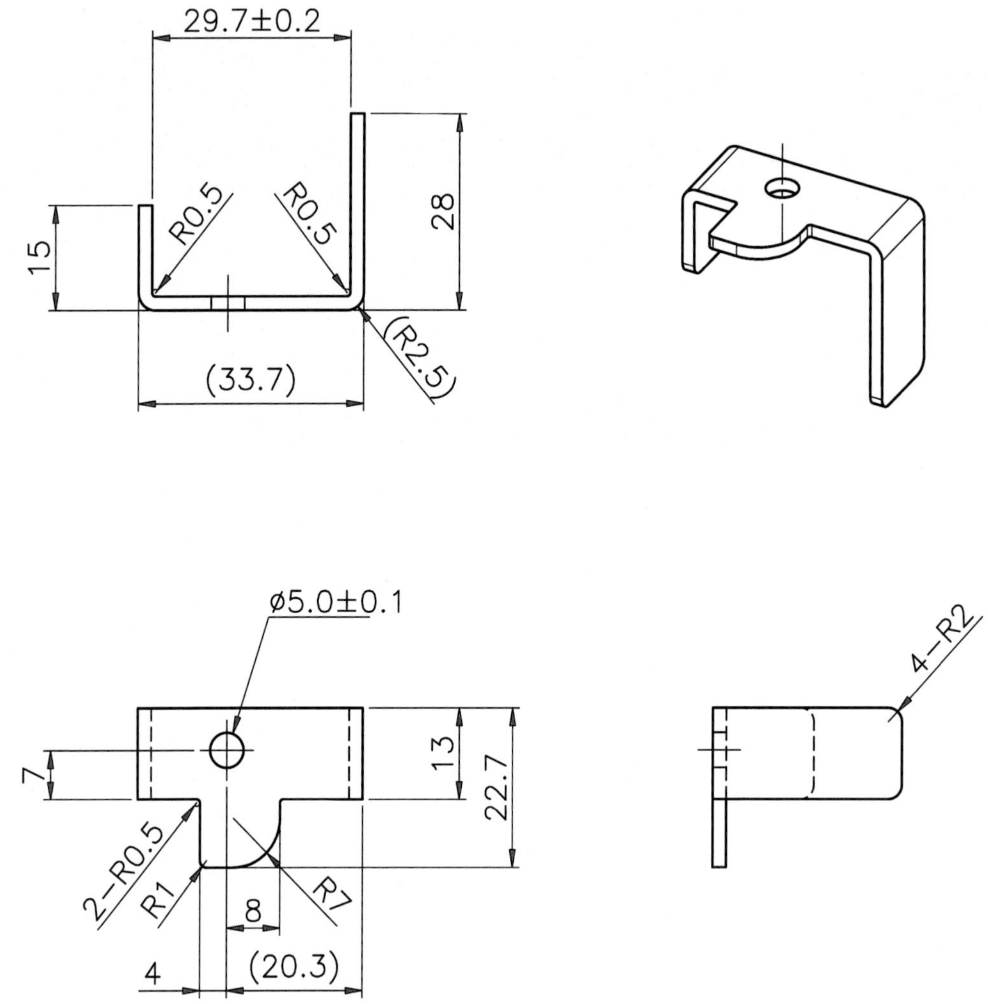

1) 바탕화면에 있는 NX 12.0 아이콘을 더블 클릭해서 실행시킨다.

※ 시작프로그램에서 NX 12.0을 실행할 수 있다.

2) NX 12.0이 실행된 모습

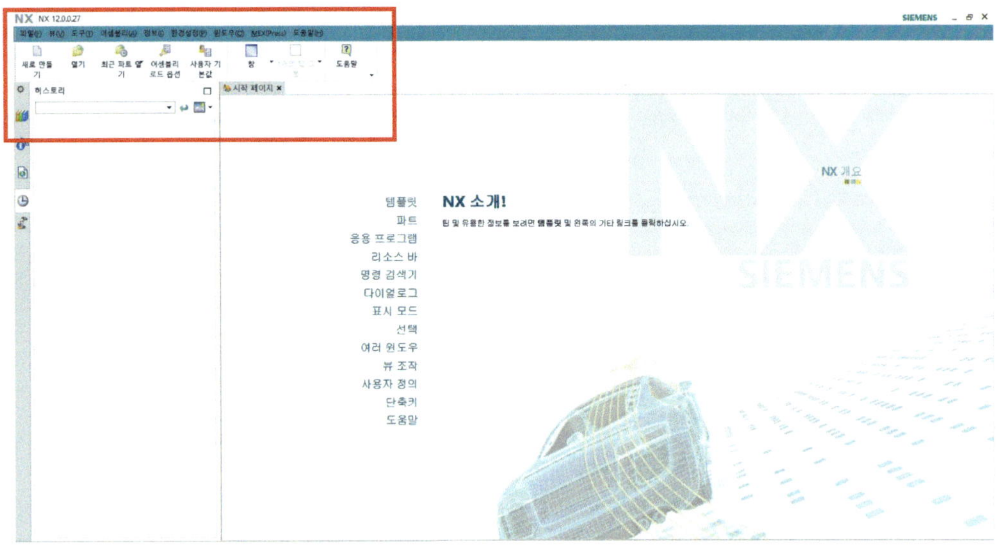

3) 새로운 파일을 생성하기 위해 '새로 만들기' 아이콘을 클릭한다.

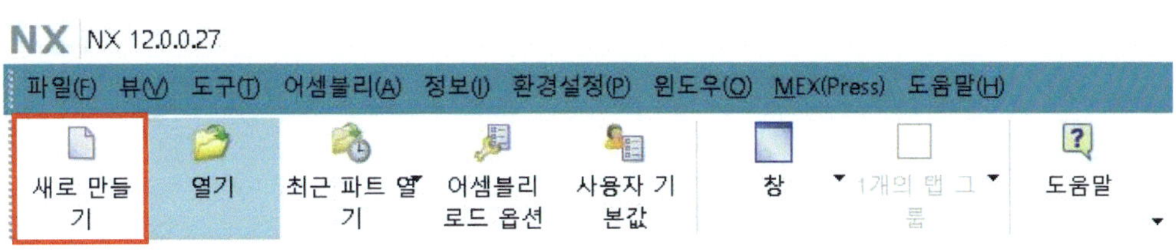

4) 새로 만들기 모델 탭에서 '판금' 선택한 후 생성될 파일 이름과 저장될 경로를 확인한 다음 '확인' 클릭한다.

※ 단위가 밀리미터로 되어있는지 확인한다.

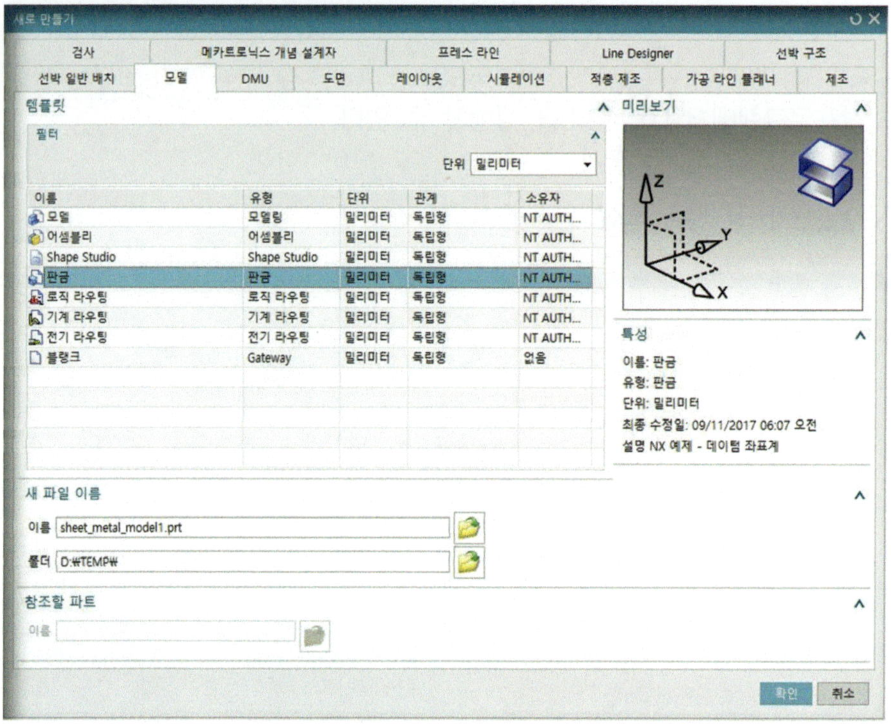

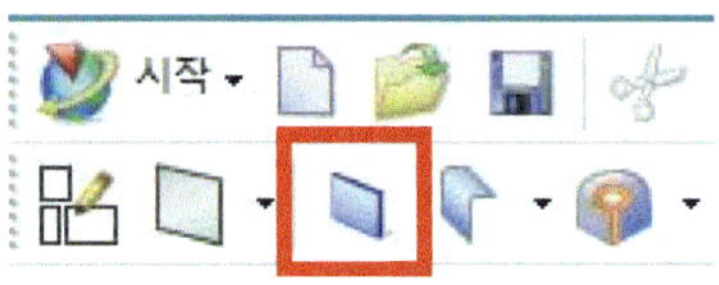

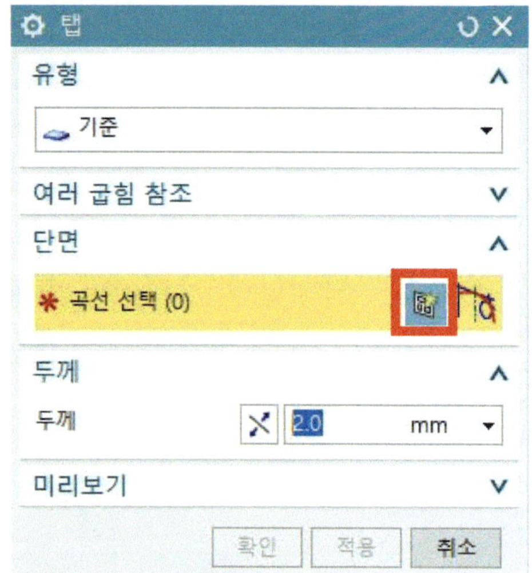

5) 기본 BASE 형상을 만들기 위해 상단에 위치한 클래식 메뉴의 '탭' 아이콘을 선택한다.

6) '='를 선택하여 두께 값 '2.0' 입력한 후 스케치 아이콘을 클릭하면 X-Y 평면을 자동으로 설정할 수 있다.

7) '스케치' 아이콘을 이용하여 아래와 같이 스케치하고 치수로 구속한다.

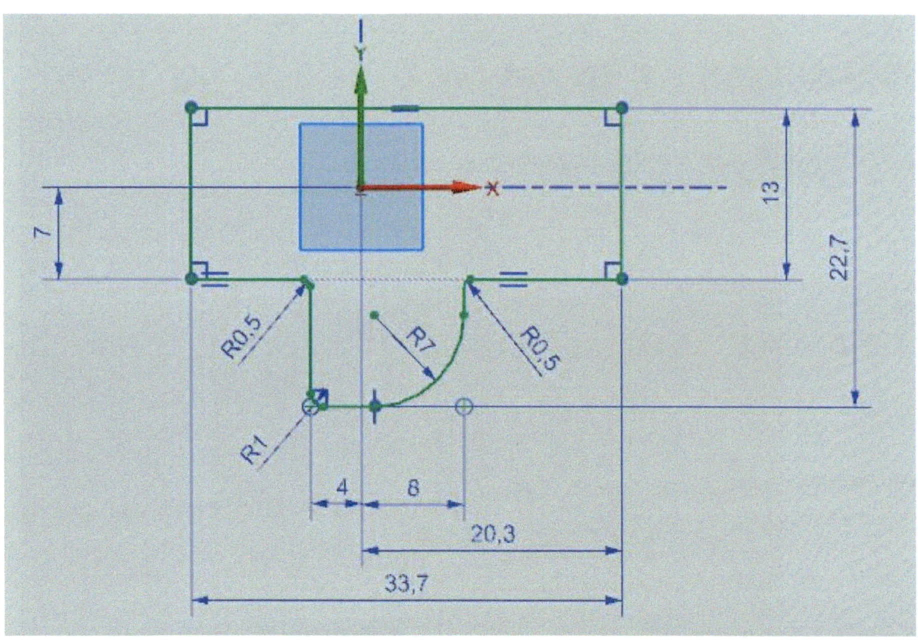

8) '스케치 종료' 아이콘을 선택하여 스케치를 종료한다.

9) '방향 반전' 아이콘을 클릭하여 돌출방향을 하면으로 변경한다.

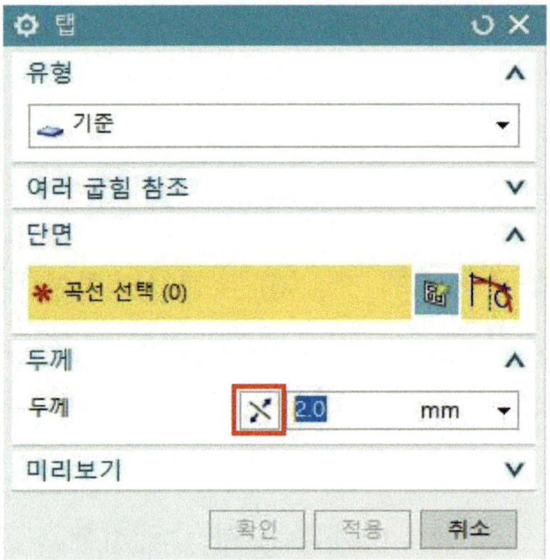

10) 돌출방향과 프레스 원재료 두께 2mm를 확인한 후 '확인' 클릭한다.

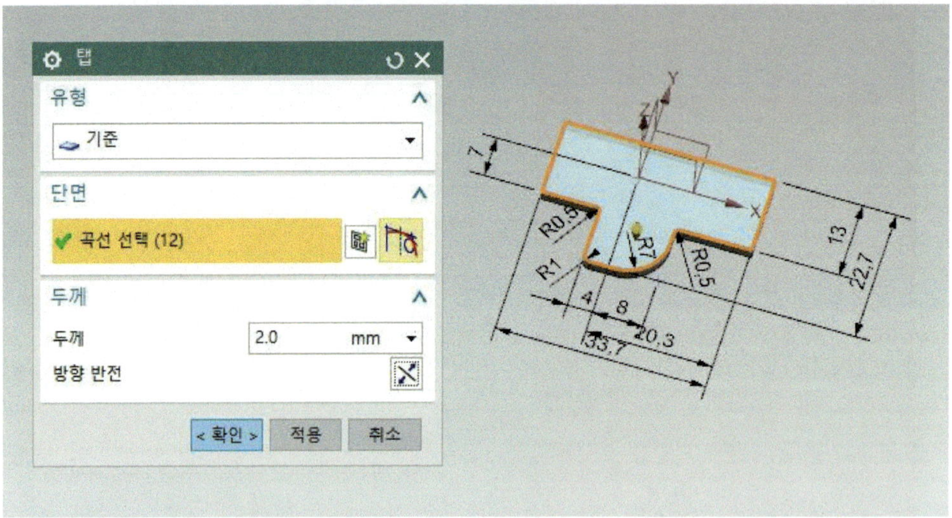

11) 모델링을 등각 투상도로 전환한다. (단축키 → Home)

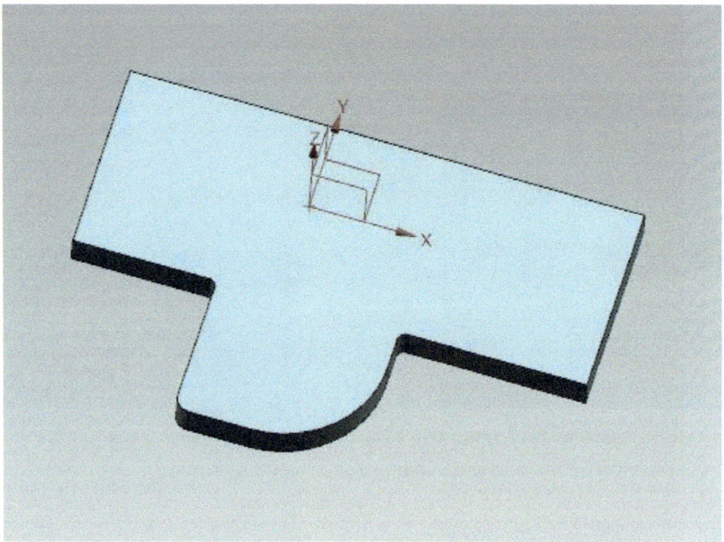

12) 홀 형상을 만들기 위해 '보통 컷아웃' 클릭한다.

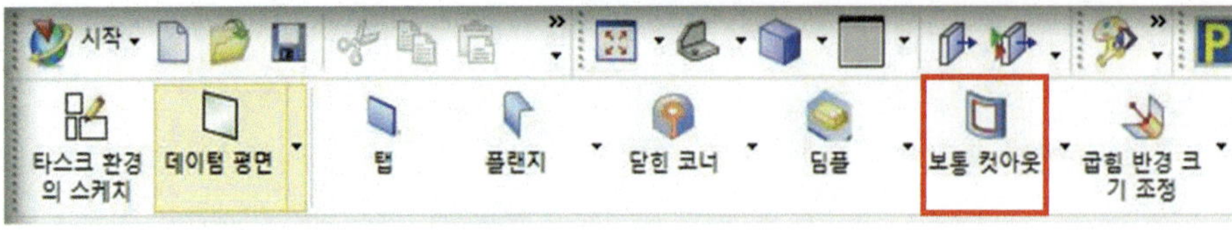

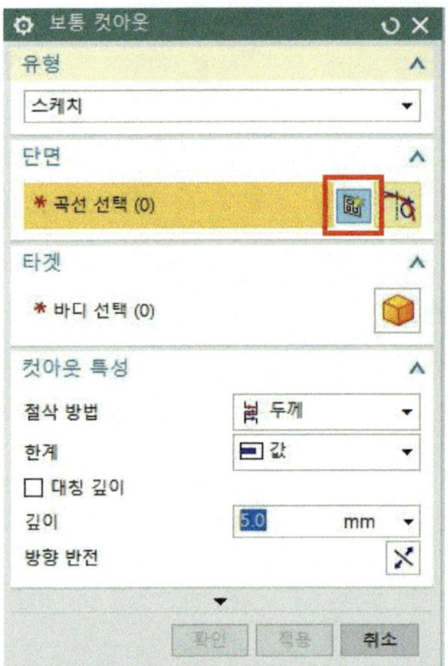

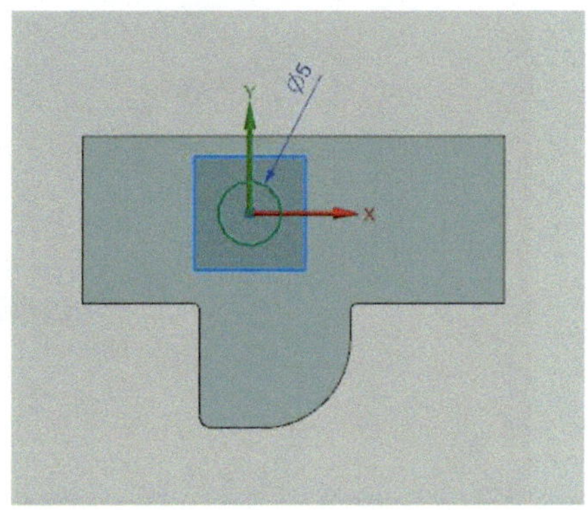

13) 홀 형상을 만들기 위해 스케치 아이콘을 클릭하면 X-Y 평면도를 자동으로 설정한 후 스케치를 진행할 수 있다.

14) X-Y 좌표계가 만나는 점에 파이롯 피어싱 구멍 Ø5.05을 그린 후 스케치를 종료한다.

15) 깊이를 원재료 두께와 동일하게 입력한 후 '확인' 클릭한다.

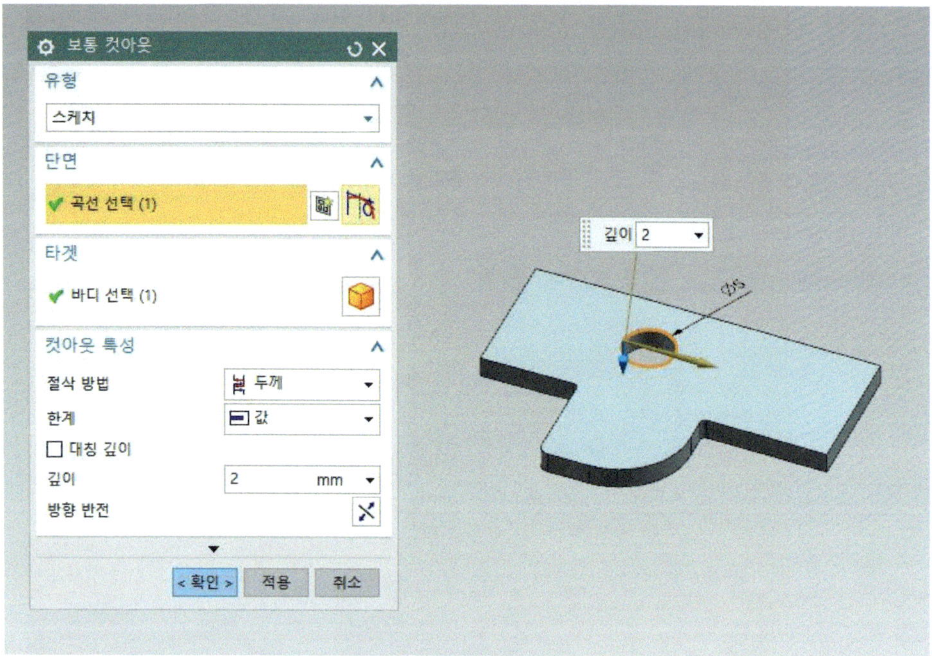

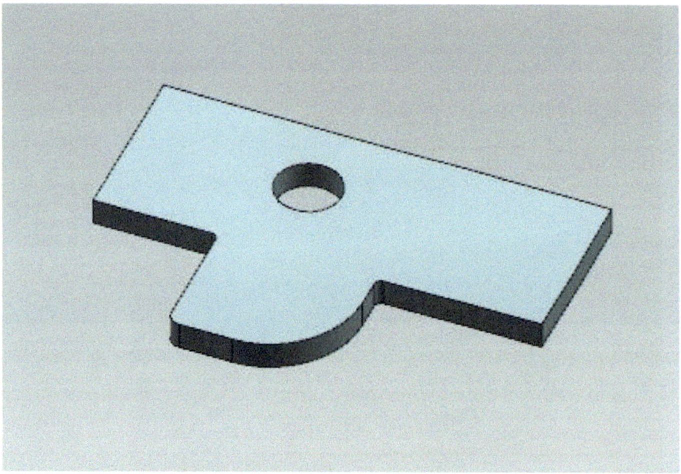

16) 굽힘 형상을 만들어주기 위해 '플랜지' 아이콘을 클릭한다.

그리고 굽힘 길이는 '28', 길이 참조는 '외부' 선택한 후 상측모서리를 클릭한다.

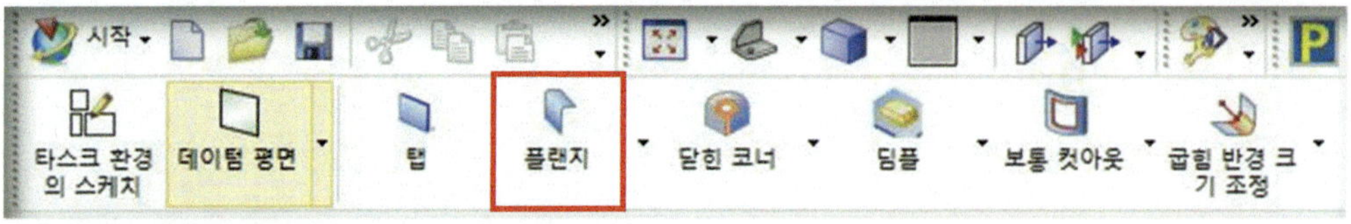

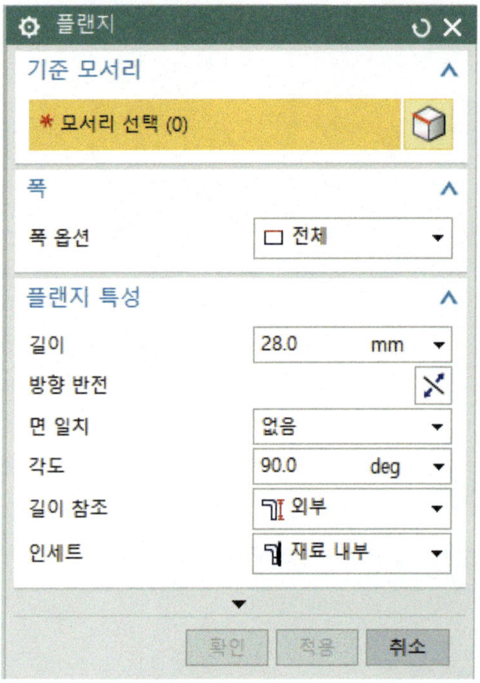

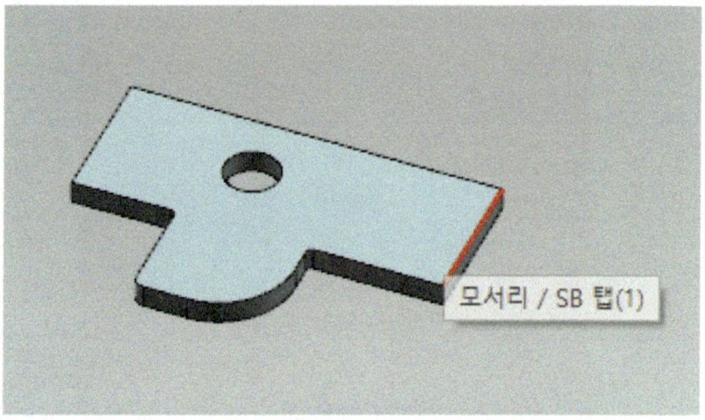

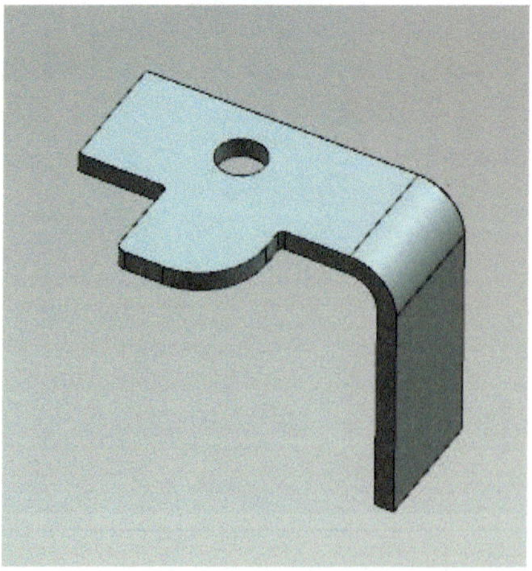

17) 내측 굽힘 반경 값을 변경하기 위해 '굽힘 반경 크기 조정' 아이콘을 클릭한다. 굽힘 반경 '0.5' 입력하고 굽힘 형상의 마우스로 내측 R을 클릭한 후 '확인' 클릭한다.

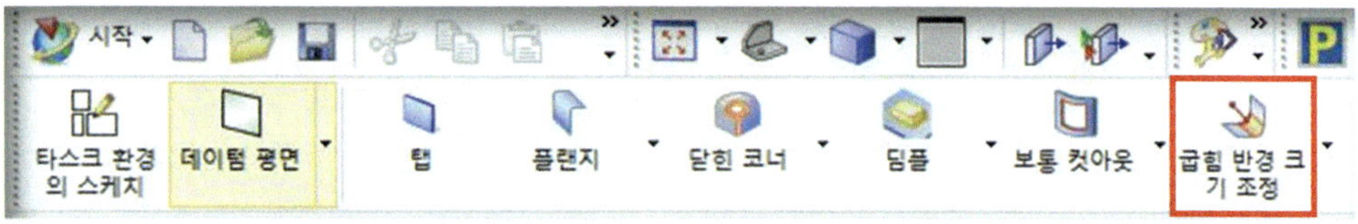

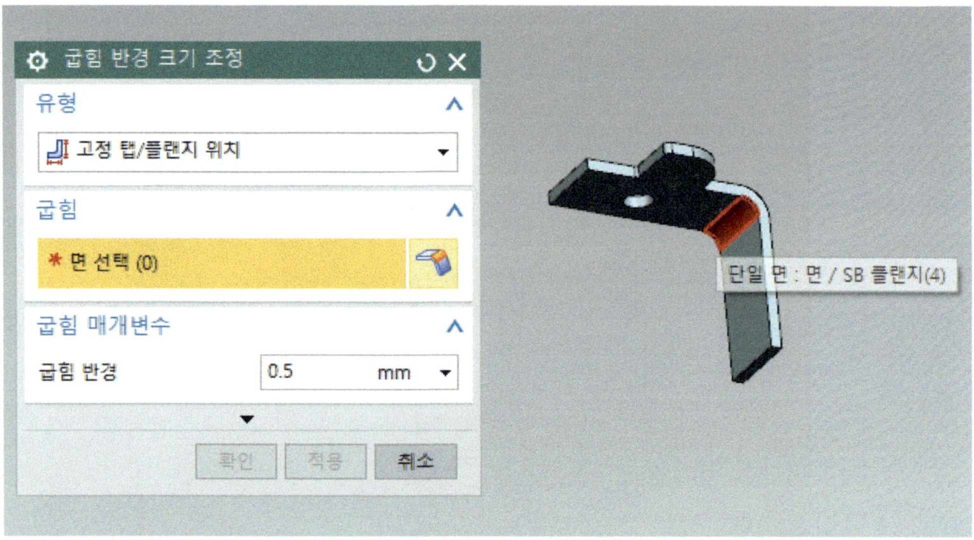

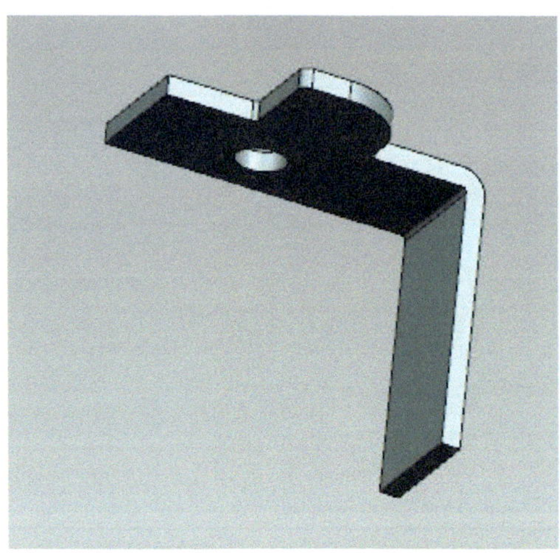

18) 반대편 굽힘 형상도 '플랜지' 아이콘을 클릭하여 동일하게 만들어준다.

굽힘 길이는 '15.0', 길이 참조는 '외부', 굽힘 반경은 '0.5' 입력한 후 '확인' 클릭한다.

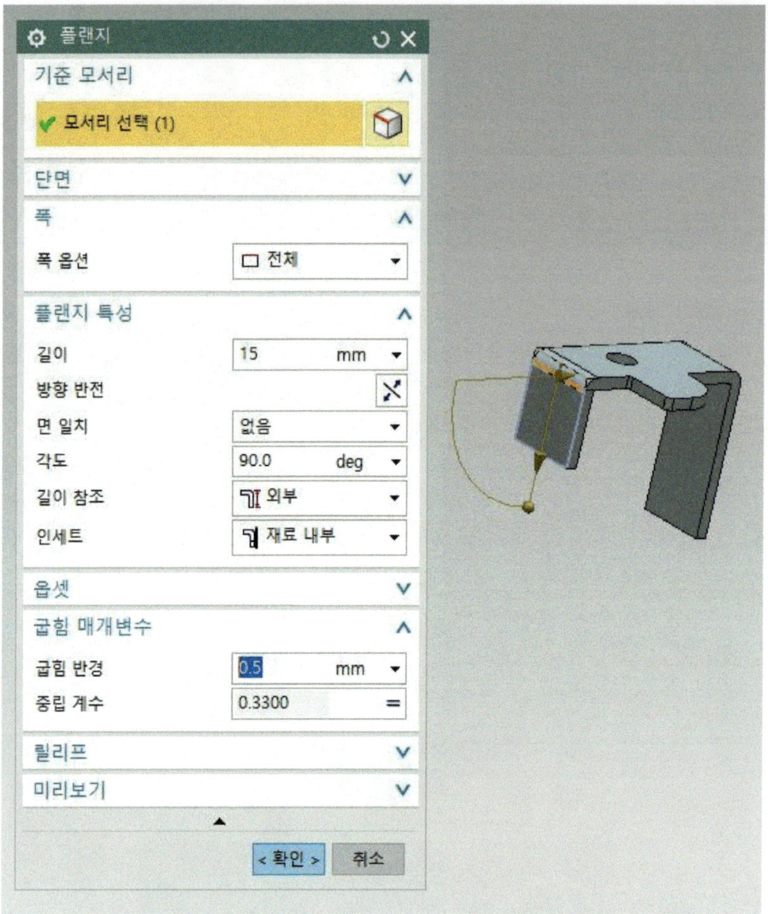

19) 굽힘 형상 모서리에 R2를 적용하기 위해 '분할 코너' 클릭한다.

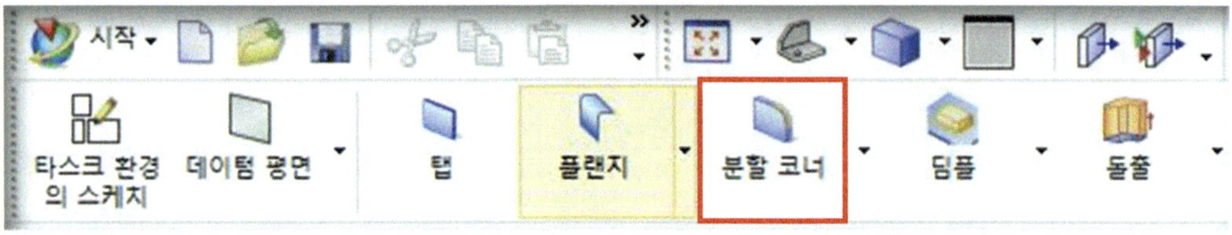

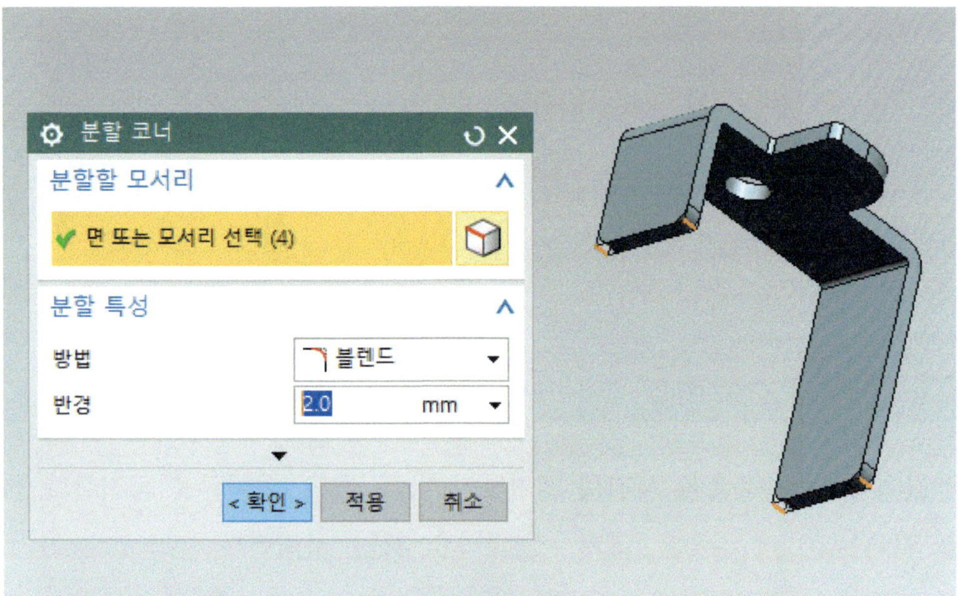

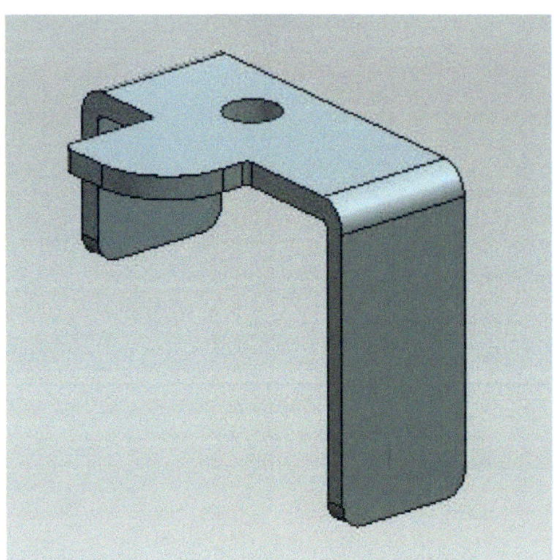

20) 굽힘 가공 시 발생하는 모서리 부위의 부풀음을 제거하기 위한 도피구를 만들어주기 위해 '스케치' 명령을 사용하여 아래 그림과 같이 만들어준다.

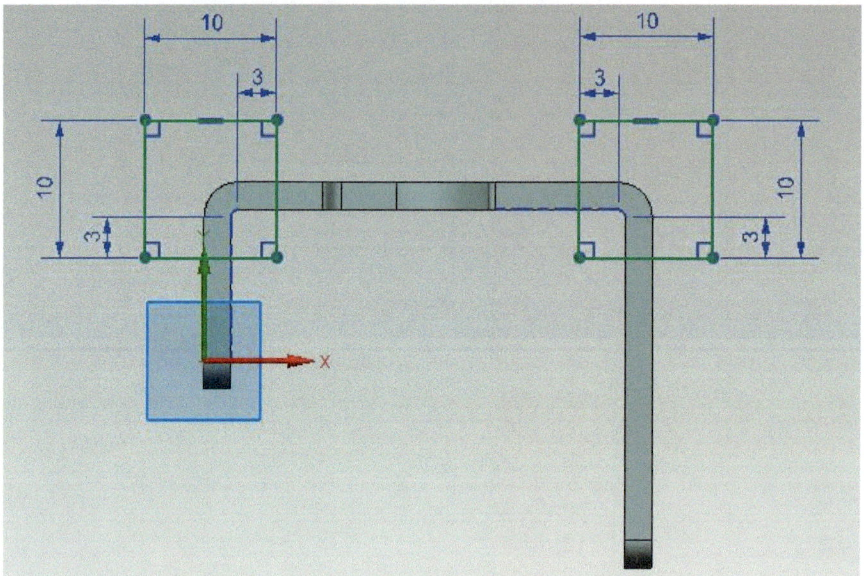

21) 굽힘 부위 부풀음을 사전에 제거하기 위해 '돌출' 아이콘을 클릭한다. 돌출 길이는 '0.3', 부울은 '빼기' 선택한 후 '확인' 클릭한다.

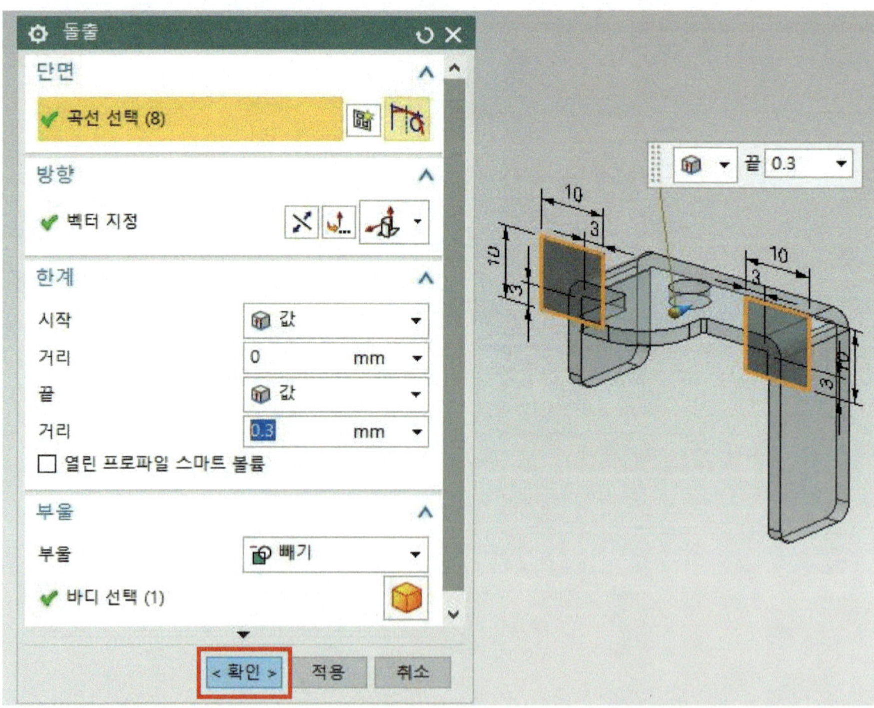

22) 굽힘 부위 부풀음 발생부위 0.3mm 제거된 상태

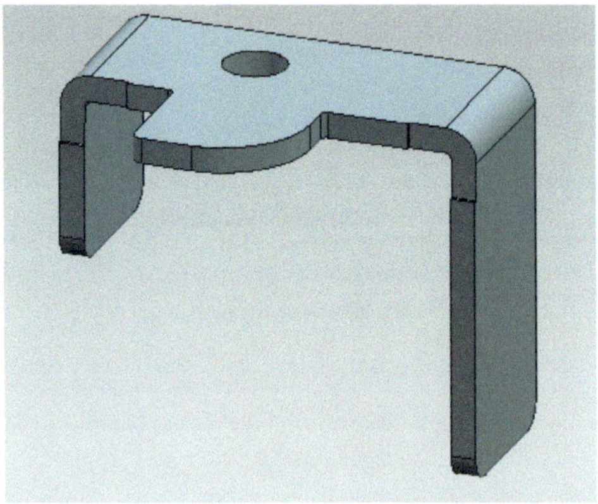

23) 부풀음 제거된 상태를 확인 후 이상 없으면 반대편도 동일하게 부풀음을 제거한다.

삽입 → 연관복사 → '대칭 특징형상' 을 선택한 후 대칭 복사할 형상을 선택한다.

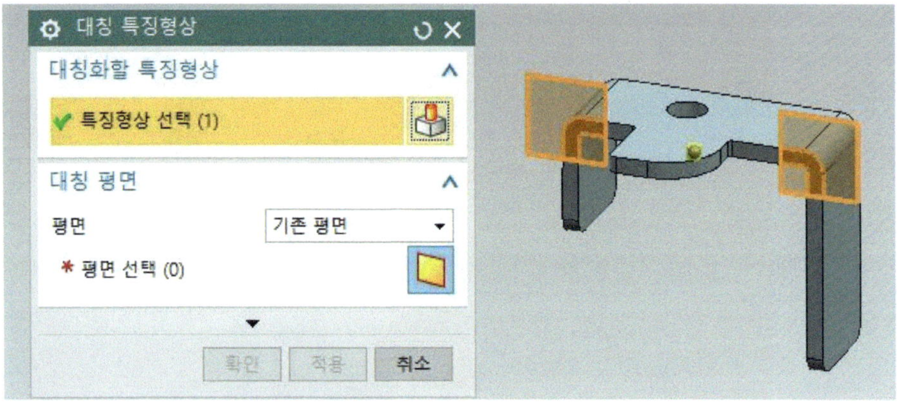

* '**새 평면**' 선택한 후 '**이등분선**' 선택한 다음 양쪽 면을 클릭하고 확인한다.

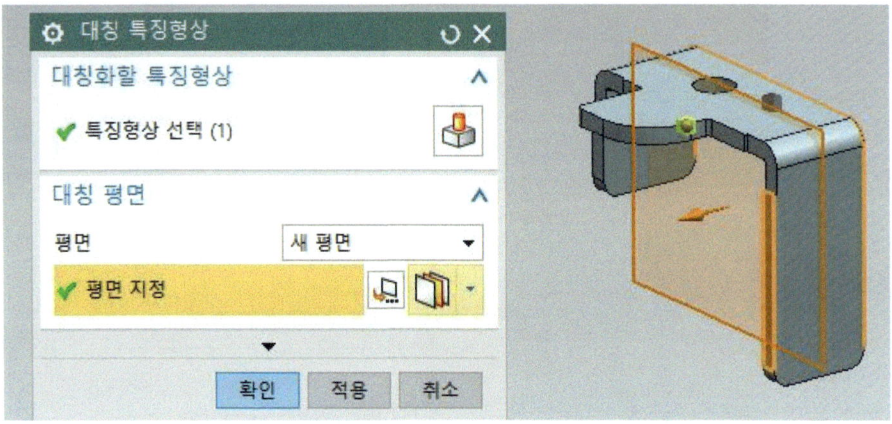

24) 굽힘 부위 반대면 부풀음 발생부위 0.3mm 제거된 상태이다.

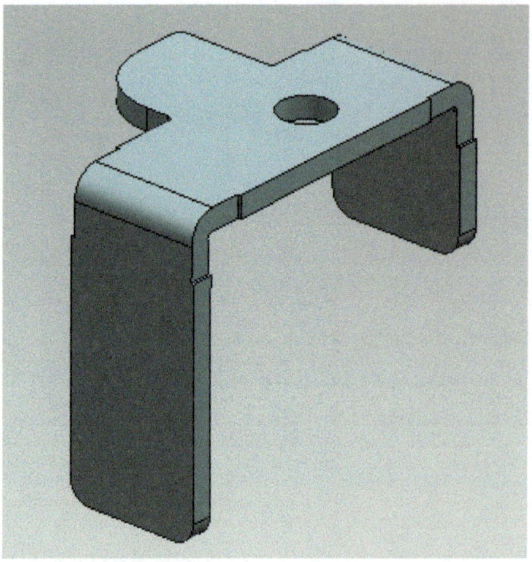

25) 부풀음 제거부위 내측 모서리에 'R0.3' 적용하기 위해 '분할 코너' 클릭한다.

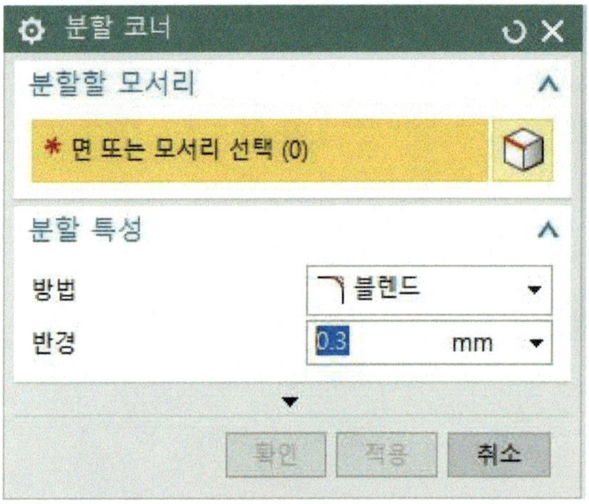

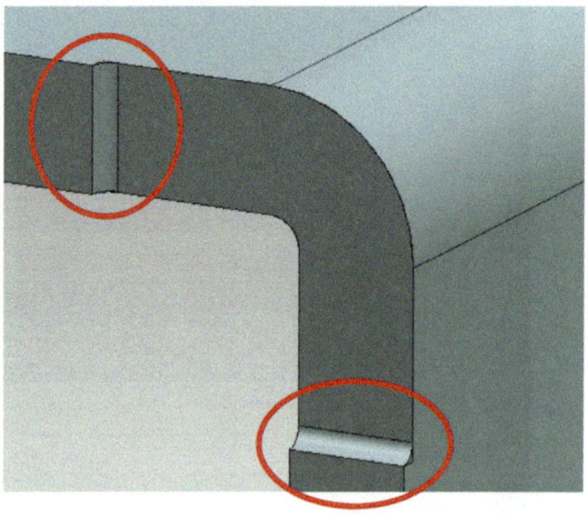

26) 최종 완성된 Bracket 판금 형상 모델링

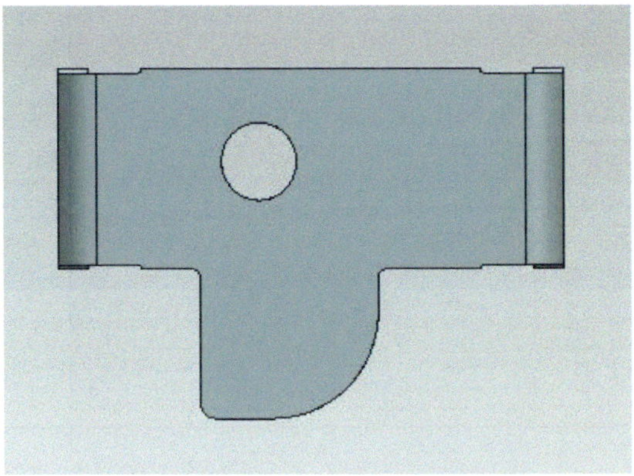

평면도

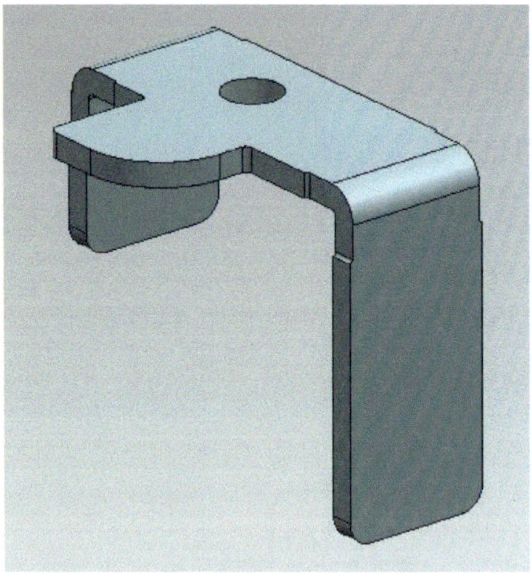

등각도

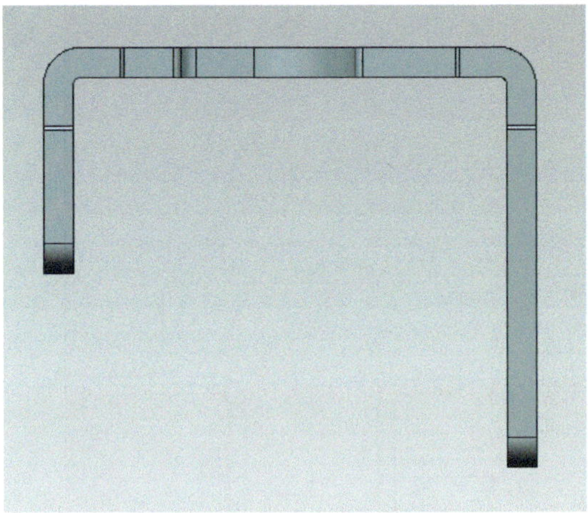

정면도

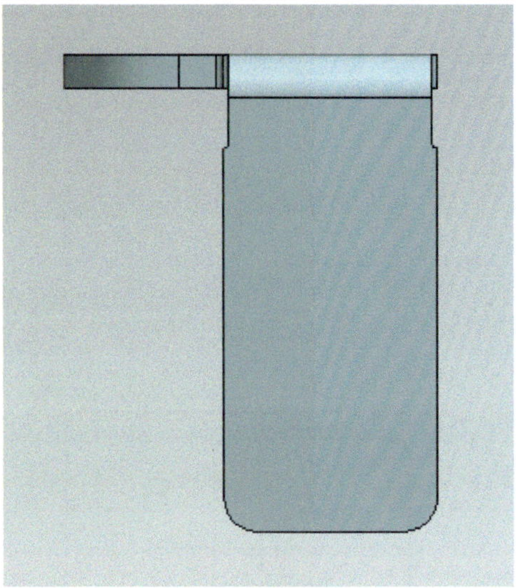

우측면도

4.4 Clip 판금 부품 형상 모델링 연습하기

■ 품명 : Clip

*** 주기**

- 원재료는 SPCC t1.0 적용할 것.
- 도시되고 지시 없는 라운드는 R1 적용할 것.

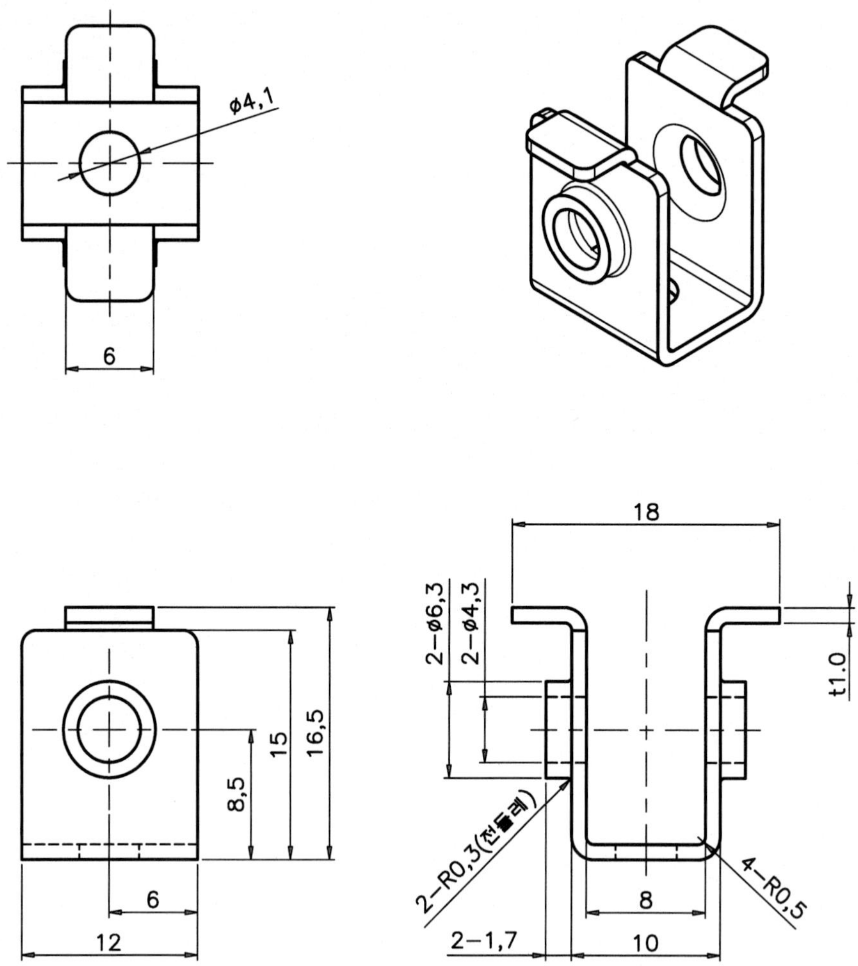

4.5 Support Plate 판금 부품 형상 모델링 연습하기

■ 품명 : Support Plate

*** 주기**

- 원재료는 SPCC t3.0 적용할 것.
- 도시되고 지시 없는 라운드는 R2 적용할 것.

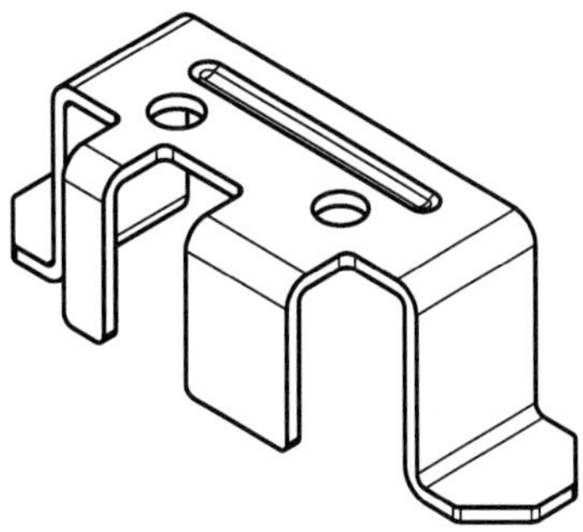

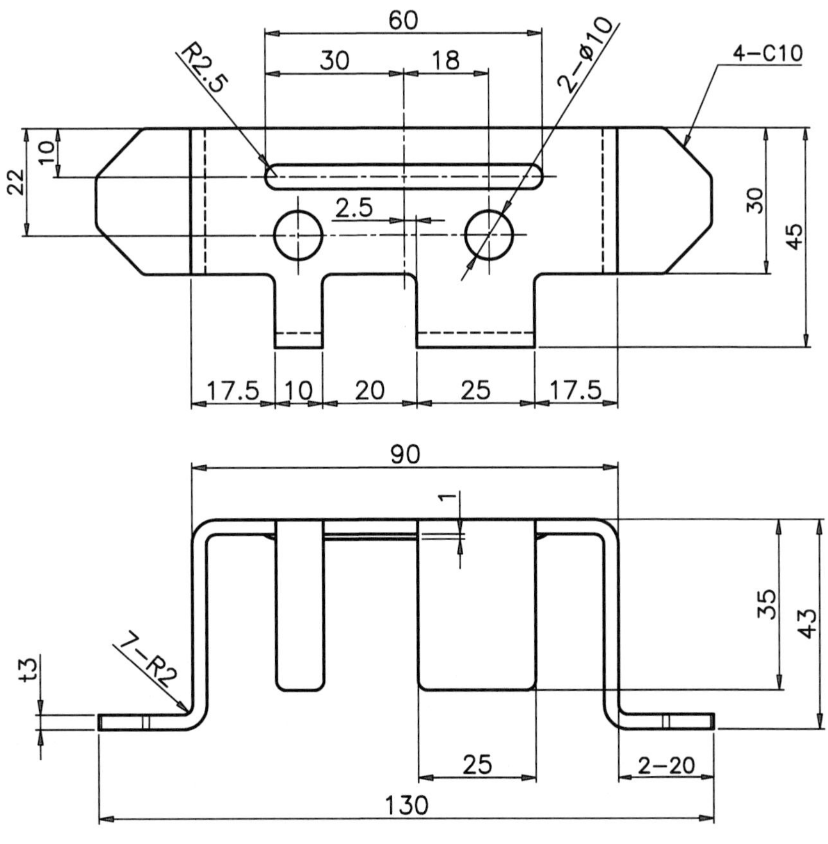

4.6 Base Plate 판금 부품 형상 모델링 연습하기

■ **품명** : Base Plate

* 주기

- 원재료는 SPCC t1.0 적용할 것.
- 도시되고 지시 없는 라운드는 R2 적용할 것.

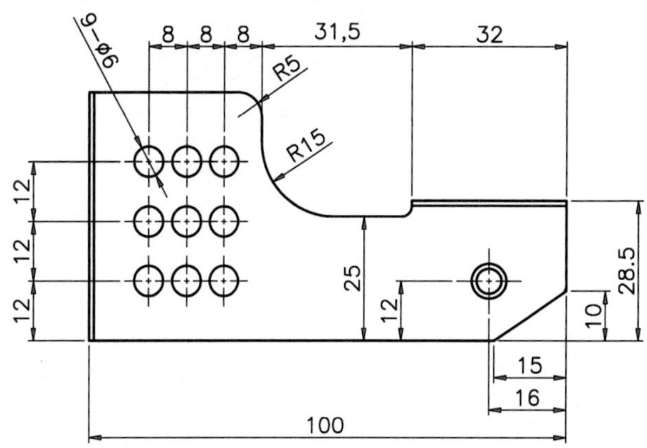

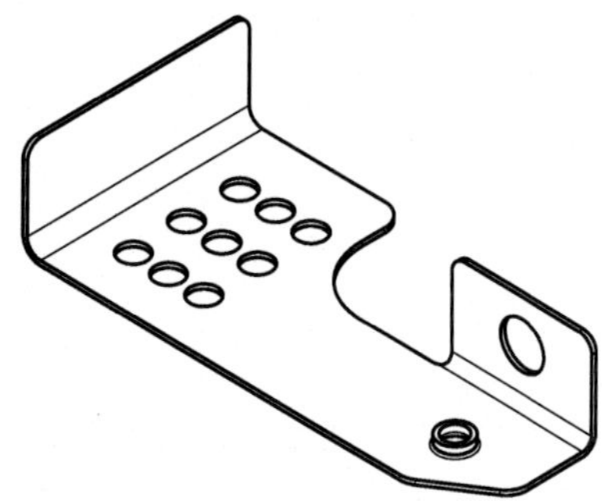

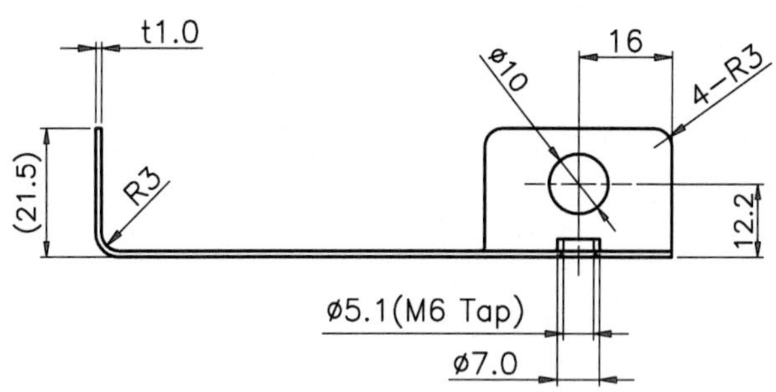

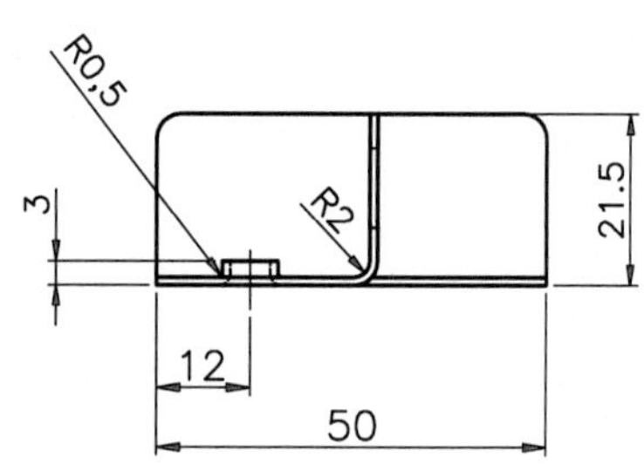

CHAPTER

5

UG NX 12.0 3D CAD 부품 도면 작성

5.1 Drafting 시작하기

1) 바탕화면에 있는 NX 12.0 아이콘을 더블 클릭해서 실행시킨다.

※ 시작프로그램에서 NX 12.0을 실행할 수 있다.

2) NX 12.0이 실행된 모습

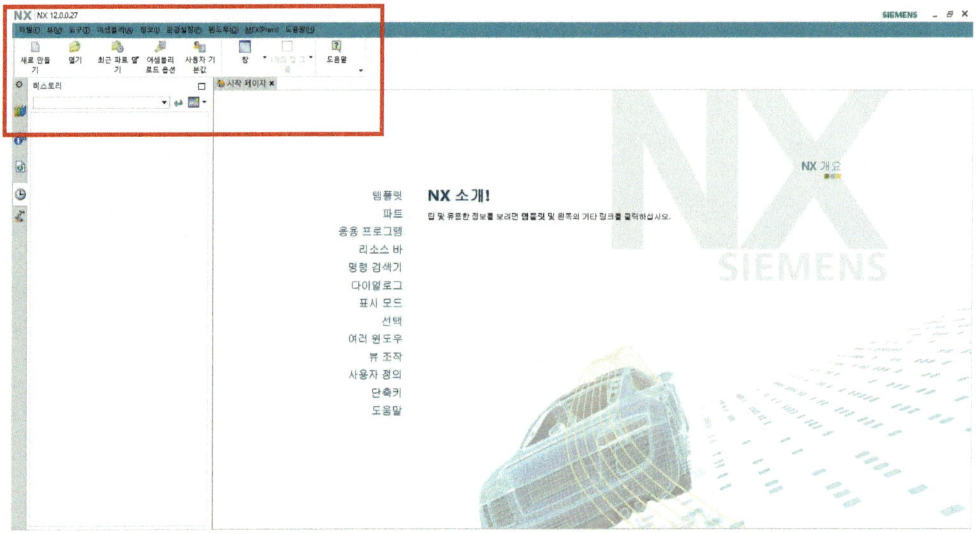

3) 미리 작성된 형상 모델링 파일을 불러오기 위해 '열기' 아이콘을 클릭한다.

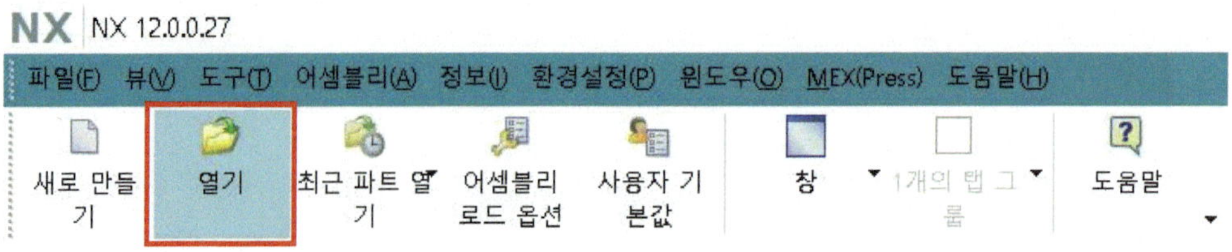

4) 새로 생성될 파일 이름과 저장될 경로를 선택한 후 '확인' 클릭한다.

5) 사출 부품 설계에서 미리 작성된 'Cover 5' 형상 모델링 파일을 선택하고, 미리보기를 통해 확인한 다음 'OK' 클릭한다.

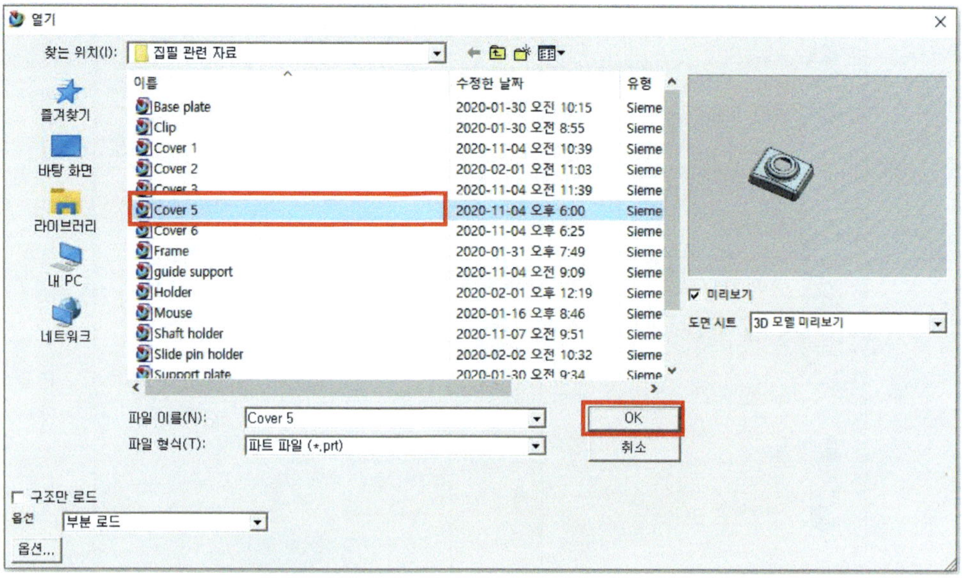

6) 아래와 같이 'Cover 5' 형상 모델링 파일이 작업 공간에 표시된다.

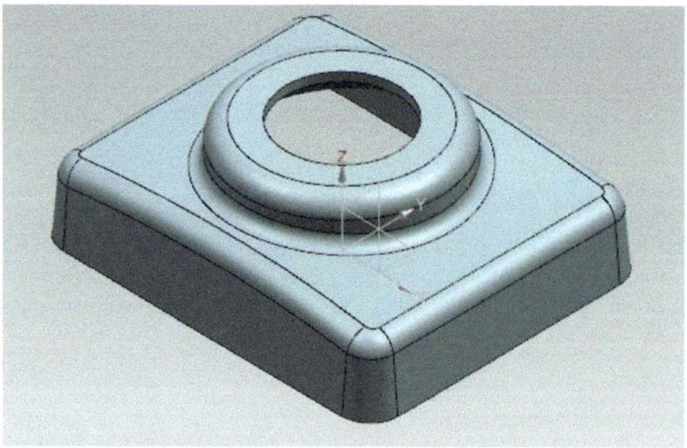

7) 상단 왼쪽에 위치한 도구모음에서 [시작] → [드래프팅(F)]를 클릭하면 '시트'라는 새로운 팝업창이 생성된다.

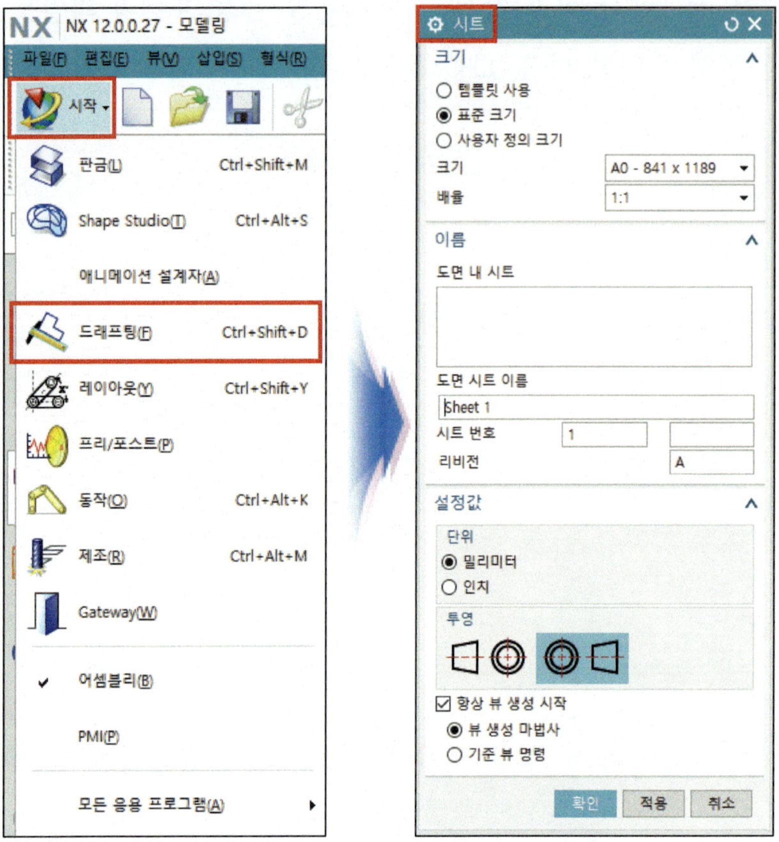

8) 시트에서 '표준 크기' 선택하고, 형상 모델링의 크기를 고려해서 용지의 크기는 'A4–210 x 297' 선택하고, 하단에 위치한 '항상 뷰 생성 시작' 체크박스를 해제한 다음 '확인' 클릭한다.

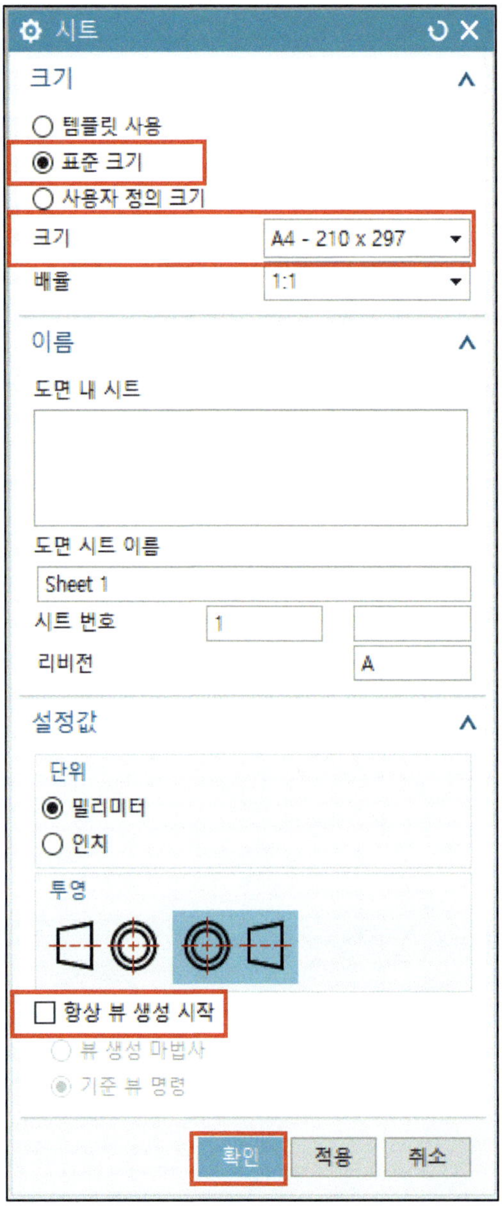

9) 아래와 같이 화면의 작업 공간에 A4 크기의 빈 시트(Empty sheet)가 생성된다.

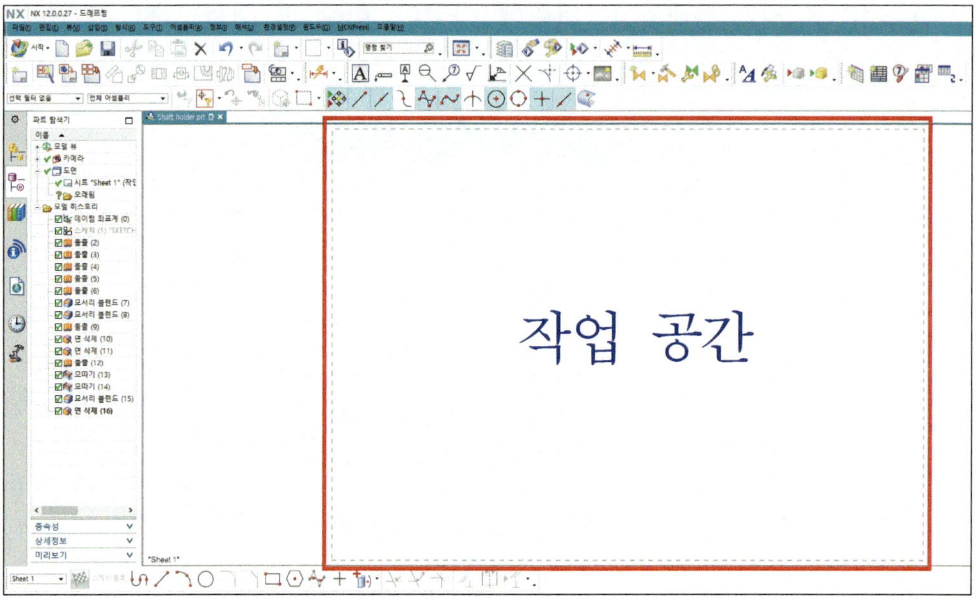

5.2 Drafting 도면 양식 설정하기

1) 도면의 윤곽선과 중심마크 등을 만들기 위해 상단에 위치한 메인메뉴에서 [도구(T)] → [도면 형식(W)] → [경계 및 영역(B)]을 클릭하면 '경계 및 영역'이라는 새로운 팝업창이 생성된다.

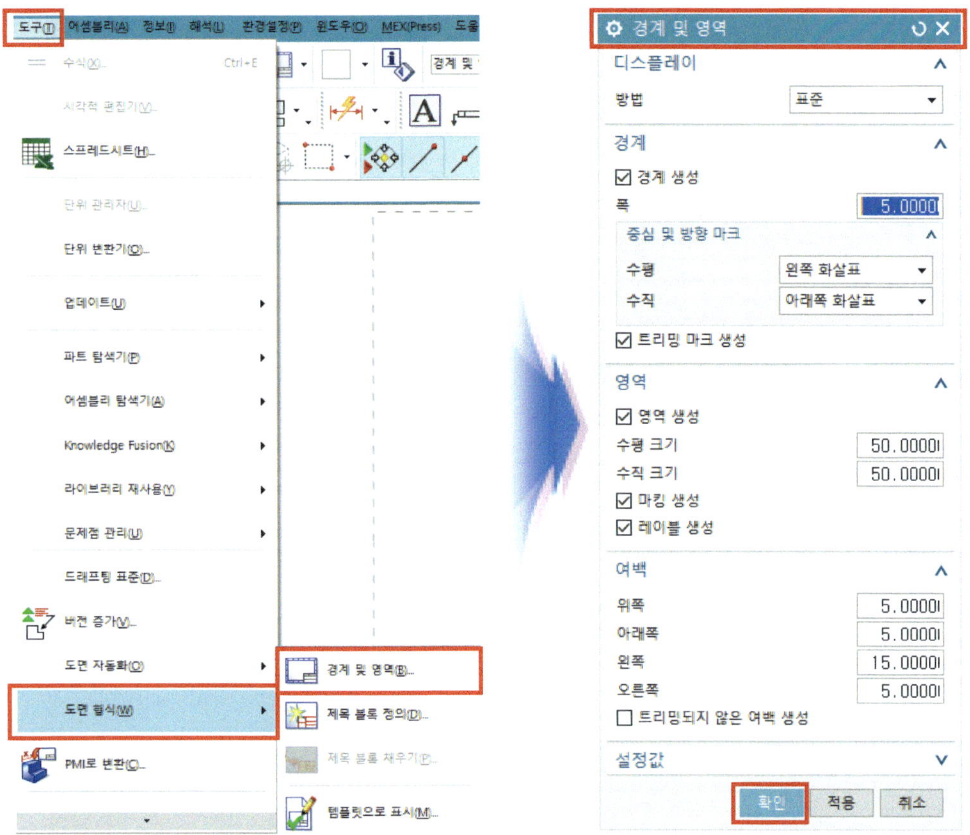

2) 경계 및 영역에서 폭은 '10' 입력하고, 중심 및 방향마크에서 수평은 '왼쪽 및 오른쪽 선', 수직은 '아래쪽 및 위쪽 선' 선택한 다음 '트리밍 마크 생성'과 '영역 생성'은 체크박스를 해제한 후 '설정값' 아이콘을 클릭한다.
설정값에서는 중심 및 방향 마크에서 길이는 '10', 연장은 '0'으로 변경한 다음 '확인' 두 번 클릭한다. (나머지 값들은 그대로 적용)

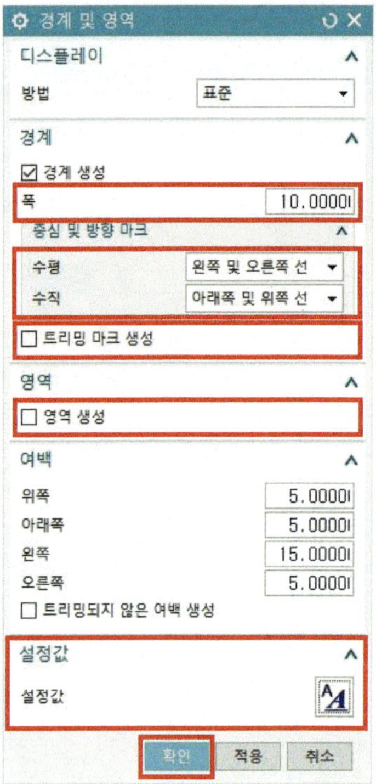

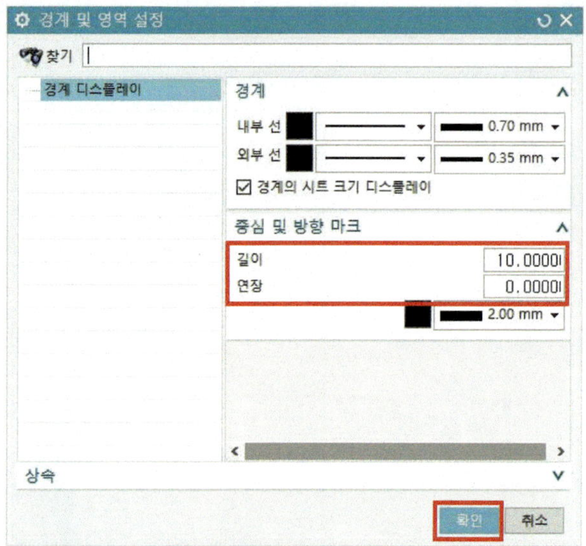

3) 아래와 같이 A4 시트(Empty sheet)에 윤곽선과 중심마크가 생성된다.

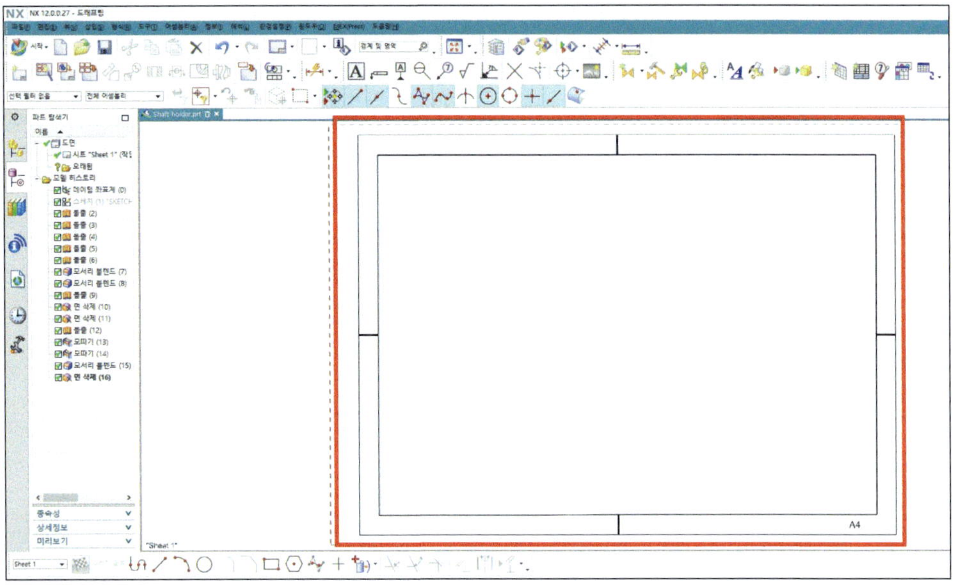

4) 도면 왼쪽 상단에 표제란을 만들기 위해 상단 오른쪽에 위치한 도구모음에서 [테이블형 노트] 아이콘을 클릭해서 열의 개수는 '2', 행의 개수는 '4', 열 폭은 '20' 입력한 후 도면 왼쪽 상단 모서리를 클릭한 다음 '닫기' 클릭한다.

5) 아래와 같이 A4 시트(Empty sheet)의 왼쪽 상단에 표제란이 생성된다.

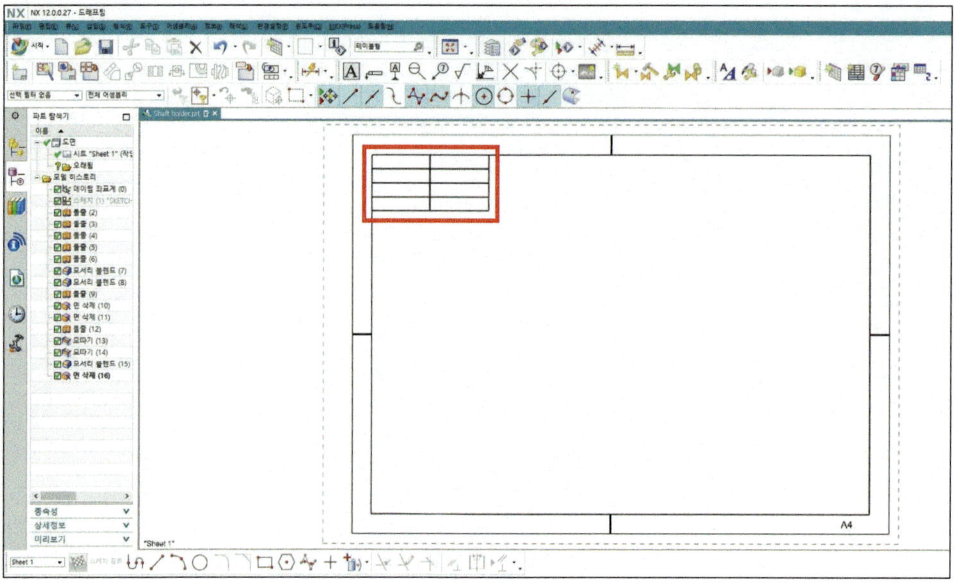

6) 표제란에 한글을 입력하기 위해 표제란을 모두 선택(드래그)한 다음 마우스 오른쪽 버튼을 클릭하여 [설정(S)]  아이콘을 선택한 후 글자쓰기에서 폰트는 'korean', 높이는 '3.5' 적용하고, 공통에서 텍스트 정렬은 '가운데 중간'으로 선택하고 '닫기' 클릭한다.

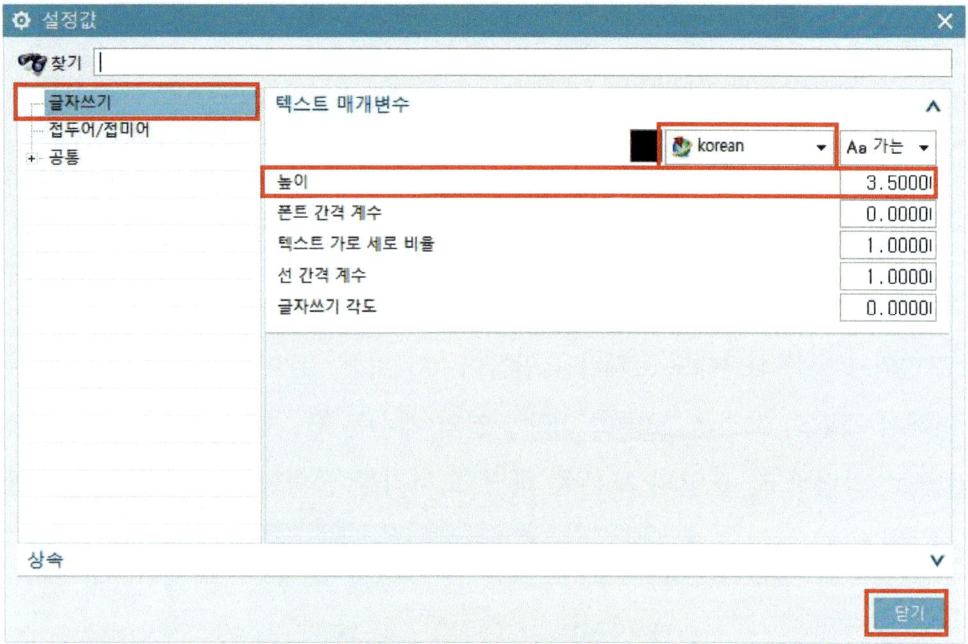

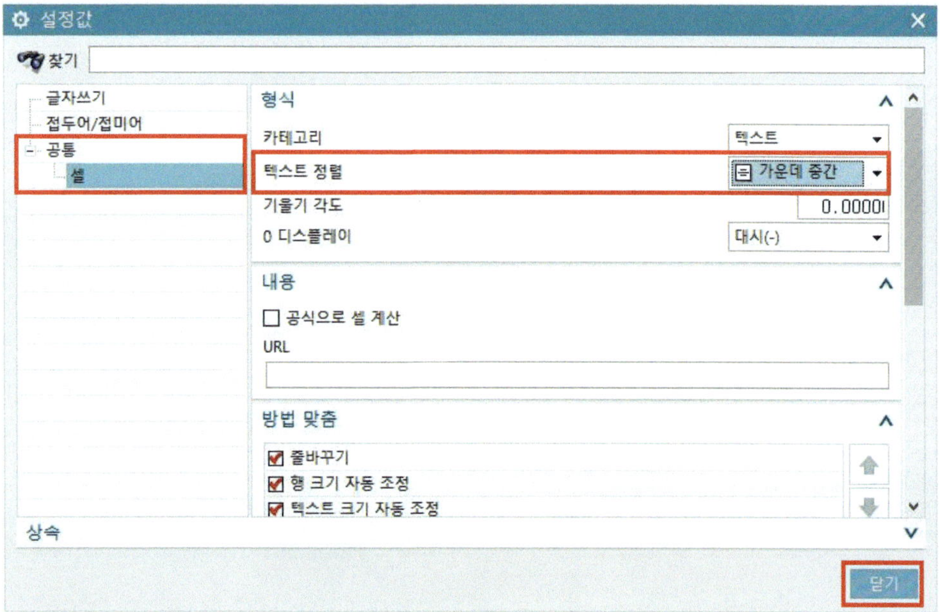

7) 상단 표제란에서 왼쪽 셀 폭은 '20', 오른쪽 셀 폭은 '40', 위쪽 셀은 하나의 셀로 셀 병합한 다음 더블 클릭해서 '기계설계산업기사', '수험번호', '성명', '감독확인', '(인)' 입력한다.

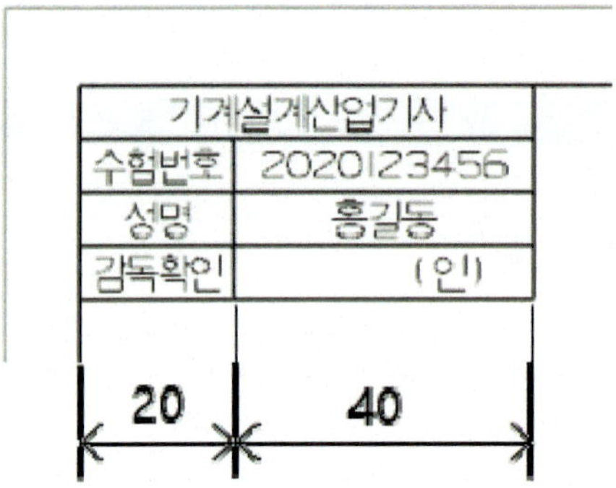

8) 도면의 오른쪽 하단에도 표제란을 만들어주기 위해 [테이블형 노트] 아이콘을 클릭해서 정렬의 고정은 '오른쪽 아래', 열의 개수는 '6', 행의 개수는 '4', 열 폭은 '20'으로 입력하고, 도면의 오른쪽 하단 모서리를 클릭한 다음 '닫기' 클릭한다.

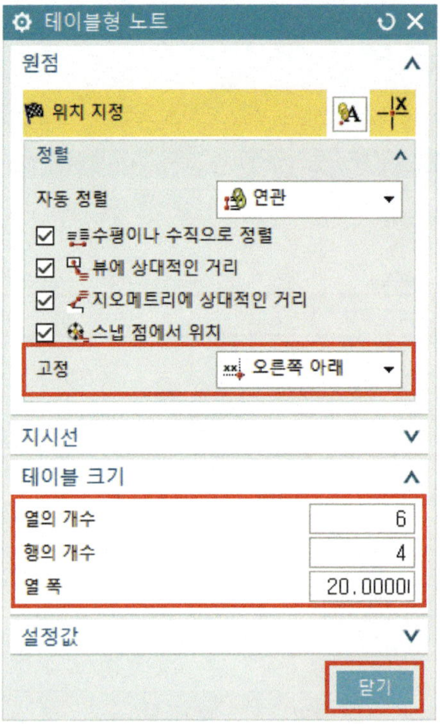

9) 아래와 같이 하단 표제란의 셀을 병합하거나 크기를 조정한 다음, 더블 클릭해서 품번, 품명, 재질, 수량, 비고, 작품명, 척도, 각법 입력한다.

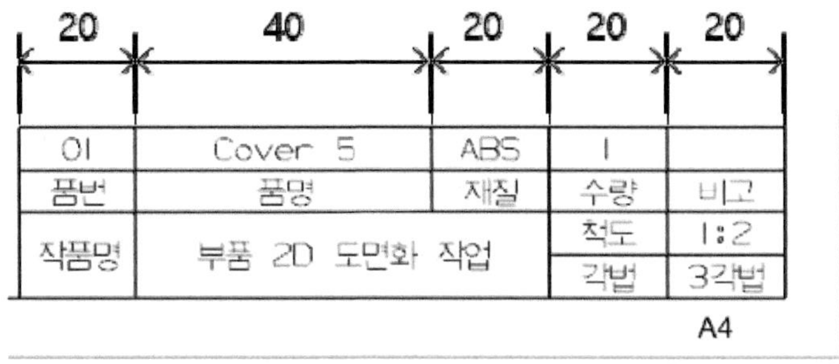

10) 최종 완성된 A4 도면 양식(예시)

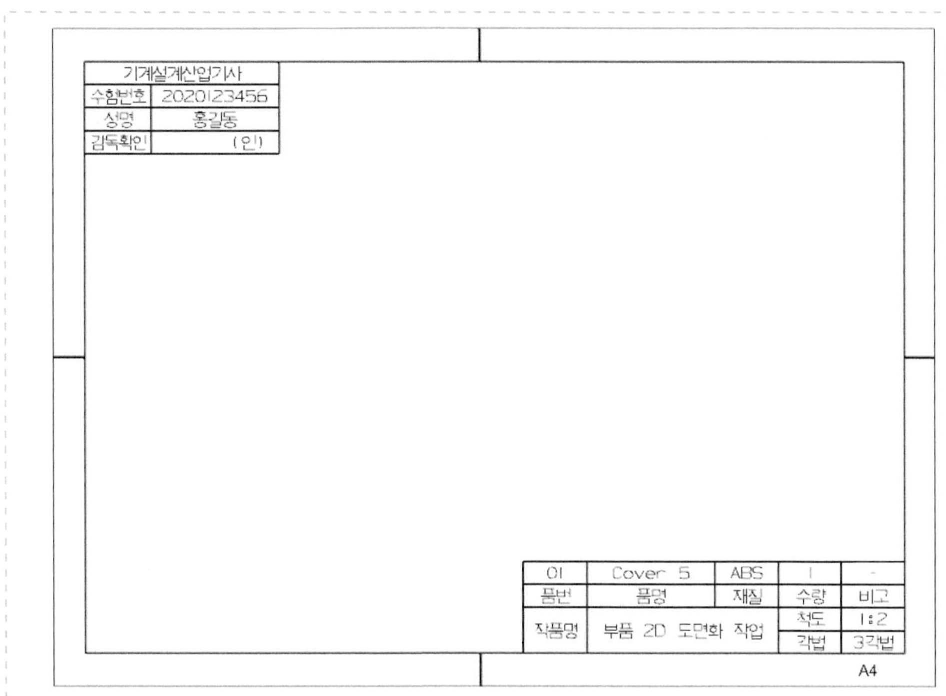

5.3 Drafting 도면 작업 따라하기

1) Cover 5 형상 모델링을 2D 도면화 작업하기 위해 상단 왼쪽에 위치한 도구모음에서 [기준 뷰] 아이콘을 클릭한다. 그리고 사용할 모델 뷰를 '앞쪽', 배율은 '1:2'로 선택한 후 화면의 작업공간에 정면도를 배치할 위치를 먼저 클릭하고, 평면도와 우측면도를 순서대로 클릭한 다음 '닫기' 클릭한다(Esc를 클릭해도 된다).

그리고 등각도를 배치하기 위해 다시 [기준 뷰] 아이콘을 클릭해서 사용할 모델 뷰를 '등각', 배율은 '1:2' 선택하고, 작업 공간에 배치할 위치를 선택한 다음 '닫기' 클릭하면 아래와 같이 생성된다.

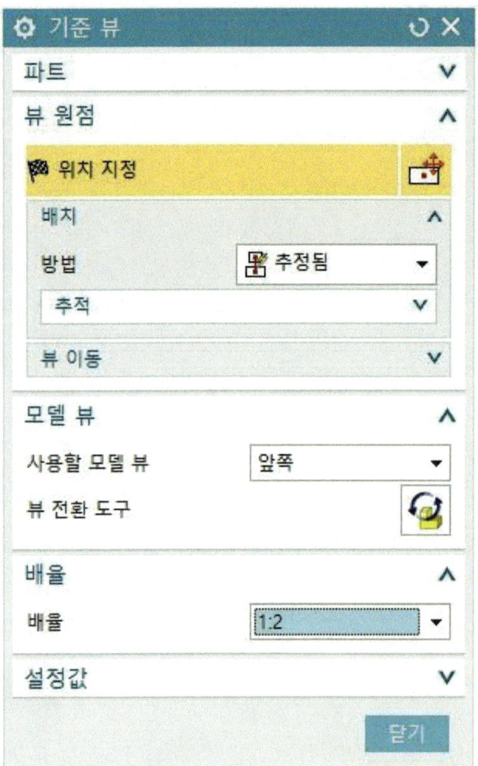

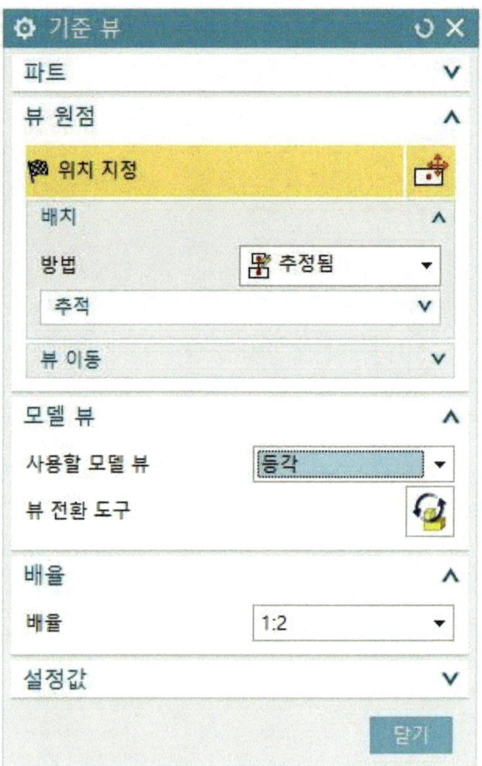

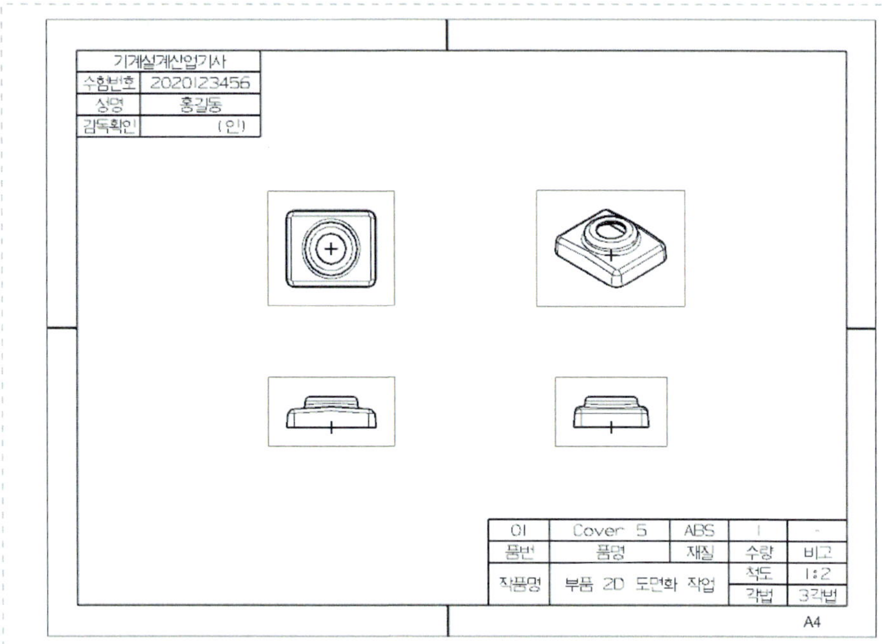

2) 작업공간에 배치된 투상도 주위에 생성된 사각박스를 제거하기 위해 상단에 위치한 도구모음에서 [환경설정(P)] → [드래프팅(D)]를 클릭하면 '드래프팅 환경설정'이라는 새로운 팝업창이 생성되며, 팝업창 왼쪽 '뷰'의 '+ 마크' 클릭하여 '워크플로' 선택한 후 디스플레이의 '체크박스 해제'하고 '확인' 클릭한다.

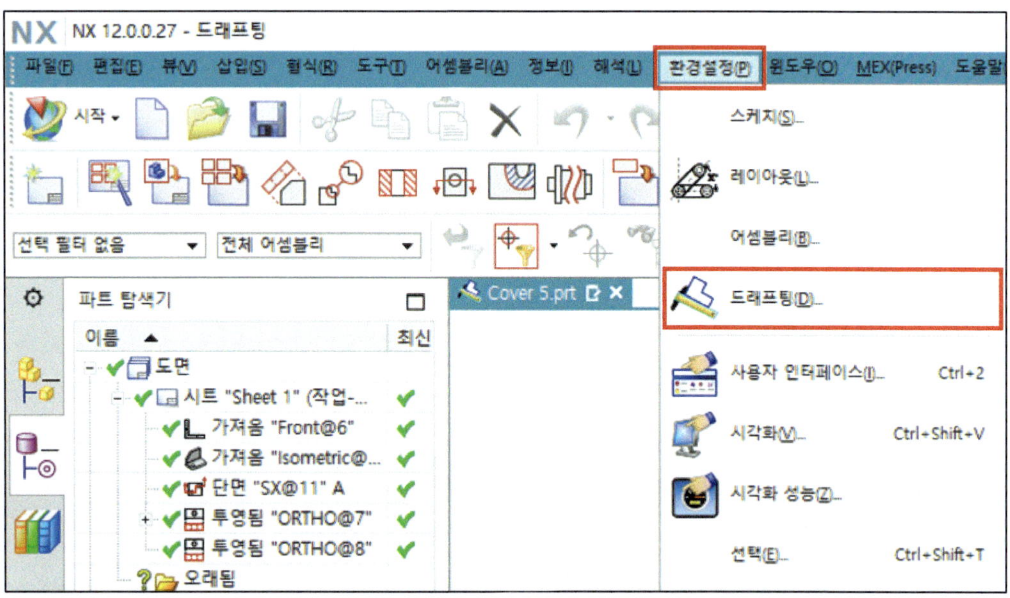

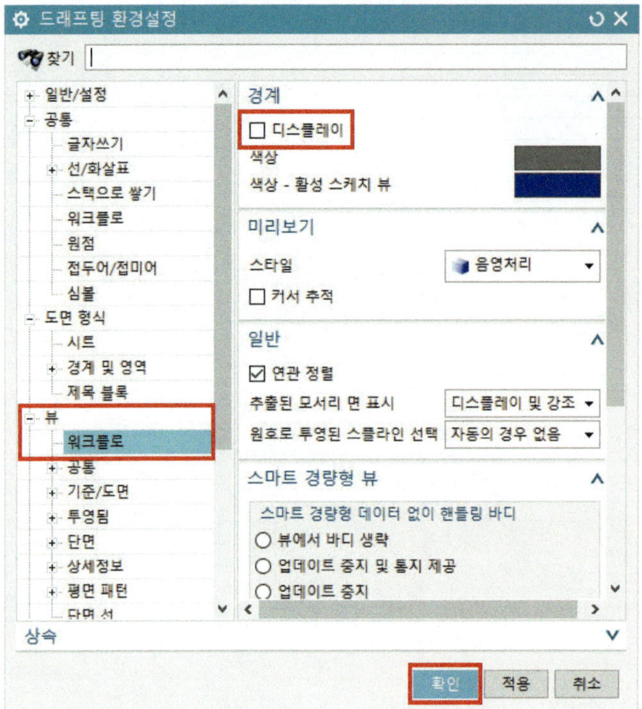
드래프팅 환경설정
찾기
일반/설정
공통
글자쓰기
선/화살표
스택으로 쌓기
워크플로
원점
접두어/접미어
심볼
도면 형식
시트
경계 및 영역
제목 블록
뷰
워크플로
공통
기준/도면
투영됨
단면
상세정보
평면 패턴
경계
디스플레이
색상
색상 - 활성 스케치 뷰
미리보기
스타일
음영처리
커서 추적
일반
연관 정렬
추출된 모서리 면 표시
디스플레이 및 강조
원호로 투영된 스플라인 선택
자동의 경우 없음
스마트 경량형 뷰
스마트 경량형 데이터 없이 핸들링 바디
뷰에서 바디 생략
업데이트 중지 및 통지 제공
업데이트 중지
상속
확인
적용
취소

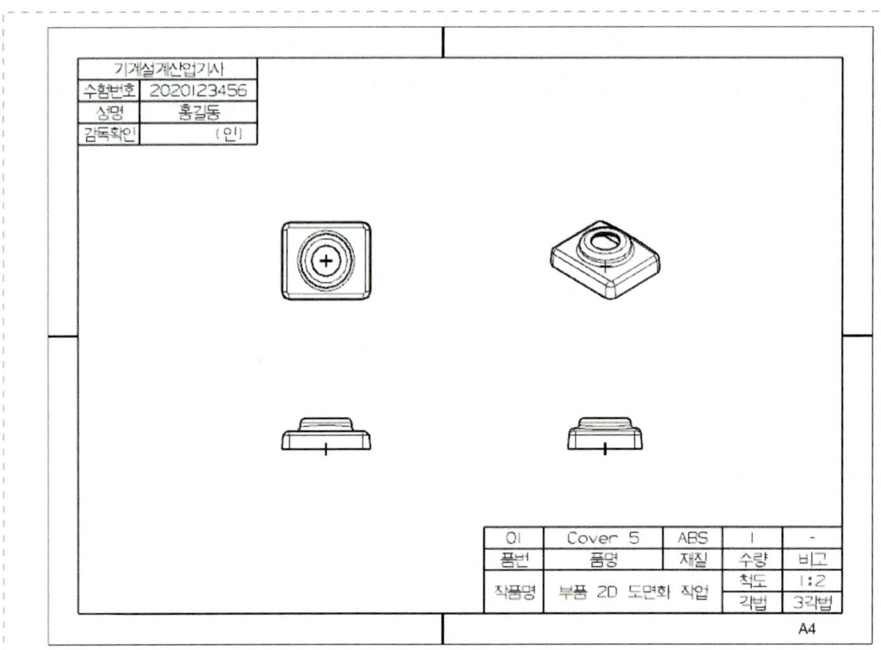
기계설계산업기사
수험번호 2020123456
성명 홍길동
감독확인 (인)
01 Cover 5 ABS 1 -
품번 품명 재질 수량 비고
작품명 부품 2D 도면화 작업
척도 1:2
각법 3각법
A4

3) 정면도는 단면 형상을 추가해서 표현해주기 위해 상단 왼쪽에 위치한 도구모음에서 [단면 뷰] 아이콘을 클릭한 다음, 설정에서 화살촉 길이는 '3', 화살표 길이는 '5', 경계에서 화살표까지 거리는 '3', 돌출은 '3'으로 설정한 후 '확인' 클릭한다.

그리고 평면도에서 단면을 표시하고자 하는 '원의 중심점' 클릭한 후 화면의 작업공간에 배치할 위치를 선택한 다음 '닫기' 클릭한다. (Esc를 클릭해도 된다)

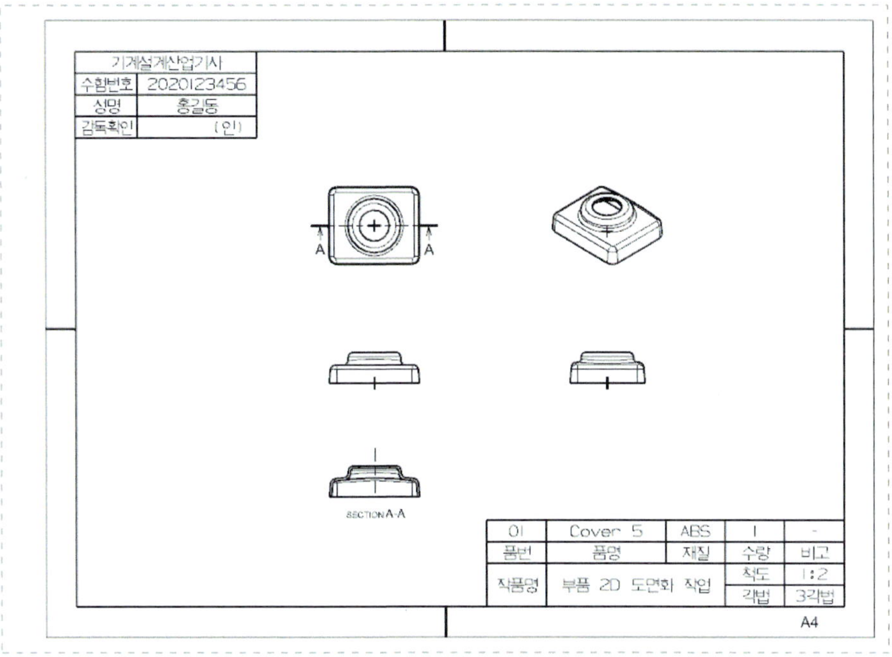

4) 배치가 완료된 도면을 Auto CAD 파일로 내보내기 위해 메인메뉴의 [파일] → [내보내기(E)] → [AutoCAD DXF/DWG(W)]를 클릭하면 'AutoCAD DXF/DWG 내보내기'라는 새로운 팝업창이 생성되며, 팝업창 왼쪽에 위치한 입력 및 출력에서는 저장할 위치를 '바탕화면'으로 선택하고, 옵션에서는 겹치는 엔티티 제거의 체크박스를 반드시 '체크'하고 '마침' 클릭한다.

* 참고로 UG NX 12.0 드래프팅에서 2D 도면의 선 색상, 선 두께, 치수, 공차, 문자, 단면 해칭 등을 설계(제도)할 수 있지만, 작업성이 좋지 않아 산업현장에서는 효율을 높이기 위해 대부분 AutoCAD를 사용하고 있다.

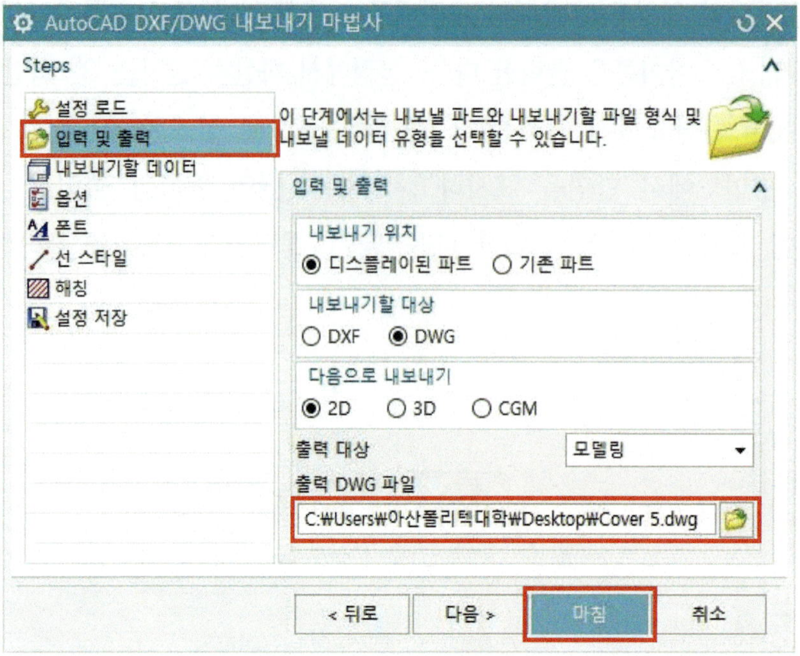
AutoCAD DXF/DWG 내보내기 마법사
Steps
설정 로드
입력 및 출력
내보내기할 데이터
옵션
폰트
선 스타일
해칭
설정 저장
이 단계에서는 내보낼 파트와 내보내기할 파일 형식 및 내보낼 데이터 유형을 선택할 수 있습니다.
입력 및 출력
내보내기 위치
디스플레이된 파트
기존 파트
내보내기할 대상
DXF
DWG
다음으로 내보내기
2D
3D
CGM
출력 대상
모델링
출력 DWG 파일
C:₩Users₩아산폴리텍대학₩Desktop₩Cover 5.dwg
< 뒤로
다음 >
마침
취소

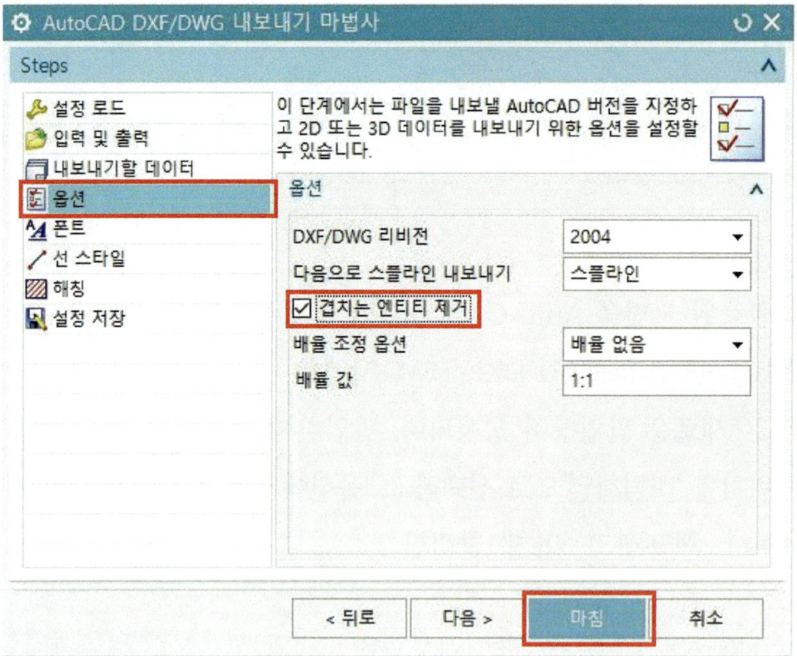
AutoCAD DXF/DWG 내보내기 마법사
Steps
설정 로드
입력 및 출력
내보내기할 데이터
옵션
폰트
선 스타일
해칭
설정 저장
이 단계에서는 파일을 내보낼 AutoCAD 버전을 지정하고 2D 또는 3D 데이터를 내보내기 위한 옵션을 설정할 수 있습니다.
옵션
DXF/DWG 리비전
2004
다음으로 스플라인 내보내기
스플라인
겹치는 엔티티 제거
배율 조정 옵션
배율 없음
배율 값
1:1
< 뒤로
다음 >
마침
취소

5) 바탕화면에 생성된 'Cover 5' Auto CAD 파일을 Open하여 도면의 투상도가 누락 없이 모두 변환되었는지 확인한다.

(CAD 버전과 환경설정에 따라 문자높이 등 일부는 다르게 생성될 수 있음)

■ Auto CAD에서 Open한 Cover 5 도면

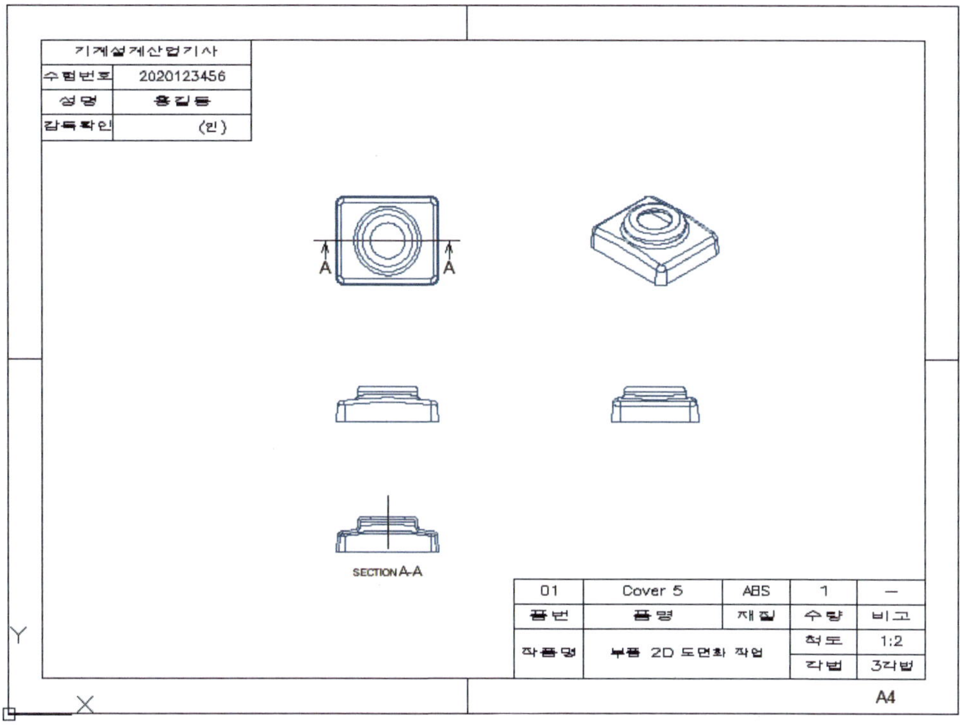

■ UG NX 12.0에서는 형상 모델링 작성 후 드래프팅에서 정면도, 평면도, 우측면도, 등각도 등을 배치한 다음 Auto CAD DWG 파일로 내보내기해서 Auto CAD에서 문자스타일 설정, 치수스타일 설정, 윤곽선과 중심마크 표제란 작성, 레이어 설정 등을 통해 2D 부품도면을 설계하는 것이 현재는 가장 빠르고 작업의 효율성을 극대화할 수 있다.

5.4 Auto CAD 기본 환경 설정하기

1) 레이어(LAYER) 설정하기

상단에 위치한 도구모음에서 [도면층 특성관리자] 아이콘을 클릭한 다음, 새 도면층 아이콘을 5번 클릭한 후 아래 이미지와 같이 도면층 이름, 색상, 선 종류를 설정하고 '종료(X)' 클릭한다.

(레이어는 너무 많으면 헷갈릴 수 있으므로 처음엔 5개만 만든다)

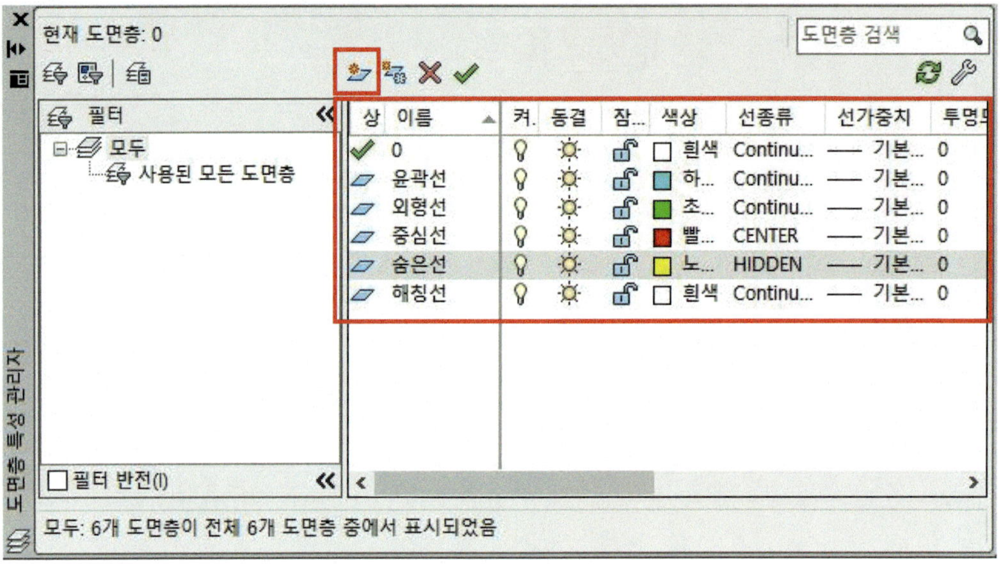

* 시작은 항상 0번 레이어를 선택해놓은 상태에서 설계(제도)한다.
* 윤곽선은 하늘색에 굵은 실선(0.7), 외형선은 초록색에 굵은 실선(0.45), 중심선은 빨간색에 일점 쇄선(0.2), 숨은선은 노란색에 가는 실선(0.3), 해칭선은 흰색에 가는 실선 적용한다. (해칭선은 빨간색 적용 가능)
* 전구 모양의 켜기 아이콘은 모두 켜(On) 놓도록 한다.
* 동결 아이콘은 모두 해동 상태로 한다.
* 플롯 아이콘은 모두 On 상태로 한다.

2) 문자 스타일(STYLE) 설정하기

상단에 위치한 도구모음에서 [문자 스타일] 아이콘을 클릭한 다음, 현재 문자 스타일은 왼쪽 리스트에서 'Standard'를 현재로 설정하고 글꼴에서 영문은 'romans.shx', 한글은 '큰 글꼴 체크박스를 체크'한 다음, 'whgtxt.shx' 선택하고 순서대로 '적용', '닫기' 클릭한다. (주석, 높이 등 나머지는 수정하지 않는다)

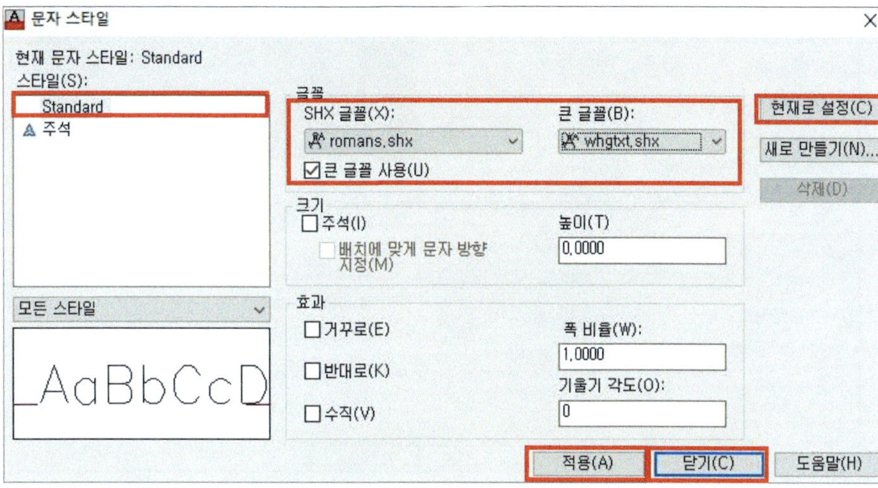

3) 치수 스타일(DIM STYLE) 설정하기

상단에 위치한 도구모음에서 [치수 스타일] 아이콘을 클릭한 다음, 현재 치수 스타일은 왼쪽 리스트에서 'Standard' 선택한 후, '현재로 설정'하고 '수정(M)' 클릭한다. (수정 클릭하면 세부 설정 화면으로 전환된다)

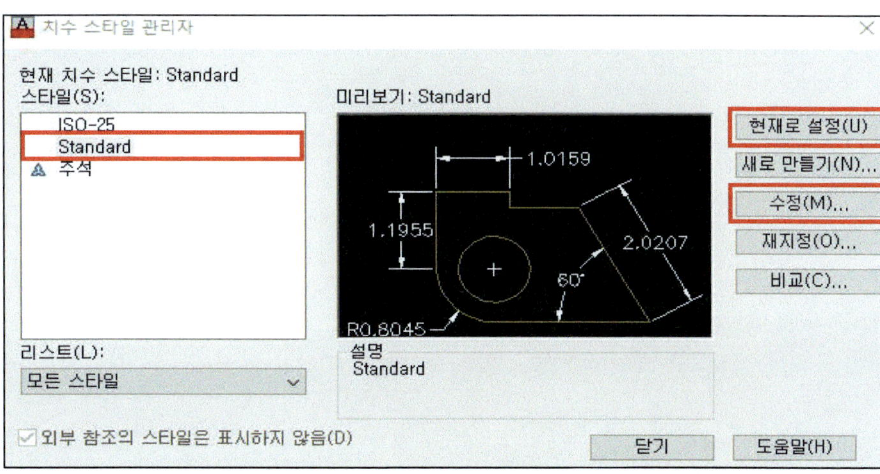

3.1) 선 설정하기

아래 이미지와 같이 치수선 색상은 '빨간색', 치수보조선 색상도 '빨간색', 치수선 너머로 연장과 원점에서 간격띄우기는 각각 '1.2' 입력한 다음, '기호 및 화살표' 클릭한다.

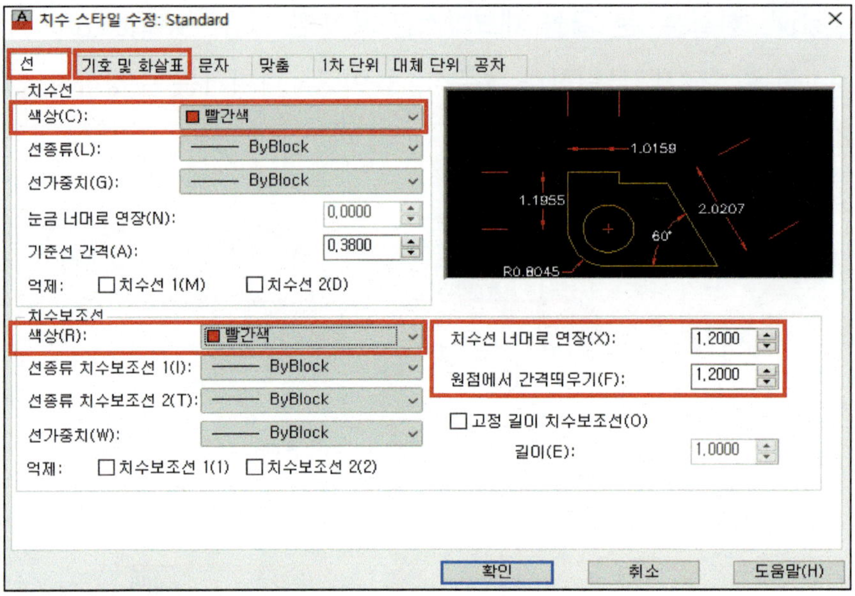

3.2) 기호 및 화살표 설정하기

아래 이미지와 같이 화살표 크기는 '3.0', 중심 표식은 '없음' 선택한 다음, '문자' 클릭한다. (화살촉 모양 등 나머지는 수정하지 않는다)

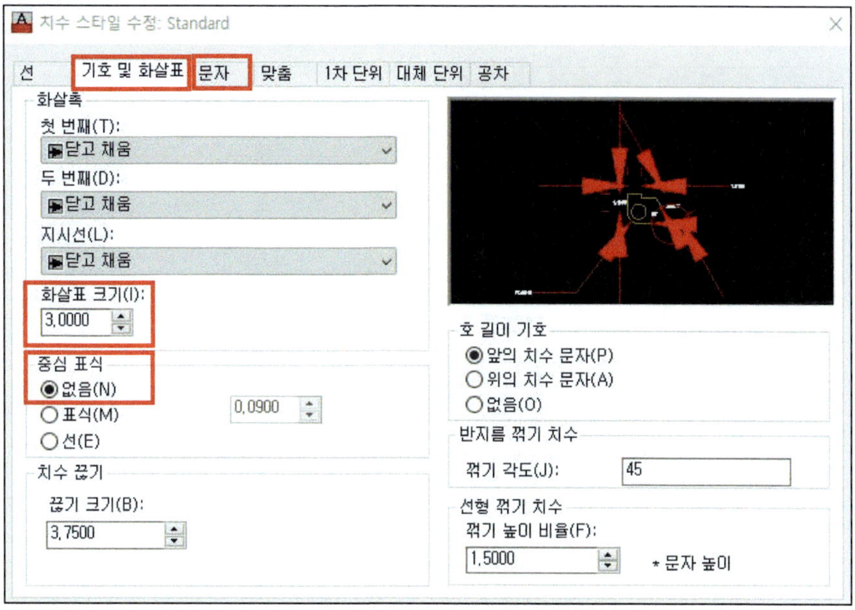

3.3) 문자 설정하기

아래 이미지와 같이 문자 스타일은 'Standard', 문자 색상은 '노란색', 문자 높이는 '3.5', 문자 배치에서 수직은 '위', 수평은 '중심', 치수선에서 간격띄우기는 '1.2', 문자 정렬은 '치수선에 정렬' 선택한 다음, '1차 단위' 클릭한다.

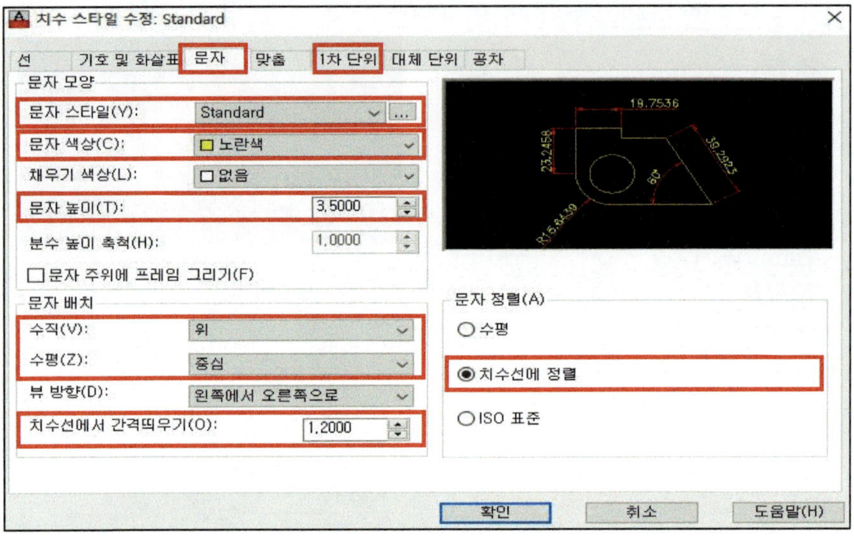

3.4) 1차 단위 설정하기

아래 이미지와 같이 선형 치수의 단위 형식은 '십진', 정밀도는 '0.00', 0 억제에서 '후행 체크박스 체크'하고, 각도 치수의 단위 형식은 '십진 도수', 정밀도는 '0', 0 억제에서 '후행 체크박스 체크'한 다음 '확인' 클릭한다.

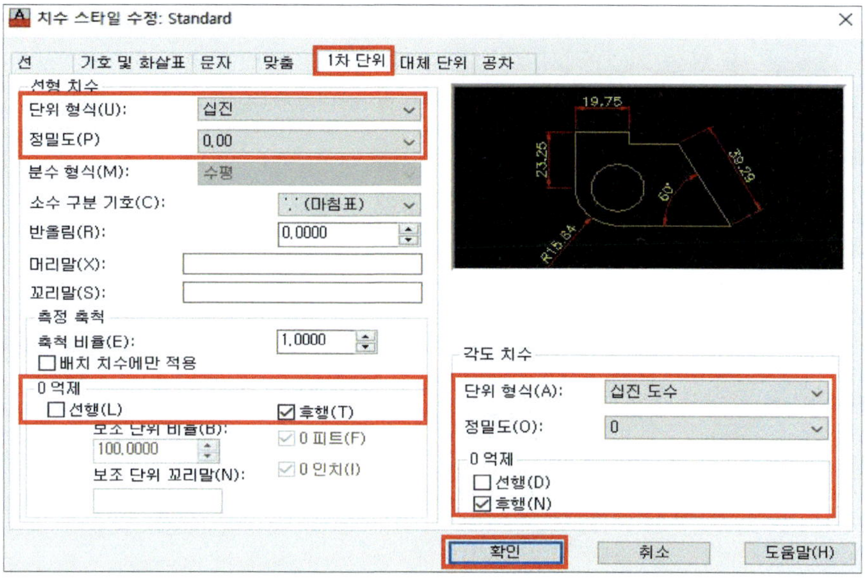

* 설정 완료된 치수 스타일

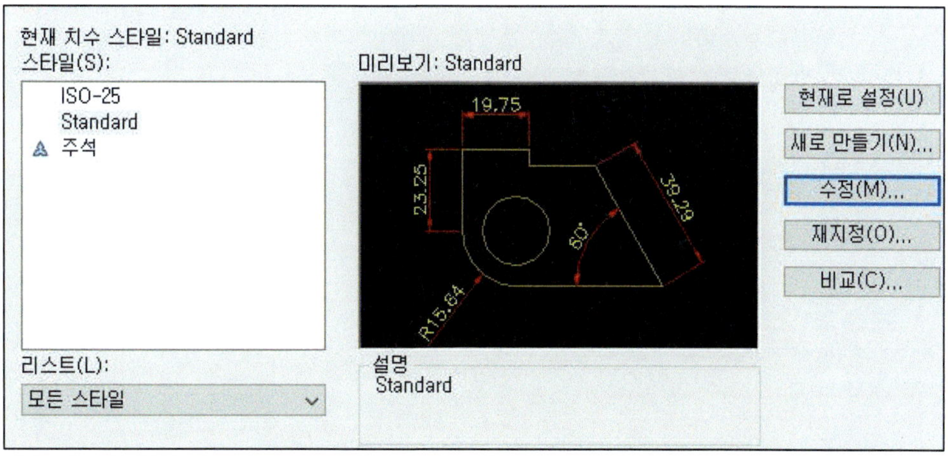

4) 플롯(Plot) 설정하기

상단에 위치한 도구모음에서 [플롯] 아이콘을 클릭한 다음, 아래와 같이 설정하고 '확인' 클릭한다.

- 출력할 프린터는 프린터/플로터의 '이름(M)'에서 사용할 프린터를 선택한다.
- 출력할 용지는 '용지 크기(Z)'에서 사용할 용지 크기를 선택한다.
- 플롯 대상(W)에서 '윈도우' 선택하여 바로 옆의 윈도우를 클릭한 다음, 도면의 구석(코너) 두 군데를 지정한다.
- 플롯 축척은 '용지에 맞춤(I)' 체크박스에 체크해야 한다.
- 플롯 간격띄우기는 '플롯의 중심(C)' 체크박스에 체크해야 한다.
- 도면 방향 확인(세로로 출력할지, 가로로 출력할지 도면 방향 확인)
- 플롯 스타일 테이블(펜 지정)(G)에서 'monochrome.ctb' 선택한 다음, 바로 옆 [편집] 아이콘을 클릭하여 색상별로 선 가중치(두께)를 선택한다.
  (하늘색: 0.7, 초록색: 0.4, 빨간색: 0.2, 노란색: 0.25, 흰색: 0.25, 선홍색: 0.2)
  출력 후 선 두께 조정 필요!

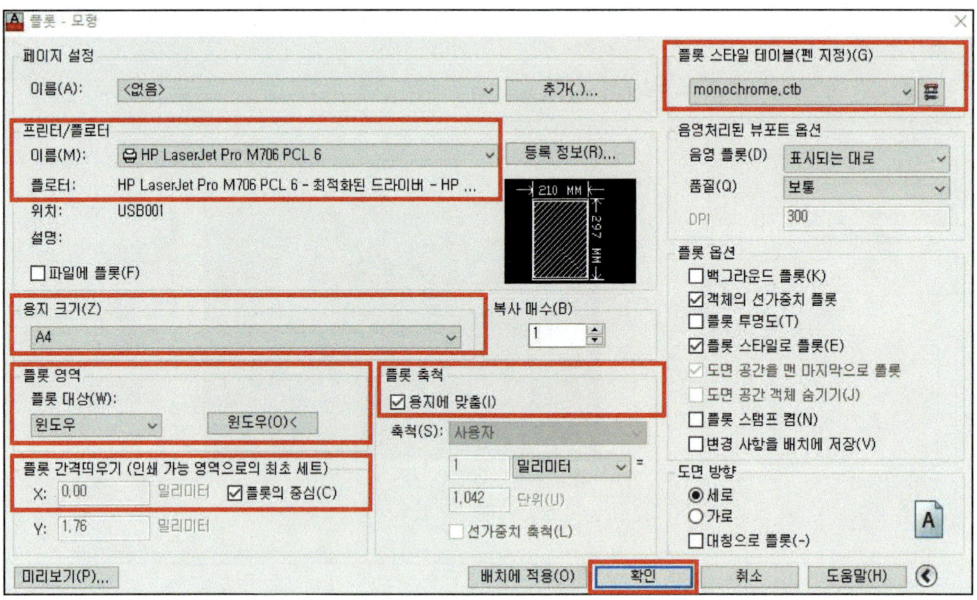

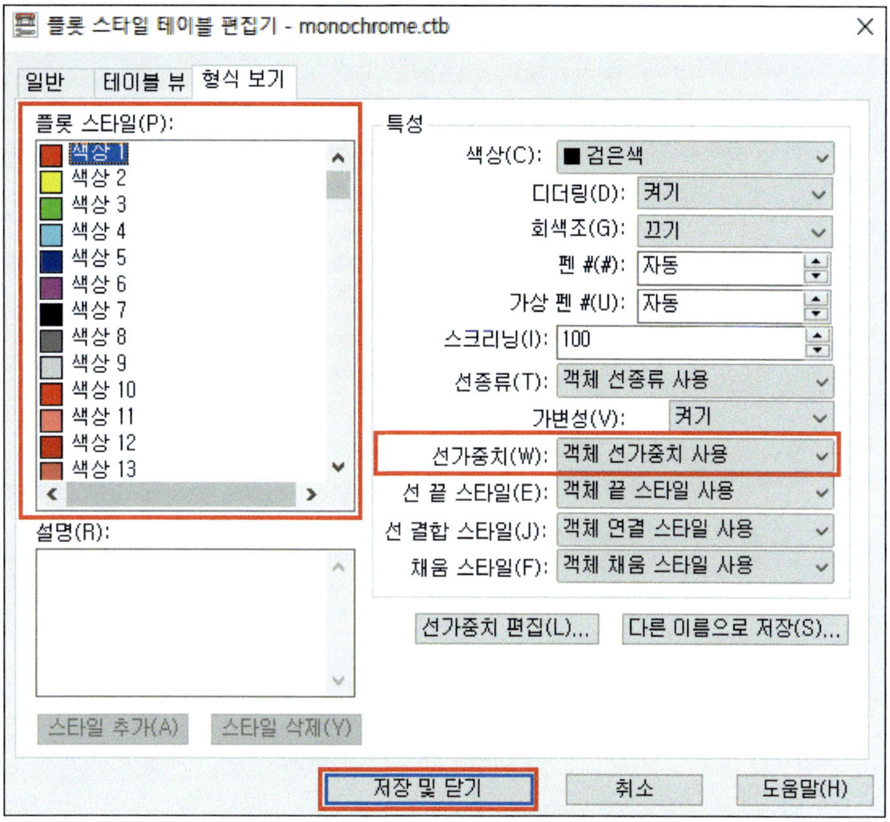
플롯 스타일 테이블 편집기 - monochrome.ctb
일반
테이블 뷰
형식 보기
플롯 스타일(P):
색상 1
색상 2
색상 3
색상 4
색상 5
색상 6
색상 7
색상 8
색상 9
색상 10
색상 11
색상 12
색상 13
설명(R):
스타일 추가(A)
스타일 삭제(Y)
특성
색상(C):
검은색
디더링(D):
켜기
회색조(G):
끄기
펜 #(#):
자동
가상 펜 #(U):
자동
스크리닝(I):
100
선종류(T):
객체 선종류 사용
가변성(V):
켜기
선가중치(W):
객체 선가중치 사용
선 끝 스타일(E):
객체 끝 스타일 사용
선 결합 스타일(J):
객체 연결 스타일 사용
채움 스타일(F):
객체 채움 스타일 사용
선가중치 편집(L)...
다른 이름으로 저장(S)...
저장 및 닫기
취소
도움말(H)

저 자 소 개

조 민 진

- 現 한국폴리텍대학 창원캠퍼스 금형가공시스템과 교수
- LS산전 생산기술센터 과장(2006~2010)
- LG전자 MC사업본부 선임연구원(~2011)
- 현대중공업 전기전자시스템사업본부 팀장(2011~2016)
- 현대일렉트릭&에너지시스템 중저압차단기사업부 부서장(~2017)

저자와의 협의에 의해 인지 생략

UG NX 12.0을 활용한

3D CAD 기초·응용

3판 2쇄 2024년 7월 5일

저자 조민진
발행인 송광헌
발행처 복두출판사
주소 서울특별시 영등포구 경인로82길 3-4
센터플러스 807호 (우) 07371
전화 02-2164-2580
FAX 02-2164-2584
등록 1993. 11. 22. 제 10-902 호

정가 : 19,000원

ISBN : 979-11-6675-381-7 93550

한국과학기술출판협회 회원사